Jean-Pierre Roche

AUJOURD'HUI cette parole s'accomplit pour vous

Jean-Pierre Roche

AUJOURD'HUI cette parole s'accomplit pour vous

Recueil d'homélies d'un prêtre de banlieue

Éditions Croix du Salut

Impressum / Mentions légales
Bibliografische Information der Deutschen Nationalbibliothek: Die Deutsche Nationalbibliothek verzeichnet diese Publikation in der Deutschen Nationalbibliografie; detaillierte bibliografische Daten sind im Internet über http://dnb.d-nb.de abrufbar.
Alle in diesem Buch genannten Marken und Produktnamen unterliegen warenzeichen-, marken- oder patentrechtlichem Schutz bzw. sind Warenzeichen oder eingetragene Warenzeichen der jeweiligen Inhaber. Die Wiedergabe von Marken, Produktnamen, Gebrauchsnamen, Handelsnamen, Warenbezeichnungen u.s.w. in diesem Werk berechtigt auch ohne besondere Kennzeichnung nicht zu der Annahme, dass solche Namen im Sinne der Warenzeichen- und Markenschutzgesetzgebung als frei zu betrachten wären und daher von jedermann benutzt werden dürften.

Information bibliographique publiée par la Deutsche Nationalbibliothek: La Deutsche Nationalbibliothek inscrit cette publication à la Deutsche Nationalbibliografie; des données bibliographiques détaillées sont disponibles sur internet à l'adresse http://dnb.d-nb.de.
Toutes marques et noms de produits mentionnés dans ce livre demeurent sous la protection des marques, des marques déposées et des brevets, et sont des marques ou des marques déposées de leurs détenteurs respectifs. L'utilisation des marques, noms de produits, noms communs, noms commerciaux, descriptions de produits, etc, même sans qu'ils soient mentionnés de façon particulière dans ce livre ne signifie en aucune façon que ces noms peuvent être utilisés sans restriction à l'égard de la législation pour la protection des marques et des marques déposées et pourraient donc être utilisés par quiconque.

Coverbild / Photo de couverture: www.ingimage.com

Verlag / Editeur:
Éditions Croix du Salut
ist ein Imprint der / est une marque déposée de
OmniScriptum GmbH & Co. KG
Heinrich-Böcking-Str. 6-8, 66121 Saarbrücken, Deutschland / Allemagne
Email: info@editions-croix.com

Herstellung: siehe letzte Seite /
Impression: voir la dernière page
ISBN: 978-3-8416-9943-5

Copyright / Droit d'auteur © 2015 OmniScriptum GmbH & Co. KG
Alle Rechte vorbehalten. / Tous droits réservés. Saarbrücken 2015

Jean-Pierre Roche

AUJOURD'HUI

cette Parole s'accomplit pour vous.

Recueil d'homélies d'un prêtre de banlieue.

Du même auteur :

- *Prêtres-Laïcs, un couple à dépasser,* Les Editions de l'Atelier, Paris 1999

- *La spiritualité de la Mission ouvrière, une chance pour les milieux populaires d'aujourd'hui ?* Les Editions de l'Atelier, Paris 2011

- *La nouvelle évangélisation racontée à ceux qui s'interrogent,* Paris 2013

En guise d'introduction

Du TEXTE qu'on LIT à la PAROLE qu'on ECOUTE

Nous connaissons tous ces expressions : « quel *texte* d'Evangile allons-nous prendre ? », « il faut choisir un *texte*… », « comment apprendre à lire un *texte* ? » Toutes ces expressions me rappellent le lycée, quand nous faisions des « explications de textes » !

La Parole de Dieu, pour les chrétiens, ce n'est pas un livre. La Parole de Dieu, pour nous, c'est quelqu'un, Jésus le Christ. La Parole que Dieu nous adresse, c'est son Fils, Jésus le Crucifié ressuscité. « *Souvent, dans le passé, Dieu a parlé à nos pères par les prophètes sous des formes variées et fragmentaires ; mais, dans ces jours où nous sommes, il a parlé par ce Fils qu'il a établi héritier de toutes choses et par qui il a créé les mondes* ». *(Hb 1, 1)* Dieu nous a parlé par son Fils, mais pas seulement il y a 2000 ans. Si le Christ est vivant, Dieu nous parle aujourd'hui encore par son Fils. Comment se mettre à l'écoute de cette Parole que Dieu nous adresse ? « Ecoute Israël ! » C'est un refrain dans la Bible car être croyant, c'est d'abord écouter Dieu qui nous parle.

Dans nos réunions, on s'écoute, on partage entre nous, on débat, mais vient le moment où il faudrait donner la parole à un Autre, à celui qui nous rassemble. Et comment accueillir la Parole de Dieu qui est le Christ ? Le moyen qui nous est donné, depuis 2 000 ans, c'est ce qu'on appelle « les Ecritures » qui expriment la foi des premières communautés et qui nous racontent « l'événement Jésus-Christ », c'est-à-dire la vie, la mort et la résurrection de Celui qui est pour nous Parole de Dieu.

Lorsque Jésus, dans la puissance de l'Esprit, revint en Galilée, sa renommée se répandit dans toute la région. Il enseignait dans les synagogues, et tout le monde faisait son éloge.

Il vint à Nazareth, où il avait été élevé. Selon son habitude, il entra dans la synagogue le jour du sabbat, et il se leva pour faire la lecture. On lui remit le livre du prophète Isaïe. Il ouvrit le livre et trouva le passage où il est écrit :

« L'Esprit du Seigneur est sur moi parce que le Seigneur m'a consacré par l'onction. Il m'a envoyé porter la Bonne Nouvelle aux pauvres, annoncer aux captifs leur libération, et aux aveugles qu'ils retrouveront la vue, remettre en liberté les opprimés, annoncer une année favorable accordée par le Seigneur. »

Jésus referma le livre, le rendit au servant et s'assit. Tous, dans la synagogue, avaient les yeux fixés sur lui. Alors il se mit à leur dire : **« Aujourd'hui s'accomplit ce passage de l'Écriture que vous venez d'entendre. »**

Tous lui rendaient témoignage et s'étonnaient des paroles de grâce qui sortaient de sa bouche. Ils se disaient : « N'est-ce pas là le fils de Joseph ? » (Luc 4, 14-22)

Ce texte nous fait découvrir la liturgie du peuple juif les jours de Sabbat, qui ressemble pas mal à la nôtre... Il nous fait comprendre ce qu'est une homélie : c'est l'actualisation de la Parole que Dieu adresse à son peuple. L'homélie, cela consiste à expliquer pourquoi « cette parole de l'Ecriture que vous venez d'entendre, c'est aujourd'hui qu'elle s'accomplit. »

Dans la liturgie, l'Ecriture devient Parole. L'Ecriture, c'est un livre, un texte, et un texte, c'est toujours du passé... Il a été écrit... Lorsque ce texte est proclamé dans l'assemblée du Peuple de Dieu, **ce texte devient une parole**, ce texte mort devient une parole vivante parce qu'elle nous est adressée. Du coup, c'est Dieu qui nous parle **aujourd'hui** !

« Cette parole de l'Ecriture que vous venez d'entendre, c'est aujourd'hui qu'elle s'accomplit ». Bien sûr, ce qui s'accomplit, c'est ce que Jésus a lu à Nazareth il y a un peu plus de 2000 ans. Et ce qu'il a lu, c'est un texte du prophète Isaïe écrit quelques siècles plus tôt ! Bien sûr, il nous faut comprendre que cette phrase de Jésus est une manière pour lui de dire qu'il est le Christ, le Messie, puisque « Christ » ou « Messie », cela veut dire « l'oint », « celui qui a reçu l'onction » : « le Seigneur m'a consacré par l'onction ».

Mais pour nous, aujourd'hui, qu'est-ce que cela veut dire ? Quand on lit ce texte à la messe, que ce soit le dimanche ou le jour d'une confirmation, souvent, on prend un chant qui dit : « L'Esprit de Dieu repose sur moi, l'Esprit de Dieu m'a consacré, l'Esprit de Dieu m'a envoyé proclamer la paix, la joie ! Il m'envoie porter la bonne nouvelle aux pauvres ! » On reprend les mots d'Isaïe qui étaient devenus les mots de Jésus et on se les approprie : c'est sur nous que l'Esprit de Dieu repose et c'est nous qui sommes envoyés porter la bonne Nouvelle aux pauvres ! Le texte est devenu, pour nous, aujourd'hui, une Parole de Dieu, une Parole que Dieu nous adresse, à tous et à chacun.

Quant on prend un texte en réunion, il est important qu'on le proclame comme on le fait à la messe pour que ce texte qu'on lit devienne bien une Parole qu'on écoute. On donne la parole à Dieu, on se demande ce qu'il nous dit et on partage ce que chacun a entendu.

Chaque dimanche, l'Eglise nous propose des « lectures » qui sont tirées des Ecritures, mais c'est pour qu'elles soient proclamées dans l'assemblée des fidèles : c'est alors Jésus-Christ, Parole de Dieu, qui s'adresse à ses disciples, c'est-à-dire à nous. La liturgie nous fait passer **du texte qu'on lit à la Parole qu'on écoute**. L'homélie est là pour nous aider à discerner comment cette Parole de l'Ecriture que nous venons d'entendre, elle s'accomplit pour nous aujourd'hui !

Ce recueil présente un choix d'homélies prononcées le dimanche ou les jours de fêtes, depuis l'an 2000, dans la banlieue parisienne, avec l'ambition d'aider les chrétiens rassemblés à accueillir une Parole de vie qui s'accomplit pour eux aujourd'hui. Cela demande au prédicateur d'avoir accueilli, à travers un texte, une Parole qui lui est adressée à lui, personnellement, aujourd'hui. Le Pape François a très bien exprimé cela dans son Exhortation « La joie de l'Evangile » : « Quiconque veut prêcher, doit d'abord être disposé à se laisser toucher par la Parole et à la faire devenir chair dans son existence concrète. » (n°150).

Cette Parole de Dieu, je l'ai donc accueillie pour moi avant d'en parler dans l'assemblée. C'est un ministère qui m'a rendu heureux, même s'il fallait à chaque fois l'accueillir et la présenter comme une parole qui s'accomplit pour nous aujourd'hui. Je souhaite que ce recueil permette à d'autres d'accueillir la Parole de Dieu pour qu'elle prenne chair dans leur vie aujourd'hui.

Je recommande au lecteur de ne lire qu'une homélie à la fois, en ayant pris soin de lire et d'avoir sous les yeux le texte d'Evangile correspondant, ainsi que les autres lectures proclamées le même jour quand elles sont signalées. Tous les textes sont cités selon la traduction liturgique de la Bible.

Toutes ces homélies sont datées, liées à un lieu (trois villes de la banlieue populaire de Paris) et à un contexte (social et ecclésial) que le lecteur trouvera souvent évoqué, car l'aujourd'hui dont il est question, c'est l'aujourd'hui de notre société et de notre Eglise, pour qu'il devienne l'aujourd'hui de Dieu.

Jean-Pierre Roche.

Villejuif, le 2 avril 2015

en la fête du Jeudi-saint.

-I-

JOURS DE FETES

1. Noël : Dieu se fait petit.
2. L'Epiphanie : Ne pas se tromper de roi !
3. Les Rameaux.
4. Jeudi-saint : Un geste qui évangélise.
5. Vendredi-saint : La passion du Seigneur et la nôtre.
6. Pâques : Bonne résurrection !
7. L'Ascension : Premier de cordée.
8. La Pentecôte : Le souffle de Dieu.
9. La Trinité et la fête des mères.
10. L'Assomption de Marie.
11. La Toussaint : La communion des saints.
12. La première communion : La première fois.

1. NOËL : DIEU SE FAIT PETIT

Lc 2, 1-20

Dans la tradition judéo-chrétienne, on est habitué à voir Dieu préférer les petits. Il choisit le plus petit des peuples de la terre pour faire alliance avec lui. Il choisit le plus petit des fils de Jessé, David, pour en faire le roi de son peuple et il préfère s'exprimer dans le murmure d'une brise légère plutôt que dans le tremblement de terre.

Jésus s'inscrira dans cette tradition en bénissant les enfants, en préférant toujours les petits, les humbles, les publicains plutôt que les puissants et les savants, et il dira : « ce que vous avez fait aux plus petits, c'est à moi que vous l'avez fait ».

Mais Noël, c'est autre chose : c'est Dieu qui se fait petit. Pas seulement Dieu qui se fait homme, mais Dieu qui se fait petit. Le Très Haut, comme on l'appelle dans la Bible, se fait le très bas ! On plaisante souvent sur le « petit Jésus », mais on ne se rend pas compte que c'est très important : Dieu se fait petit, bébé, enfant. *Infans*, cela signifie *celui qui ne parle pas*. Pensez donc : le Verbe, la Parole de Dieu se fait celui qui ne parle pas. Il va apprendre le langage des hommes pour s'adresser à nous dans notre langage. Il va apprendre à devenir humain et pendant trente ans, il restera anonyme et silencieux.

Mais si Noël, c'est Dieu qui se fait petit, c'est peut-être pour nous révéler que vivre, c'est aimer et qu'aimer, c'est se faire petit. Comment peut-on se faire petit ? Jésus vient dans notre nuit, dans nos ténèbres, pour nous révéler ce secret : si tu veux être un fils de Dieu comme moi, apprends à te faire petit, c'est mon chemin.

C'est le chemin du serviteur : Jésus est aux pieds de ses disciples, il se fait plus petit qu'eux, il les regarde d'en bas, et non pas d'en haut. Tant qu'on regarde les autres d'en-haut, on n'est pas serviteur. Dieu se met à hauteur d'homme. Il ne nous regarde pas de haut. Quand il est dans la crèche, Jésus nous regarde aussi d'en bas. Et nous, comment regardons-nous les autres ? notre conjoint ? nos enfants ? nos amis, ceux que nous rencontrons ? Est-ce qu'on ne les regarde pas trop d'en-haut ? Nous allons beaucoup parler, dans notre Eglise, à cause du synode diocésain, de « prendre soin les uns des autres » pour se rappeler que le partage de la joie de l'Evangile, de la joie de Noël, ça passe par le service de la fraternité. A condition de se faire serviteur, à condition de ne pas se pencher sur les autres, de ne pas les regarder d'en haut ; à condition de se mettre à leurs pieds pour les regarder d'en bas, pour les écouter, pour ne pas décider à leur place de ce qui est bon pour eux.

C'est aussi le chemin de l'enfance spirituelle, le chemin de la petite Thérèse, qui consiste à prendre au sérieux la parole de Jésus quand il nous dit : « vous n'entrerez pas dans le Royaume des cieux si vous ne redevenez pas comme un enfant ». Est-ce qu'il veut nous infantiliser ? Non. S'il nous donne les enfants en exemple, ce n'est pas parce que ce sont des petits anges qui ne font jamais de bêtises. S'il nous les donne en exemple, c'est parce que les enfants savent d'instinct qu'ils ne peuvent pas s'en sortir tout seul, ils savent qu'ils ont besoin des autres, ils savent appeler, demander, réclamer ! Bref, ils savent recevoir, comme Jésus qui reçoit les cadeaux des mages, et comme les enfants vont recevoir les cadeaux ce soir... Ils savent faire confiance aux autres et à Dieu. Mais nous, les adultes, on veut justement prouver qu'on est des grands, qu'on est capable de s'en sortir tout seul... Que l'enfant Jésus nous apprenne à oser demander, aux autres et à Dieu. Que l'enfant Jésus nous apprenne à recevoir : c'est parfois plus difficile que de donner. Que l'enfant Jésus nous apprenne à appeler au secours, à l'aide : c'est une manière de se faire petit qui apprend la fraternité.

C'est enfin le chemin du silence : si nous voulons, comme l'abbé Pierre, être le porte parole des hommes sans voix, il faut commencer par les écouter et pour écouter, il faut savoir se taire, faire silence, en nous. C'est vrai de la Parole de Dieu : elle ne nous parle que dans le silence. C'est vrai de la parole des autres : est-ce que je laisse parler les autres ? Comment puis-je les écouter si je parle tout le temps ? C'est vrai de la parole des enfants : est-ce que je sais les écouter, donner du poids à leur parole, ou est-ce que je ne sais que les enseigner ? C'est vrai de la parole des malades : est-ce que je vais retenir ce que je leur ai dit pour les réconforter ou est-ce que je vais simplement être là, être une présence et une oreille, pour être capable de recueillir ce qu'ils ont à me dire ?

Noël : Dieu se fait petit, Dieu se fait enfant, Dieu se fait silence. N'est-ce pas pour que nous aussi, nous nous fassions petits ? N'est-ce pas pour nous apprendre à servir, à recevoir, à écouter ?

En tout cas, la bonne nouvelle, c'est Jésus, et Jésus, c'est Dieu qui vient pour servir les hommes, et d'abord les plus petits ; c'est Dieu qui vient pour nous appeler à fraterniser ; c'est Dieu qui vient pour nous donner la parole et pour écouter nos prières.

Dieu se fait petit. Et si nous apprenions à nous faire petits en allant contempler l'enfant Jésus à la crèche, pour prendre avec lui le chemin du serviteur, le chemin de l'enfance spirituelle et le chemin du silence...

Noël 2011.

2. L'EPIPHANIE : NE PAS SE TROMPER DE ROI !

Mt 2, 1-12

Pour tout le monde, aujourd'hui, c'est la fête des rois ! Eh bien, je vous invite à ne pas vous tromper de rois !

D'abord, dans le texte de Matthieu que nous venons d'entendre, les mages ne sont pas des rois : ce sont des « mages venus d'orient », c'est-à-dire des savants venus sans doute de Perse ou de Mésopotomie, de l'Iran ou de l'Irak. Ce n'était pas des rois, mais ils représentent toutes les nations, tous les peuples païens, tous ceux qui cherchent Dieu. Paul nous révèle quel est le mystère du Christ : c'est que *« les païens sont associés au même héritage, au même corps, au partage de la même promesse, dans le Christ jésus, par l'annonce de l'Evangile. »* Il faut se rendre compte que Matthieu écrit son Evangile pour des communautés judéo-chrétiennes qui doivent accepter que des païens deviennent chrétiens comme eux et participent à la même Eglise. Et si on a transformé les mages en rois mages, c'est à cause des textes de la bible que les chrétiens relisent en pensant à Jésus : *« Les rois de Tarsis et des îles apporteront des présents, les rois de Saba et de Seba feront leur offrande, tous les rois se prosterneront devant lui, tous les pays le serviront ».*

Si l'Evangile ne dit pas que c'était des rois ni qu'ils étaient trois, par contre l'Evangile parle bien de deux rois. Et nos mages venus d'Orient, nos chercheurs de Dieu, sont confrontés à une énigme : il est question de deux rois et ils ne doivent pas se tromper de roi !

Il y a d'abord le roi Hérode qui est à Jérusalem et qui est dans l'inquiétude ! Hérode le Grand, une sorte de Bachar al Assad local qui persécute, tue et assassine ses rivaux jusqu'à ses propres fils. C'est lui qui organisera le « massacre des saints innocents ». Dans les environs de Jérusalem, on peut encore aujourd'hui découvrir l'Hérodium qui dit dans quelle peur ce tyran vivait.

Et puis, il y a « le roi des juifs qui vient de naître » et dont les mages ont vu se lever son étoile en Orient. « Roi des Juifs » veut dire ici « Messie », fils de David, celui qui a reçu l'onction, c'est-à-dire le Christ. Mais là, il s'agit d'un bébé désarmé... Si Hérode le Grand est associé à Jérusalem et à l'inquiétude, le messie est associé à Bethléem et à la joie. Il ne faut pas se tromper de roi !

Nous qui sommes d'origine païenne, parfois venus de très loin, d'Afrique ou d'Asie, des Iles ou d'Océanie, nous savons que cet enfant Jésus est le Messie pour tous les peuples : Jésus a refusé d'être Roi, mais il nous a annoncé le Royaume de Dieu où règnent la justice et la paix, le partage et l'amitié entre tous les peuples. Alors, nous ne devons pas nous tromper de roi !

Bien sûr, nous devons élire nos dirigeants et c'est un progrès si nous pouvons les choisir. Mais Jésus nous apprend que le plus grand parmi nous nous, c'est celui qui sert, c'est le « minus », le petit, l'enfant, le serviteur... Et il nous apprend à partager tout, même le pouvoir ! C'est en se faisant petit qu'on sert la fraternité.

La galette des rois n'a rien de religieux, mais elle est très évangélique : elle est signe du partage et l'Epiphanie, c'est la grande fête du partage. C'est le peuple juif qui partage son messie avec toutes les nations. C'est les chrétiens d'ici qui partage leur Eglise avec les chrétiens qui viennent de loin. C'est ceux qui viennent de loin qui partagent leurs richesses, l'or, l'encens et la myrrhe, avec ceux qui les accueillent comme des frères, car dans l'Eglise du Christ, il n'y a pas d'étranger : chacun est chez lui.

L'Evangile nous montre que la Bonne Nouvelle est annoncée d'abord aux bergers et aux mages, ceux qui étaient les plus pauvres et ceux qui étaient les plus loin. Cela devrait être nos deux priorités missionnaires : les plus pauvres de notre société et ceux qui sont les plus loin de l'Eglise. La Bonne Nouvelle est pour eux. Ne nous trompons pas de roi ! Puisse le partage de nos galettes nous inviter à partager avec les plus pauvres et les plus loin !

Quand on tire les rois, tout le monde peut être roi, mais à la manière de Jésus. Ne nous trompons pas de roi !

Epiphanie – 7 janvier 2007

3. DIMANCHE DES RAMEAUX ET DE LA PASSION

(Lecture de la Passion)

Nous tenons des rameaux à la main... Chaque année, c'est important pour nous de venir à la messe des rameaux et de rapporter des rameaux bénis.

Quelle est la signification de ces rameaux ?

C'est d'abord un signe d'appartenance. C'est une manière pour nous d'exprimer que nous sommes du peuple chrétien. C'est un signe comme le signe de croix, le signe des chrétiens.

D'ailleurs, le buis, nous allons le déposer sur le crucifix qui se trouve chez nous. Le buis, ça va avec la croix. C'est un feuillage vert. Qui reste vert. C'est la victoire sur la mort. C'est l'espoir de la vie éternelle.

La croix et le buis, c'est la mort et la résurrection de Jésus. C'est la victoire de l'amour sur la mort. C'est ce que nous célébrons dans chaque eucharistie.

Nous venons de communier à la passion de Jésus qui donne sa vie par amour. Nous allons communier tout à l'heure à son corps livré par amour.

C'est un appel à communier à son amour pour tous les hommes : cela nous engage à aimer, à lutter contre le mal, à donner notre vie.

Ainsi, nous pourrons communier à la résurrection du Crucifié, Dimanche prochain, la nuit ou le jour de Pâques.

Dimanche des Rameaux et de la Passion 2004.

4. JEUDI SAINT : UN GESTE QUI EVANGELISE

Jn 13, 1-15

Pourquoi l'Evangile de Jean a-t-il remplacé le récit de la Cène par le récit du lavement des pieds ? Qu'y a-t-il dans ce geste de si fort pour que Jean y voie l'équivalent de l'eucharistie ? Bien sûr, lorsque Jean rédige son Evangile à la fin du premier siècle, les trois autres évangiles sont déjà en forme et circulent dans les communautés, de même que la lettre de Paul aux Corinthiens, qui fut le premier récit de la Cène mis par écrit. Jean n'a pas besoin de raconter une cinquième fois le dernier repas de Jésus. Mais pourtant, il le raconte quand même et il introduit de manière solennelle et magnifique le récit de ce dernier repas : « Avant la fête de la Pâque, sachant que l'heure était venue pour lui de passer de ce monde à son Père, Jésus, ayant aimé les siens qui étaient dans le monde, les aima jusqu'au bout. Au cours du repas… »

Y a-t-il équivalence entre l'eucharistie et le lavement des pieds ? Est-ce deux manières de dire la même chose ? Comment ces deux gestes s'éclairent-ils l'un l'autre ?

Il me semble que ce geste du lavement des pieds est un « geste parabole » qui évangélise. C'est un geste qui évangélise nos liturgies. C'est un geste qui évangélise Dieu.

C'est un geste qui évangélise nos liturgies :

La première Cène a été célébrée dans un contexte liturgique, la fête de la Pâque juive. Jésus vit le repas pascal avec ses disciples. Mais le geste de Jésus partageant le pain et le vin, c'est Jésus qui donne tout son sens à ce qui va se passer dans les heures qui viennent, dans sa vie, dans la ville de Jérusalem, dans l'histoire du monde : sa passion, et sa mort sur la croix. Cette passion et cette mort sur la croix, ça ne se passe pas au temple, c'est en pleine vie que Jésus va livrer sa vie.

Bien sûr, c'est Judas qui va le livrer, mais dans le geste du partage du pain et du vin, il manifeste qu'il transforme ce qu'il va subir – la passion – en un acte d'amour où c'est lui qui se donne, c'est lui qui se livre pour le salut du monde.

A la fin du premier siècle, ce geste du partage du pain et du vin est devenu une pratique liturgique des premiers chrétiens : tous les dimanches, le premier jour de la semaine, ils célébraient la résurrection du Christ en célébrant le Repas du Seigneur, la « fraction du pain ». Mais du coup, il y avait un risque : que la liturgie devienne un rite détaché de la pratique quotidienne de l'amour fraternel, alors que le geste du pain et du vin, communion au corps livré du Christ et au sang versé du Christ, donnait tout son sens à la passion et à la croix de Jésus : il donne sa vie pour ses frères.

Tout se passe comme si Saint Jean, devenu sans doute le dernier survivant des Douze, voulait rappeler que le rite n'est rien s'il est détaché de la vie. Pour lui, le sacrement de l'autel doit toujours être interprété et vécu comme le sacrement du frère : la célébration de l'eucharistie, avec le pain rompu et le vin offert, et le service concret et quotidien des frères sont inséparables, car ce sont les deux faces de la participation au mystère pascal du Christ. « Le fils de l'homme n'est pas venu pour être servi, mais pour servir et donner sa vie en rançon pour la multitude. »

Communier au corps et au sang du Christ, c'est communier au Christ serviteur – et le service se vit dans le quotidien de nos jours. La communion fraternelle, c'est se mettre au service les uns des autres, c'est se laver les pieds les uns aux autres.

Le lavement des pieds évangélise nos liturgies, car il nous rappelle que toute célébration nous renvoie à notre vie quotidienne – et en particulier nous appelle à donner notre vie à notre tour en nous mettant au service les uns des autres.

Jésus a mis fin à tous les sacrifices des religions qui offraient à Dieu toute sorte de présents ou d'animaux. Le seul sacrifice qui plaît à Dieu, c'est une vie donnée par amour. C'est en donnant nos vies dans le service mutuel que nous ressemblons à Dieu, le Père de Jésus.

C'est aussi un geste qui évangélise Dieu :

Ce geste de Jésus, lavant les pieds à ses disciples, scandalise Pierre, c'est un geste qui renverse les rôles. Et bien, ce n'est pas seulement un geste qui nous évangélise, qui nous interpelle, qui nous édifie comme disciples de Jésus. C'est aussi un geste qui évangélise Dieu.

Nous savons qu'Evangile, ça veut dire « bonne nouvelle ». Eh bien, ce geste du lavement des pieds est un « geste parabole » qui raconte Dieu, au lieu de l'expliquer, et qui raconte Dieu en l'évangélisant, c'est-à-dire en en faisant une bonne nouvelle pour nous. Ce geste rend Dieu « bonne nouvelle » pour nous. Il nous délivre de tous les faux dieux que nous nous inventons, des faux dieux qui nous ressemblent : le dieu dominateur, le dieu lointain, le dieu qui punit, le dieu empereur. Il nous raconte un Dieu qui se met à nos pieds, un Dieu qui nous prie (« faîtes vous aussi comme j'ai fait pour vous »), un Dieu qui nous sert. Comme dans la Passion de Jésus, Dieu se révèle ici comme fondamentalement « pour nous », et c'est ça la Bonne Nouvelle ! « Et si Dieu est pour nous, dit Saint Paul, qui sera contre nous ? »

Alors que notre humanité est confrontée comme jamais – à cause des médias qui nous font spectateurs des drames de la planète – au mystère du mal sous toutes ses formes, il nous est donné une Bonne Nouvelle : Dieu n'est pas ce que nous croyons, Dieu est Bonne Nouvelle pour tous parce qu'il se met au service de notre salut, c'est-à-dire de notre bonheur. Certes, il ne fait pas notre bonheur à notre place : nous avons à le suivre sur cette route du serviteur. Mais il nous délivre d'avoir à nous sauver tout seul, par nos propres forces. C'est en ce sens que Jésus serviteur est notre Sauveur : il est le Crucifié qui nous sauve – alors laissons-nous laver les pieds par le Christ ! -, mais il nous appelle à être avec lui sauveur les uns des autres en nous mettant au service les uns des autres.

« Faîtes ceci en mémoire de moi »... « c'est un exemple que je vous ai donné afin que vous fassiez vous aussi comme j'ai fait pour vous »... Ces deux paroles se renvoient l'une à l'autre : faire mémoire de Jésus-Christ, ce n'est pas seulement célébrer l'eucharistie, c'est aussi livrer nos vies les uns pour les autres en nous lavant les pieds mutuellement dans nos communautés, dans notre manière de faire Eglise, mais aussi, bien sûr, au cœur de la ville, dans nos lieux de travail, dans nos lieux de vie, dans notre manière de vivre ensemble avec tous. Amen.

Jeudi saint 2002.

5. VENDREDI SAINT : LA PASSION DU SEIGNEUR ET LA NÔTRE

Chaque année, il nous est donné de revivre la passion de Jésus. Bien sûr, Jésus est mort une fois pour toutes il y a plus de 2000 ans, mais cet événement nous rejoint aujourd'hui, dans l'aujourd'hui de nos vies personnelles et collectives. « C'est aujourd'hui que cette parole s'accomplit ».

De deux choses l'une : ou nous vivons nous mêmes la passion. Il est possible que nous soyons nous-mêmes écrasés, crucifiés, désespérés, humiliés, abandonnés... par une épreuve qui nous fait terriblement souffrir : la maladie, la mort d'un proche, la rupture d'un couple, un licenciement ou un harcèlement... Dans ce cas, il nous faut revivre la passion de Jésus en contemplant celui qui, tout fils de Dieu qu'il est, vient partager nos souffrances, les porter avec nous. Laissons-nous rejoindre par ce Dieu qui ne nous explique pas la souffrance mais qui vient la vivre avec nous, pour nous ouvrir un chemin de vie. Laissons le Christ transformer notre souffrance comme il a transformé la sienne en en faisant un geste d'amour. Car ce n'est pas sa souffrance qui nous sauve, c'est son amour ! Mais il nous révèle qu'il n'y a pas d'amour vrai sans couronne d'épines parce qu'aimer, c'est se donner et ce don de soi peut être crucifiant.

Mais il est aussi possible que nous soyons en paix, que nous soyons heureux – nous en avons le droit ! Et dans ce cas-là, la Passion de Jésus est pour nous l'occasion de nous rappeler que le Christ vit toujours sa passion aujourd'hui à travers tous ceux qui souffrent et que nous risquons toujours d'oublier. Les sans papiers pour qui on vient de construire un nouveau centre de rétention, les roms installés à nouveau sur nos terrains vagues, les handicapés qui ne veulent être « ni pauvres ni soumis », les gens qui n'ont pas de travail et ceux qui en ont de trop, ceux qui sont sur un lit d'hôpital ou dans une cellule de prison... Oui, la passion du Christ continue en eux et cela ne peut nous laisser indifférent. Nous pouvons rejoindre le Christ en les rejoignant, en nous faisant proches d'eux, en partageant leurs combats et leurs espoirs.

Mais au-delà de notre situation personnelle, cette année, c'est toute notre Eglise catholique qui vit la passion de Jésus... : raillée, humiliée, méprisée, il ne se passe pas de jours sans qu'on la traîne dans la boue... La différence avec Jésus, c'est que l'Eglise n'est pas aussi innocente que lui : elle est certes animée par l'Esprit-Saint, mais elle est composée d'hommes pécheurs comme nous. Nous souffrons, souvent en silence. Mais nous découvrons que le silence n'est pas toujours la bonne solution, il y a même des situations où le silence peut être complicité de crime. Les responsables de notre Eglise ont commencé à changer leur manière de réagir à ces événements en regardant la vérité en face et en cessant de camoufler, de protéger. Prions d'abord pour les victimes, toutes les victimes, celles de nos institutions mais aussi celles de nos familles. Et prions pour que notre Eglise – c'est-à-dire nous tous – redécouvre dans cette épreuve qu'elle est sans cesse appelée à se convertir et donc à se réformer, en s'appuyant sur l'amour du Crucifié. Dans cette épreuve aussi, il est avec nous pour nous communiquer sa force d'aimer et la confiance qu'il fait à son Père.

Vendredi saint 2010.

6. PAQUES : Bonne résurrection !

Mc 16, 1-7

« Le Christ est ressuscité ! Oui, il est vraiment ressuscité... », mais nous ? Nous fêtons la résurrection du Christ, mais qu'est-ce que ça va changer dans nos vies ? et dans la vie du monde ?

Regardez les premiers disciples : ils ont vécu eux aussi une véritable résurrection... : à la suite de la mort de Jésus, ils sont abattus, comme les disciples d'Emmaüs, ils ont peur comme les femmes au tombeau, ils vont rester enfermés par peur des juifs... Et puis, à la Pentecôte, ils ressuscitent, ils sortent et annoncent à tous la Bonne Nouvelle de la Résurrection du Christ.

Premier message : *« n'ayez pas peur ! »* Si le Christ est ressuscité, c'est que la mort est vaincue, elle n'a pas le dernier mot, alors, nous n'avons plus à avoir peur de la mort. Et si nous n'avons plus peur de la mort, nous n'avons plus à avoir peur de personne ni de quoi que ce soit ! Ressuscités, les premiers disciples n'ont pas eu peur de mourir, de donner leur vie pour le Christ.

Deuxième message : *« il vous précède en Galilée ! »* Non seulement il est vivant, mais il nous précède dans cette terre païenne de Galilée. Pas à Jérusalem, pas au Temple, mais en Galilée, c'est-à-dire en banlieue ! Et c'est là qu'il faut le chercher, vivant dans le cœur des hommes et des femmes qui s'organisent pour une cité plus humaine, plus fraternelle, où les étrangers seraient accueillis, où les jeunes auraient un avenir, où les malades seraient soutenus, où les vieillards seraient visités, où les enfants seraient écoutés...

Troisième message : *« allez dire à mes frères ! »* Le 14 juin, notre évêque invite tout le peuple de Dieu à se rassembler autour de la Parole de Dieu, avec cette consigne : « Va trouver mes frères et partage leur la Parole » A quoi servirait notre Eglise si elle ne partageait pas cette Bonne Nouvelle que rien n'est jamais foutu, puisque le Christ est ressuscité et nous appelle à ressusciter avec lui ?

Christ est ressuscité ! Et toi ? Et moi ? Allons-nous ressusciter ? Oui, c'est vrai, nous avons toute notre vie pour passer du vieil homme qui a été enseveli avec le Christ le jour de notre baptême, à l'Homme nouveau que le Christ nous appelle à devenir, mais ce n'est pas parce que ce passage – des ténèbres à la lumière, du chacun pour soi à la solidarité, de la tristesse à la joie, de la mort à la vie – va durer toute notre vie qu'il faut prendre tout notre temps... C'est aujourd'hui qu'il s'agit de ressusciter, c'est aujourd'hui qu'il s'agit de se lever, c'est aujourd'hui qu'il s'agit de vivre debout, avec le Christ.

Je vous souhaite à tous une bonne résurrection !

Veillée pascale 2009

7. L'ASCENSION : PREMIER DE CORDEE

Mc 16, 15-20

Ascension : voilà un nom de fête facile à comprendre, c'est un mot du vocabulaire courant. Chacun comprend ce qu'est une ascension, même ceux qui n'ont jamais fait de montagne. L'ascension, c'est une expédition généralement collective, c'est une montée vers un sommet, cela demande beaucoup d'efforts, beaucoup de temps. Et il y a une expression qui explique très bien le mystère que nous célébrons aujourd'hui : Jésus ressuscité est le « premier de cordée » de notre humanité.

Le premier de cordée, c'est celui qui est arrivé au sommet et qui assure la montée de toute la cordée. Tous ceux qui suivent sont solidaires du premier de cordée et des autres : on est liés les uns aux autres. Jésus est arrivé au sommet, il est à la droite du Père, mais il demeure relié à nous tous. Par quoi ? Par une corde, bien sûr, qui est l'image de l'Esprit Saint. L'Esprit d'amour est ce qui relie Jésus à son Père, mais aussi ce qui nous relie à Jésus. Jésus tient bien la corde. Nous pouvons monter en confiance, si nous sommes reliés au Christ et reliés les uns aux autres. N'est-ce pas cela la communion ? L'Esprit-Saint, c'est l'Esprit de communion.

« L'ascension de ton Fils est déjà notre victoire » : l'un de nous est déjà arrivé au but, car le but, c'est le Père. Mais l'ascension ne concerne pas que Jésus : l'un de nous est arrivé au but, avec toute son humanité, et du coup, c'est notre humanité à nous tous qui est accueillie en Dieu. Ou pour prendre l'image du Corps que St Paul apprécie tant : la tête est arrivée, et tout le reste du corps poursuit sa montée vers le Père. Avec Jésus, nous ne pouvons que monter.

Cela me fait penser à cette parole de Teilhard de Chardin : « tout ce qui monte converge ». Cela veut dire que, dès lors que nous montons, nous nous retrouverons au sommet. Acceptons que d'autres montent par un autre chemin. Nous, notre chemin, c'est le Christ et il nous fait monter à sa suite. Mais son Esprit est à l'œuvre dans le cœur de tous les hommes qui s'élèvent ensemble, grâce à une religion, grâce à une philosophie, grâce à un engagement social, grâce à l'art...

Ce qui est important, c'est que l'Evangile nous présente notre vie comme une ascension, une montée que nous faisons ensemble, à la suite de Jésus. Et il ne s'agit pas seulement de notre vie, mais aussi de l'histoire de l'humanité : le Ressuscité invite tous les hommes à s'élever ensemble, à monter ensemble sur le chemin de l'amour et de la fraternité, sans laisser personne de côté.

La Bonne Nouvelle, c'est que nous savons où nous allons : parce qu'il est à la droite du Père, le Christ nous indique le sommet de l'amour où nous sommes attendus, vers lequel nous montons avec tous ceux qui veulent bien s'encorder avec nous.

Jeudi de l'Ascension - 13 mai 2010

8. LA PENTECÔTE : LE SOUFFLE DE DIEU

Ac 2, 1-11 et Jn 20, 19-23

« Jésus répandit sur eux son souffle et leur dit : recevez l'Esprit Saint »

Pâques, c'est la résurrection de Jésus. La Pentecôte, c'est la résurrection des apôtres... et donc notre résurrection ! Dans l'Evangile de Jean, cela se passe le même jour : « après la mort de Jésus, le soir du premier jour de la semaine »... Chez Luc, l'auteur des Actes, la résurrection des apôtres met plus de temps : cinquante jours ! Pendant cinquante jours, les apôtres et Marie sont réunis tous ensemble, mais enfermés, dans un lieu « verrouillé », parce qu'ils ont peur des autres juifs.

Le mot grec qui est traduit par « esprit », c'est *pneuma* qui veut dire le souffle. C'est le Souffle de Dieu qui ressuscite les apôtres et qui fait naître l'Eglise. Dans le texte des Actes des Apôtres, c'est un grand coup de vent. Le souffle de Dieu, c'est l'Esprit Saint que le Ressuscité communique à ses amis, c'est l'Esprit d'amour qui unit Jésus à son Père, c'est l'Esprit de force et de lumière dont Jésus était rempli et qui remplit maintenant ses apôtres. Et l'Amour de Dieu, ça donne du souffle, ça décoiffe !

Que provoque en effet ce Souffle pour les Apôtres ? Et pour nous ? Le Souffle de Dieu les fait parler... et il nous fait parler... Le Souffle de Dieu les fait sortir... et il nous fait sortir... Le Souffle de Dieu les rassemble... et il fait de nous l'Eglise.

Le Souffle de Dieu les fait parler :

« Alors, ils furent tous remplis de l'Esprit Saint : ils se mirent à parler ! » Ils étaient réduits au silence, tellement ils avaient peur. Quand on est réduit au silence, on n'existe pas. C'est vrai de chacun de nous, mais c'est vrai aussi d'un groupe, d'une communauté. On a dit ça des déportés qui revenaient des camps d'extermination : ils n'arrivaient pas à parler, personnellement et collectivement. Il y a des lieux où des groupes n'osent pas s'exprimer, parce qu'ils sont minoritaires, parce qu'ils ont peur.

Le Souffle de Dieu les fait parler parce qu'il les libère de leur peur : il leur donne l'audace d'oser parler. C'est le fameux « n'ayez pas peur ! » repris par Jean-Paul II. Car c'est pareil pour nous : l'Esprit nous est donné, à notre Baptême et à notre Confirmation, pour que nous osions parler, pour que nous osions proclamer la Parole de Dieu dans notre langue, pour que nous osions être « la voix des hommes sans voix », selon la belle expression de l'abbé Pierre.

Le Souffle de Dieu les fait sortir :

Dans un premier temps, ils sont dans la maison, et puis on les entend s'adresser à tous les peuples rassemblés à Jérusalem. Cela veut dire qu'ils sont sortis sur la place. « Comme le Père m'a envoyé, moi aussi, je vous envoie ». Où ça ? sur les places, dans la rue, dans le monde, dans votre cité, dans votre lieu de travail. Non pas pour faire des discours (c'est le piège de la parole), mais pour incarner la Parole de Dieu, pour que la Parole de Dieu continue de s'incarner comme elle s'est incarnée en Jésus et qu'elle soit une parole d'amour aux hommes et aux femmes d'aujourd'hui. Mais cela suppose que nous sortions de l'église, que nous ne restions pas entre nous, que nous nous tournions vers ces hommes et ces femmes qui sont nos compagnons d'humanité et que Dieu nous donne à aimer.

Le Souffle de Dieu fait d'eux l'Eglise, le Corps du Christ.

La Pentecôte, c'est la naissance de l'Eglise… mais une naissance, c'est une mise au monde, c'est pour le monde. Le Souffle de Dieu – l'Esprit Saint -, c'est celui qui enfante et qui construit l'Eglise comme Corps du Christ. C'est lui, le Souffle de Dieu, qui a façonné le Corps du Christ en Marie. C'est lui encore que nous appelons sur le pain et le vin pour qu'il en fasse pour nous le Corps et le Sang du Christ. C'est lui qui fait de nous les membres de son Corps : il nous relie les uns aux autres, puisqu'il est l'Esprit d'Amour, comme il relie Jésus à son Père, et il nous communique l'amour de Dieu pour que nos différences, de langues, de cultures, de milieu, d'origine, d'âge… soient rassemblées en un seul Corps parce que « nous avons tous été baptisés dans l'unique Esprit pour former un seul

Corps ». Et ce Corps, c'est l'Eglise Corps du Christ pour le monde. Car qu'est-ce que notre corps ? C'est ce qui nous permet de rentrer en relation avec les autres. Nous sommes le Corps du Christ qui permet au Ressuscité d'entrer en relation avec les hommes et les femmes de ce temps, avec tous ceux et celles qui vivent aujourd'hui à Créteil, pour qu'ils entendent « proclamer dans leurs langues les merveilles de Dieu » ! Amen.

Fête de la Pentecôte – Dimanche 15 mai 2005.

9. TRINITE et FETE DES MERES : LA FETE DE L'AMOUR

Mt 28, 16-20

J'aime quand nous fêtons la « Trinité de Dieu » le jour de la fête des mères. Cela nous aide à entrer dans le mystère de Dieu. A condition de nous rappeler que le mystère, ce n'est pas ce qui est incompréhensible, mais c'est ce que nous n'aurons jamais fini de découvrir tellement ça nous dépasse.

Une maman, c'est quelqu'un qui a un enfant. Une maman, c'est donc un être en relation, c'est quelqu'un qui se définit par son lien à quelqu'un d'autre qu'elle. Mais s'il y a une maman et un enfant, c'est qu'il y a un papa. La maman n'est pas seulement un être en relation, c'est un être trinitaire, la maman se définit par son lien avec un enfant et par son lien avec le père de l'enfant.

Nous sommes créés à l'image de Dieu, mais pas à l'image d'un Dieu solitaire. Quand on appelle Dieu « Père », on le désigne comme un être en relation. Père de qui ? Père de Jésus, le Fils, et père de tous les humains. Nous sommes créés à l'image d'un Dieu relation : un Dieu pluriel, un Dieu famille, un Dieu communauté, un Dieu communion.

Le Père, le Fils et l'Esprit, mais c'est une manière de parler ! On pourrait dire : la Source, le fleuve, le courant... Pas un être solitaire, mais pas non plus un couple, un face à face. Dieu est amour, mais un amour qui se répand, qui déborde, qui rayonne. Dieu est amour, parce qu'il est amour en lui-même et parce qu'il nous offre son amour. En faisant de nous ses enfants, il nous fait participer à sa vie de Dieu qui est d'aimer.

Nous sommes faits pour être heureux, mais heureux ensemble. L'être humain est un être en relation, un être avec. C'est pour cela que nous sommes des êtres de paroles : nous parlons pour entrer en relation. C'est aussi pour cela que nous sommes des êtres sexués : l'autre nous manque, nous sommes faits pour l'autre, être en relation.

L'être humain est être en relation, être avec, mais relation double : relation avec Dieu, la source, et relation avec les autres. Vie filiale et vie fraternelle. Même les célibataires, les moines, sont des êtres en relation et sont faits pour aimer Dieu et les autres.

Vendredi soir, c'était la fête des voisins ; aujourd'hui, beaucoup vont se retrouver en famille, pour la fête des mères : autant d'expériences que nous sommes faits pour être heureux, mais heureux ensemble.

L'Eglise est la famille des enfants de Dieu. On n'est pas chrétien tout seul, le chrétien est à la fois un enfant de Dieu, et un frère, une sœur des autres chrétiens. La relation à Dieu est impossible sans la relation aux autres, mais une relation aux autres qui prend la forme d'une communauté. Cette communauté Eglise est une communion : unité dans la diversité, comme dans une famille, comme dans la Trinité. Unité, mais pas fusion ni confusion. Unité, mais pas uniformité. Unité mais respect de l'autre qui est différent : l'autre sexe, l'autre âge, l'autre culture. L'autre est chemin de Dieu pour nous, car Dieu est l'autre de l'humanité.

Nous sommes entrés dans le « temps ordinaire », le temps « après la Pentecôte ». C'est le temps de l'Esprit Saint. L'Esprit qui est le baiser entre le Père et le Fils, « trait d'union » entre le Père et le Fils et trait d'union entre nous, l'Esprit qui est l'Amour de Dieu en nous : « L'amour de Dieu – c'est à-dire l'amour qui est en Dieu, l'Amour qui est vie de Dieu, l'Amour qui est Dieu – a été répandu dans nos cœurs par l'Esprit-Saint qui nous a été donné » (Ro 5,5). La fête des mères, la fête de la Trinité, c'est la fête de l'AMOUR : bonne fête à tous !

Fête de la Sainte Trinité et fête des mères - Dimanche 3 juin 2012

10. L'ASSOMPTION DE MARIE

Ap 12, 1-6 ; 1 Co 15,20-27 ; Lc 1, 39-56

Chaque année, le 15 août, le peuple chrétien se rassemble pour une fête joyeuse, la fête de Marie, l'Assomption ! Et si on parlait de l'Assomption ?

Commençons par une première remarque troublante : le jour de l'Assomption, l'Église nous donne à méditer l'Évangile de la visitation de Marie à sa cousine Élisabeth... Quel contraste entre le triomphe de Marie dans le ciel, sa glorification, son couronnement, et cette visite, cette rencontre entre femmes, entre futures mères... Très belle page d'Évangile que j'aurais aimé méditer avec vous, d'autant qu'elle comporte le Magnificat, cette magnifique prière de Marie, la plus belle prière de la Bible. Mais il nous faut parler aussi de l'Assomption... Or, le Nouveau Testament n'en parle pas ! Aucun texte n'affirme l'assomption de Marie. Les seuls qui le font sont des textes apocryphes beaucoup plus tardifs...Voilà qui est étrange : nous fêtons un événement dont les Écritures ne parlent pas... C'est d'ailleurs la raison pour laquelle nos frères protestants ne fêtent pas le 15 août...

Il y a bien le texte de l'Apocalypse que nous avons entendu : il s'agit naturellement à la fois de Marie et de l'Église, puisque cette femme couronnée de douze étoiles, comme les 12 tribus d'Israël et comme les 12 apôtres, met au monde un fils qui est le berger de toutes les nations. Mais elle s'enfuit au désert et c'est son fils qui reçoit la royauté de notre Dieu.

Vous remarquez aussi que le texte de Paul ne parle pas de Marie : c'est le Christ qui est le « premier ressuscité ». D'ailleurs, savez-vous que Paul ne parle jamais de Marie, la mère de Jésus, dans aucune de ses lettres ?

On ne sait même pas où Marie a achevé sa vie : le Livre de Jean (IV° s) nous parle de sa mort à Ephèse auprès de Jean à qui Jésus l'avait confiée. De fait, on peut visiter à Ephèse (en Turquie) une maison vénérée comme celle de Marie. Mais un écrit plus ancien, de Méliton de Sardes, un évêque grec du II° siècle, affirme que Marie serait morte à Jérusalem, 22 ans après la Résurrection de Jésus, à l'âge de 72 ans, après avoir séjourné à Ephèse avec Jean entre l'an 37 et l'an 48. Elle aurait achevé sa vie entourée par les

Apôtres et quand elle expira, « une intense lumière emplit la pièce où elle reposait. »

De fait, à Jérusalem, au pied du Mont des Oliviers, tous les chrétiens et même les musulmans, viennent se recueillir sur la tombe de Marie, dans une crypte profonde.

Mais alors, quelle est l'affirmation du dogme de l'Assomption ? C'est la conviction du peuple chrétien, depuis le IV° siècle, que Marie partage la gloire de Jésus, que là où est Jésus, là doit être sa mère. Mais il ne s'agit pas d'une localisation géographique : Marie est dans la gloire de Dieu avec son fils. Le ciel, c'est la gloire de Dieu, c'est au-delà de nos catégories spatio-temporelles.

Quand nous disons « Notre Père qui es aux cieux », nous ne voulons pas dire que Dieu se cache dans les nuages, nous désignons « notre Père d'en haut », celui qui est « au-dessus de nous ». Mais justement, Celui qui est au-dessus de nous est venu partager notre humanité et il a pu le faire grâce au « oui » de Marie.

Les orthodoxes ne parlent pas de l'Assomption, mais de la Dormition de Marie et de son Couronnement dans le ciel par Jésus : ce sont ces deux scènes qui sont représentées sur leurs icônes. Dire que Marie est ressuscitée et glorifiée par son fils Jésus, cela ne veut pas dire qu'elle n'est pas morte. Marie a connu la mort comme fin naturelle de l'existence terrestre, mais son expérience de la mort ne fut pas celle d'un échec ni d'une souffrance, simplement c'était une étape vers la glorification. Elle est « la première en chemin » à bénéficier de la victoire du Christ sur la mort.

On a célébré la fête de l'Assomption de Marie depuis le IV° siècle à Antioche, et la date du 15 août pour cette fête remonte au VI° siècle, mais il a fallu attendre le 1° novembre 1950 pour que le pape Pie XII en fasse un dogme, définissant la foi de l'Église en Marie « élevée en corps et en âme dans la gloire de Dieu ». Il l'a fait après avoir consulté tous les évêques du monde qui se sont prononcés à 90 % pour la définition de ce nouveau dogme. Un dogme original qui vient en réalité du « sens de la foi des fidèles »* et qui n'a pas été défini pour réagir contre une hérésie (comme la plupart des autres dogmes) mais pour prendre acte de la foi du peuple chrétien en Marie partageant la gloire de Jésus.

Mais de même que la résurrection du Christ n'efface pas la figure du serviteur ni celle du Crucifié, de même, la glorification de Marie est bien celle de l'humble servante qui va trouver sa cousine, pour la soutenir, l'accompagner, la réconforter, avant de « mettre au monde », de donner au monde le Fils de Dieu. C'est aujourd'hui la mission de l'Église, symbolisée par Marie, c'est notre mission : aller à la rencontre de l'humanité pour la soutenir, l'accompagner, la réconforter et lui partager Jésus-Christ, en attendant de partager sa gloire dans le Royaume de Dieu, avec Marie sa mère et notre mère.

15 août 2009.

---

* cf. Vatican II, Constitution sur l'Eglise, Chapitre 2, n° 12 : « La collectivité des fidèles, ayant l'onction qui vient du Saint, ne peut se tromper dans la foi ; ce don particulier qu'elle possède, elle le manifeste par le moyen du **sens surnaturel de foi** qui est celui du peuple tout entier, lorsque, 'des évêques jusqu'aux derniers des fidèles laïcs', elle apporte aux vérités concernant la foi et les meurs un consentement universel.. Grâce à ce **sens de la foi** qui est éveillé et soutenu par l'Esprit de vérité... »

11. LA TOUSSAINT : LA COMMUNION DES SAINTS

Mt 5, 1-12

Tous les dimanches, lorsque nous prenons le symbole des Apôtres pour proclamer notre foi, nous disons : « je crois à la communion des saints ». Cette fête de la Toussaint est une bonne occasion de nous demander ce qu'est la communion des saints.

Tout d'abord, cela peut surprendre qu'on parle des saints au pluriel : toute la bible répète que **Dieu seul est saint**. Saint, ça veut dire Dieu. Dieu seul est saint, ça veut dire Dieu seul est Dieu. Saint, c'est un peu comme sacré, divin. Mais la sainteté de Dieu, celle que nous chantons à chaque messe à travers le *sanctus*, c'est son amour. Le Dieu trois fois saint, c'est le Dieu qui est tellement plein d'amour que sa sainteté déborde !

On ne peut pas comprendre l'expression « communion des saints » si on ne se rappelle pas que, dans l'Eglise primitive, pour désigner les chrétiens, on disait *les frères* ou... *les saints*. Pas parce qu'ils étaient parfaits, mais parce qu'ils avaient été **sanctifiés** par le Christ qui est le **Saint** par excellence, puisqu'il est rempli de l'Esprit-Saint, c'est-à-dire rempli de l'amour de Dieu. Or, les chrétiens, ce sont ceux qui ont reçu à leur baptême l'Esprit-Saint, l'Esprit de Sainteté, l'Esprit qui sanctifie, c'est-à-dire qui rend saint, l'Esprit qui communique la sainteté de Dieu parce que c'est l'Esprit d'amour.

Saint Jean nous dit que nous sommes déjà enfants de Dieu, justement parce que nous avons reçu son Esprit. C'est parce que nous sommes enfants de Dieu que la sainteté de Dieu est en nous. Voilà pourquoi nous disons que l'Eglise est sainte : pas parce qu'elle est parfaite, mais parce que la sainteté du Seigneur est en elle puisque le Christ l'a comblé de son amour en donnant sa vie pour elle. **Si nous sommes saints, c'est parce que nous sommes aimés de Dieu.** Mais évidemment, cet amour nous appelle : il nous appelle à la sainteté, il nous appelle à ressembler à notre Père du ciel, il nous appelle à suivre le Christ sur le chemin des béatitudes... qui sont un portrait de Jésus.

Mais justement, nous ne sommes pas seuls sur ce chemin. Nous sommes en communion avec toute l'Eglise, avec tous les amis de Jésus (et ça déborde les frontières de nos églises). Et cette communion s'étend à l'Eglise du ciel, c'est-à-dire à tous les saints, les connus et les anonymes, ceux dont nous portons les noms et ceux qui sont inconnus. A chaque messe, nous nous unissons au chant de louange de tous les anges et de tous les saints - j'aime dire à ce moment là : « avec tous tes amis du ciel et de la terre ». C'est cela, la communion des saints. Nous n'y pensons pas assez : nous croyons que nous sommes en communion avec tous les chrétiens sur la terre, ce qui est déjà beaucoup. Mais, en Jésus-Christ et par son Esprit, nous sommes aussi en communion avec tous les saints du ciel, tous ceux qui « ont crié Jésus-Christ sur les routes du monde ». Dans la foi, nous croyons qu'ils nous soutiennent dans notre marche, qu'ils prient pour nous bien plus que nous prions pour eux.

Disons un mot du culte des saints : il faut nous méfier de ne pas réinventer le polythéisme de ceux qui avaient une multitude de Dieu. Nous n'avons qu'un seul Dieu. Les saints sont avec Dieu, mais ils ne sont pas Dieu. Ils sont saints, parce qu'ils reflètent la sainteté de Dieu, mais ils ne sont qu'enfants de Dieu comme nous, sauf qu'ils sont déjà arrivés au terme de la marche. Il ne faudrait pas que nous les prions au lieu de prier le Christ Jésus et son Père. Ils reflètent la lumière du Christ, ils ne doivent pas nous empêcher d'aller jusqu'à lui pour le prier.

Par contre, c'est très important que nous ayons des saints. Cela nous rappelle que la foi chrétienne s'incarne dans des vies concrètes, dans la vie quotidienne d'hommes et de femmes qui vivent dans la société. Cela nous rappelle que l'annonce de Jésus-Christ ne se fait d'abord par des discours, mais par des vies, des vies données, des vies transformées, des vies qui se laissent remplir par l'amour de Dieu. Et vous vous souvenez de Thérèse de Lisieux : pour elle, la sainteté, c'est l'amour avec lequel on fait les petites choses... mais cet amour, il nous est donné.

Parmi tous ces saints, il y a aussi nos défunts. On prie à la fois pour eux et avec eux. Peut-être bien qu'ils font partie de ces saints anonymes qui nous soutiennent de leur prière. La communion des saints, c'est aussi la communion avec eux. Saviez-vous que chacune de nos communions nous fait communier non seulement au Christ, mais à tous les membres du Corps du Christ, ceux de la terre et ceux du ciel ? En Christ, notre fraternité s'étend à tous les morts qui sont justement des vivants. Quand nous faisons dire des messes en mémoire de nos défunts, nous vivons encore plus cette communion avec eux. Quand nous allons sur leur tombe, nous actualisons cette communion avec eux. Mais n'ayons pas peur de leur demander de prier pour nous le Seigneur notre Dieu pour qu'il nous donne la force de poursuivre la route.

La communion, la solidarité, la fraternité, c'est comme l'amitié et la tendresse, ce sont des visages de l'amour de Dieu dans nos vies. C'est cela qui nous rend saints. Laissons-nous aimer par Dieu et laissons son amour déborder pour qu'il touche tous nos compagnons d'humanité. Auprès des familles en deuil, soyons tout simplement proches, écoutons-les partager ce qui les a bouleversés et témoignons que nous croyons en la communion des saints : nous croyons qu'en Jésus-Christ, nos défunts ont une autre présence à nos côtés, une présence spirituelle qui peut être bien plus forte que leur présence d'autrefois. Et rendons grâce à Dieu pour ces compagnons d'éternité qu'il nous donne pour nous aider à grandir dans la sainteté de son amour.

Fête de la Toussaint – 1° novembre 2008

12. PREMIERE COMMUNION : LA PREMIERE FOIS

Lc 9, 11-17

Permettez que je m'adresse aux enfants : quand on s'adresse aux enfants, on a de bonnes raisons de penser que tout le monde comprendra…

Vous, les enfants, vous êtes encore dans la période des « premières fois » puisque aujourd'hui, vous faîtes votre première communion… Il y en a eu beaucoup des premières fois, déjà, dans votre vie : la première fois que vous avez souri, la première fois que vous avez parlé, la première fois que vous avez fait sur votre pot, la première fois que vous avez marché, la première fois que vous êtes allés à l'école, … Et il y a d'autres premières fois qui vous attendent : le premier baiser, la première étreinte, la première fiche de paye, le premier enfant...

A chaque fois, il y a beaucoup d'émotion... Pourquoi ? Parce que c'est la première fois, parce que c'est le début d'une histoire, parce que c'est un nouveau chapitre dans le livre de votre vie et un chapitre dont les pages sont blanches, parce que c'est vous qui allez les écrire. Les premières fois, c'est important, car il y a un avant et un après. Chaque fois qu'il y a une première fois, il y a une suite ! il y a une deuxième fois, et des milliers de fois !

Les premières fois sont des moments très importants : c'est comme un cadeau, mais un cadeau dont on sait qu'il va revenir sans cesse. La première fois que vous avez marché, ou la première fois que vous avez parlé, c'était un cadeau formidable pour vous et pour vos parents, comme un miracle, mais un miracle qui allait sans cesse se renouveler. On finit par oublier que c'est merveilleux de parler ou de marcher – mais ceux qui ne peuvent plus parler ou marcher, eux, n'oublient pas !

On n'imagine pas que quelqu'un marche pour la première fois et s'arrête de marcher. On n'imagine pas qu'un petit enfant se mette à parler et s'arrête ensuite de parler ! Votre première communion, c'est pareil : c'est le jour où vous commencez à communier comme, un jour, vous avez commencé à marcher ou à parler. Si votre première communion était aussi la dernière, je vous plains : ça n'aurait pas de sens. C'est comme si on ouvrait une porte qui donne sur un mur ! La première communion, c'est la première des communions... la seconde, c'est dimanche prochain... Le miracle du Christ qui s'invite chez vous, qui vient en vous, il se reproduira à chaque communion. Désormais, vous êtes invités à communier chaque dimanche, chaque fête, chaque fois que vous rejoignez la communauté des baptisés qui se rassemble autour du Christ.

Depuis votre baptême, vous faîtes partie de la famille. Depuis que vous ne braillez plus, vous étiez invités au repas de famille – ce qu'on appelle la *messe* – mais c'était un peu frustrant : vous étiez invités à un repas mais vous ne pouviez partager le pain de Dieu. Désormais, vous êtes invités à participer à ce repas comme membres de la famille à part entière !

Car le miracle de la multiplication des pains se reproduit à chaque messe et vous en serez désormais les bénéficiaires ! Oui, à chaque messe, c'est Jésus qui nous accueille, c'est Jésus qui nous parle du Règne de Dieu, c'est Jésus qui nous nourrit. Et la nourriture qu'il nous donne, c'est lui-même ! Mais tout cela, Jésus le fait pour nous apprendre à partager : le vrai miracle, il est là. Les cinq pains et les deux poissons, il a fallu que quelqu'un accepte de les donner, de les partager, sinon, Jésus n'aurait rien pu faire. Le peu que nous avons, si nous savons le partager, Jésus s'en servira pour nourrir les foules. Quand on partage, l'amour multiplie.

N'oubliez jamais la multiplication des pains : communier, c'est partager. Et vous pouvez tout partager : vos jouets, vos livres, vos copains, vos joies et vos peines, vos découvertes, et même votre foi. Oui, quand on communie, on communie à Jésus qui a tout donné, on communie à Jésus qui partage sa vie avec nous. Amen.

1ère Communion à Coeuilly - 12 juin 2004

-II-

LA PERSONNE DE JESUS

1. Jésus à 12 ans : nos trois familles.
2. Au milieu de vous, il y a quelqu'un...
3. Le baptême de Jésus : vivre en fils.
4. Les tentations de Jésus.
5. Pour vous, qui suis-je ?
6. Où est Jésus ?
7. Jésus plus fort que le mal.
8. Je suis la lumière du monde.
9. Je suis le chemin.
10. Je suis la résurrection et la vie.
11. La transfiguration de Jésus.
12. Le Christ, notre nourriture.
13. Le Christ roi.
14. Le Christ serviteur.
15. Le compagnon d'Emmaüs.

1. JESUS A 12 ANS : NOS TROIS FAMILLES

Lc 2, 41-52

Saint Luc est un grand théologien. Ce n'est pas un reporter. Les Evangiles ne sont pas des reportages, mais la prédication des Apôtres à propos de Jésus qu'ils confessent comme étant le Messie, le Fils de Dieu. Rappelons-nous que Luc écrit son Evangile trente ou quarante ans après la mort et la résurrection de Jésus, c'est-à-dire après sa disparition, à Jérusalem, pendant trois jours, au moment de la Pâque.

Bien sûr, Marie, qui « conservait toutes ces choses dans son cœur », a dû faire des confidences sur cet événement intervenu quand Jésus avait douze ans, mais ce n'est pas un hasard si Luc nous fait trois clins d'œil : c'est la fête de la Pâque, la famille de Jésus monte à Jérusalem, Jésus disparaît trois jours. Lorsque Jésus aura trente-trois ans, au moment de la Pâque juive, Jésus montera à Jérusalem et il disparaîtra pendant trois jours.

Quand Marie et Joseph retrouvent leur fils, ils le retrouvent différent. Tellement différent qu'ils ne comprennent pas. Ce sera pareil après la mort de Jésus. Marie, les apôtres, les amis de Jésus vont le retrouver, mais tellement différent qu'ils devront faire un acte de foi pour le reconnaître. Là encore, ils ne comprendront pas tout de suite : il faudra que l'Esprit leur ouvre les yeux et les conduisent à la vérité. Il faudra qu'ils acceptent que Jésus soit près de son Père.

Mais Marie parlait d'un autre père lorsqu'elle disait « ton père et moi, nous te cherchions ». C'est que Jésus a eu une famille comme nous tous, avec un papa et une maman, et peut-être bien aussi des frères et des sœurs si l'on en croit certains spécialistes. Jésus a été un bébé, puis un enfant comme les autres. Jusqu'au jour où... l'inattendu survient. Comme dans toutes les familles, un événement inattendu vient rappeler aux parents que leurs enfants ne sont pas leurs enfants, comme dit Khalil Gibran : « Vos enfants ne sont pas vos enfants. Ils sont les fils et les filles de l'appel de la Vie elle-même. Ils viennent à travers vous, mais non de vous. Et, bien qu'ils soient avec vous, ils ne vous appartiennent pas. » Ils sont les parents de Jésus, ils en sont les responsables, mais ils doivent accepter que Jésus leur échappe, que Jésus se donne à sa mission, « aux affaires de son Père ».

En réalité, la famille de Jésus est appelée la « Sainte Famille », parce qu'elle a accepté que Jésus ait deux autres familles... Pour être simple, je dirais que Jésus avait trois familles :

- la « sainte famille » avec qui il grandissait à Nazareth « en sagesse, en taille et en grâce », avec ses parents, Marie et Joseph ;
- la famille Trinitaire, celle dont il est question quand Jésus parle de son Père et de sa relation avec son Père qui est l'Esprit d'Amour, l'Esprit-Saint ;
- enfin, la famille Eglise, celle dont Jésus parle quand il dit : « Ceux qui font la volonté de mon Père, voilà qui est ma mère, et mes frères et mes sœurs ».

La famille de Jésus est la Sainte Famille parce qu'elle s'est ouverte : vers le haut, vers Dieu qui est Famille, Père, Fils et Esprit, vers Dieu qui est Trinité, mais aussi vers l'Humanité, vers tous ceux qui sont nos frères en Christ.

Marie n'avait pas compris quand Jésus avait disparu à 12 ans. Mais au moment de disparaître, sur la Croix, au moment où il allait partir chez son Père, il confie tous les disciples à sa Mère en lui confiant le disciple qu'il aimait : « Femme, voici ton fils » et il confie sa mère à tous ses disciples en disant au disciple qu'il aimait : « Fils, voici ta mère ».

Nous aussi, nous avons trois familles : notre famille naturelle qui nous a donné la vie, la famille du Dieu Trinité qui nous fait appeler Dieu « Notre Père » et la famille des enfants de Dieu, l'Eglise. Chacune de nos familles humaines est appelée à être une « sainte famille » en s'ouvrant vers Dieu et vers les autres, en s'ouvrant à l'amour éternel de Dieu et à l'amour universel des hommes. Chaque fois que nous laissons les membres de nos familles répondre à l'appel de Dieu et aux appels du monde, nous rendons notre famille plus sainte, plus semblable à la famille de Jésus.

Prions l'Esprit Saint pour qu'il sanctifie nos familles en les ouvrant, en en faisant des lieux de liberté où chacun pourra, comme Jésus, vivre sa vocation, sa mission de fils de Dieu et de frères des hommes. Amen.

Fête de la Sainte Famille – Dimanche 28 décembre 1997.

2. AU MILIEU DE VOUS, IL Y A QUELQU'UN QUE VOUS NE CONNAISSEZ PAS

Jn 1, 19-28

(Is 61, 1-2+10-11 ; 1 Thes 5, 16-24)

Cette parole, elle s'adresse d'abord aux disciples de Jean le Baptiste. Au milieu d'eux, il y a quelqu'un qu'ils ne connaissent pas. Ils ne savent que Jésus est le messie, le Christ, le sauveur. Il ne s'est pas encore découvert. Il n'a pas encore fait son « coming out » comme on dit aujourd'hui... Entre Jean le baptiste et les prêtres et les lévites qui sont venus l'interroger, il y a un autre personnage qui est d'autant plus présent qu'il est absent... C'est celui dont on parle... le messie attendu... Il est là, mais ils ne le savent pas. Nous savons maintenant que Jésus de Nazareth faisait partie des disciples de Jean le Baptiste. Il avait rejoint ce groupe de chercheurs de Dieu qui écoutaient la prédication de Jean et il va même se faire baptiser par lui, comme les autres disciples. Il se plonge dans le peuple en attente du sauveur, mais ils ne le connaissent pas. Il faudra que Jean proclame haut et fort qu'il n'est pas le messie et il faudra surtout qu'il désigne Jésus comme « celui qui vient derrière lui » et dont il n'est « pas digne de délier la courroie de sa sandale ». Jésus a vécu trente ans dans l'anonymat. Tout fils de Dieu qu'il était, il a appris à devenir fils d'homme, il a appris à parler la langue des hommes, il a appris à lire les Ecritures de son peuple, il a appris à habiter notre humanité à la manière des juifs de son temps. Il était au milieu d'eux, mais ils ne le connaissaient pas.

Mais cette parole, elle s'adresse aussi à nous aujourd'hui. Il y a au milieu de nous quelqu'un que nous ne connaissons pas... Nous en parlons, nous le cherchons, nous l'attendons... Et pourtant, il est au milieu de nous. Il l'a promis à ses disciples, c'est-à-dire à nous : « je suis avec vous tous les jours jusqu'à la fin des temps »… Il leur a même dit : « quand deux ou trois sont réunis en mon nom, je suis là au milieu d'eux ». Et nous sommes réunis ce matin en son nom. Et nous sommes beaucoup plus de deux ou trois ! Il est donc là au milieu de nous,… mais nos yeux sont empêchés de le reconnaître. Jésus est au milieu de nous à travers son Corps qui est l'Eglise Corps du Christ, c'est-à-dire nous tous. Jésus est au milieu de nous à travers sa Parole proclamée dans l'assemblée. Jésus est au milieu de nous à travers un peu de pain partagé. Jésus est au milieu de nous à travers les plus petits d'entre nous, les plus fragiles, les plus souffrants, les plus pauvres… Mais nous ne le connaissons pas vraiment. Il nous faut toujours apprendre à le connaître, car il nous échappera toujours, il nous dépassera toujours… Nous ne le connaîtrons vraiment que lorsque nous le verrons face à face dans son Royaume, mais pour l'instant, nous ne le connaissons pas vraiment : on apprend à le connaître en le suivant, en devenant son ami, son disciple. On apprend à le connaître en le fréquentant, dans la prière, dans les Evangiles, dans le service de la fraternité.

Enfin, cette parole s'adresse à nos compagnons d'humanité. Nous vivons dans une société qui n'est plus chrétienne, qui vit comme si Dieu n'existait pas, qui ne parle plus de Jésus et qui ne le connaît plus. Beaucoup ne croient pas comme nous, ont une autre religion ou pas de religion du tout. Et c'est nous qui leur disons : il y a au milieu de vous quelqu'un que vous ne connaissez pas ! Quelqu'un qui vous aime. Quelqu'un qui mérite d'être connu.

La Parole de Dieu aujourd'hui nous parle beaucoup de joie : « je tressaille de joie dans le Seigneur, mon âme exulte de joie en Dieu mon sauveur. » La meilleure manière de faire connaître Jésus à ceux qui ne le connaissent pas et de partager avec eux « la joie de l'Evangile », c'est de prendre soin les uns des autres avec lui, Jésus. Posons-nous la question : comment, dans cette période de fête, nous allons prendre soin les uns des autres avec Jésus, c'est-à-dire avec son esprit, avec son amour, avec sa bonté ? Ainsi, nous annoncerons au monde d'aujourd'hui la bonne nouvelle qu'il y a au milieu des humains, tout proche d'eux, quelqu'un qu'ils ne connaissent pas mais quelqu'un qui les aime sans condition, de l'amour même de Dieu.

3° dimanche de l'Avent B – 14 décembre 2014

3. LE BAPTEME DE JESUS : VIVRE EN FILS

Lc 3, 21-22

C'est étonnant que Jésus se soit fait baptiser... C'est un signe de son humanité : le peuple – son peuple – était en attente et Jésus partage cette attente. Beaucoup de spécialistes pensent même qu'il a été un disciple de Jean le Baptiste... jusqu'au jour où – à l'occasion de son baptême – il a pris le relais. Car le baptême de Jésus, c'est un peu son investiture. L'Esprit Saint descend sur lui et, du « ciel », une voix se fait entendre : *« celui-ci est mon Fils bien aimé ; en lui, j'ai mis tout mon amour. »*

Dans le Baptême de Jésus, nous découvrons « Jésus le Fils ». Jésus nous révèle que, devenir humain, être homme, c'est d'abord être fils, vivre en fils. Ou en fille bien sûr. Quand on regarde Jésus, qu'est-ce que ça veut dire « vivre en fils » ? Il me semble que Jésus nous révèle qu'être homme, c'est vivre en fils, c'est-à-dire être en lien avec le Père, avoir des frères et sœurs et ressembler à son Père.

Vivre en fils, c'est d'abord être en lien, c'est accepter librement d'être relié à un autre qu'on appelle **le Père**. Ce lien de Jésus à son Père, ce lien qui lui a donné la force d'aimer jusqu'au bout, ce lien d'amour, c'est l'Esprit Saint, Esprit d'amour, qui nous relie les uns aux autres comme il nous relie au Père : *« L'Esprit Saint descendit sur Jésus »*. De la même façon, c'est l'Esprit Saint qui fait de nous des enfants de Dieu à notre baptême : *« Cet Esprit, Dieu l'a répandu sur nous avec abondance, par Jésus Christ notre Sauveur. »* Le jour de notre Baptême, Dieu nous a fait sa première déclaration d'amour en disant, à propos de nous, et pas seulement à propos de Jésus : *« Tu es mon Fils bien-aimé ; en toi, j'ai mis tout mon amour. »*

Vivre en fils, c'est accepter d'avoir des frères et des sœurs, c'est jouer le jeu de la famille. Vous vous souvenez du fils aîné de la parabole : il avait du mal à accepter de partager avec son frère perdu et retrouvé... La fraternité fait partie de la devise de notre République, mais nous savons, nous, chrétiens, que cette fraternité repose sur une paternité commune :

nous sommes frères parce que Dieu est notre Père à tous. Le drame de l'homme contemporain, c'est qu'il voudrait bien vivre en frère sans vivre en fils, sans se recevoir d'un autre... A notre baptême, nous recevons des millions de frères et sœurs, mais nous les recevons d'un Père.

Vivre en fils, enfin, **c'est ressembler à son père** : de Jésus, on peut dire « c'est son Père tout craché ! » - « *Qui (le) voit voit le Père »*... Vivre en enfants de Dieu, c'est essayer de ressembler à Dieu, c'est adopter les mœurs de Dieu, c'est laisser Dieu déteindre sur nous, c'est vivre de l'amour de Dieu. Devenir humain, c'est apprendre à ressembler à Dieu – ce Dieu si humain ! Et cela passe par ce que Jésus appelait « faire la volonté du Père ». C'était sa nourriture : faire la volonté de son Père pour lui ressembler. Et la volonté du Père, c'est que tous les hommes aient la vie, « *l'héritage de la vie éternelle »,* et la vie en abondance !

Rendons grâce à Dieu qui fait de nous ses enfants : demandons-lui de nous envoyer toujours son Esprit Saint pour que nous vivions en enfants de Dieu et en frères des hommes. Ainsi, nous deviendrons plus humains... à la manière de Dieu qui est devenu humain en Jésus de Nazareth.

Le Baptême de Jésus (A) – 13 janvier 2008

4. LES TENTATIONS DE JESUS

Lc 4, 1-13

L'Evangile de Luc nous dit que Jésus était « *rempli* de l'Esprit-Saint » quand il se rendit au désert pour y passer quarante jours. Le même mot sera utilisé par Luc dans le récit de la Pentecôte où il nous dit que les apôtres furent « tous *remplis* de l'Esprit-Saint ». C'est curieux comme expression : comme si les personnes étaient des vases qu'on remplit d'Esprit-Saint comme on les remplit d'eau vive. Cela nous dit une première chose sur l'Esprit-Saint : on ne peut le recevoir, en être rempli, que si l'on n'est pas plein de nous-mêmes. Car si l'on est plein de nous-mêmes, il n'y aura pas de place pour l'Esprit de Dieu. C'est un premier choix qui nous est proposé : faire *le bol* ou faire *la boule*. Le bol, on peut le remplir. La boule, elle est pleine. Le geste des mains ouvertes signifie qu'*on fait le bol* : on s'ouvre pour accueillir le don de Dieu qui est justement l'Esprit-Saint. Aux mains ouvertes correspond « l'imposition des mains » qui est le geste par lequel le don de l'Esprit est donné aux baptisés, aux confirmés, aux mariés, aux ordonnés, aux malades, dans les sacrements de l'Eglise.

Jésus donc était rempli d'Esprit Saint et il affronte le mal. Il est tenté comme tout homme. Et il est tenté par ce qu'il a de meilleur en lui : il a des tentations de fils de Dieu : « si tu es le fils de Dieu... ». Nous aussi, nous sommes tentés par ce que nous avons de meilleur en nous :

- quand on est responsable, on veut que les choses soient bien faites et on a la tentation de les faire soi-même au lieu de permettre à d'autres de grandir en leur demandant de les faire ;
- quand on aime, on veut parfois tellement le bien de l'autre qu'on décide nous-mêmes de ce qui est bien pour lui au lieu de lui demander de l'exprimer lui-même...
- quand on lutte contre l'injustice, on veut tellement renverser le rapport des forces et défendre les plus faibles qu'on est prêt à tout, même à commettre l'injustice, ou à faire le bonheur des hommes malgré eux...
- quand on est croyant, on voudrait tellement que les autres partagent notre foi, qu'on se surprend parfois à vouloir imposer à tous notre manière de voir ou notre propre morale...

Méfions-nous : le mal, ce n'est pas seulement le crime, le vol, ou le chacun pour soi. Le mal, c'est aussi le meilleur de nous-mêmes qui dérape. Et le meilleur de nous-mêmes, ce sont nos idéaux, nos grandes idées, l'amour avec un grand A, la liberté, la justice ou la foi. C'est le meilleur de nous-mêmes qui doit se convertir pour ne pas se pervertir.

On voit bien dans l'Evangile que Jésus est attaqué sur ce qu'il a de meilleur : sa foi de Fils de Dieu. Il est tenté d'utiliser à son profit ses pouvoirs de Fils de Dieu et la mission qui lui est confiée. Il refuse de devenir Roi de la terre, messie triomphant, à la manière de César Auguste, l'homme qui s'est fait Dieu. Sa mission, il fait le choix de la vivre comme un serviteur, ou mieux encore, comme un fils.

L'Esprit Saint se présente comme la force qui a permis à Jésus de vaincre le péché, la tentation, le mal. Mais ce n'est pas n'importe quelle force : ce n'est pas la force des armées, ni la force du pouvoir, ni la force de l'argent. C'est la force de l'amour.

Mais quel amour ? L'amour de Dieu, l'amour qui est en Dieu, l'amour qui unit le Père et le Fils. Ce qui permet à Jésus d'être plus fort que le mal, c'est son lien à son Père. Or, le lien de Jésus à son Père, c'est l'Esprit d'amour, celui qu'on appelle l'Esprit-Saint.

Cet Esprit Saint nous a été donné, à nous aussi, pour être enfants de Dieu et pour vaincre le mal. Comment fait-il pour nous aider à lutter contre le mal ?

- d'abord, il nous permet de ne pas être seul au moment des choix difficiles : il est comme une présence discrète, qui nous porte, tout en nous laissant agir par nous-mêmes,
- ensuite, il nous relie, il est le lien d'amour qui nous relie aux autres et à Dieu, il nous rend solidaire du Corps du Christ, c'est l'Esprit qui fait de nous des fils de Dieu et des frères des hommes,
- puis, il nous rappelle la Parole de Dieu : Jésus connaît parfaitement les Ecritures et l'Esprit lui donne le réflexe de répondre au tentateur par la Parole de Dieu : « il est écrit... »
- enfin, il est la force d'aimer : cette force, nous ne pouvons que la recevoir, Jésus lui-même la reçoit en permanence de son Père et c'est ce qui fait de lui le Fils.

La force de lutter contre le mal, c'est l'Esprit-Saint et elle nous est offerte dans tous les sacrements de l'Eglise, en particulier dans l'Eucharistie où l'Esprit-Saint nous fait devenir ce que nous recevons : le Corps du Christ.

Rendons grâce à Dieu pour le don de l'Esprit, sans cesse renouvelé, qui nous donne la force de lutter contre le mal : le mal de la souffrance et de la maladie, le mal qui est dans le monde et qui écrase les hommes, le mal qui est en nous et qui nous empêche d'aimer.

1° dimanche de Carême – 1° mars 1998.

5. POUR VOUS, QUI SUIS-JE ?

Mc 9, 18-24

C'est ce qu'on appelle « la profession de foi de Césarée ». Césarée est un bourg de Palestine qui porte le nom de l'empereur romain, tout comme Tibériade. Cela nous rappelle que le pays de Jésus était occupé par les romains et que les gens attendaient un messie libérateur.

Cet évangile nous montre qu'il y a débat sur la personne de Jésus. C'est un peu comme aujourd'hui : certains pensent, comme les musulmans, que Jésus était un grand prophète ; d'autres pensent que c'était un sage, un homme extraordinaire, mais seulement un homme ; d'autres pensent qu'il était le messie attendu par les juifs, mais seulement un envoyé de Dieu ; d'autres enfin pensent que c'est Dieu lui-même puisque c'est son propre Fils et ils en parlent au présent. Comme à l'époque de Jésus, il y a plusieurs réponses, il n'y a pas seulement ceux qui croient en lui et ceux qui n'y croient pas ! L'expérience prouve que beaucoup peuvent s'intéresser à lui sans forcément croire en lui comme nous…

Mais vous, que dites-vous ? Jésus s'adresse à ses disciples, c'est-à-dire à nous… Pour vous, qui suis-je ? Personne ne peut répondre à notre place ! Ce n'est pas une question de cours ! Jésus nous demande : qui je suis pour toi ? Ca vaut le coup de se poser la question : qui est Jésus pour moi ? Ou plutôt, ça vaut le coup de lui répondre, à Lui, Jésus…

La réponse de Pierre, c'est la réponse de l'Eglise, mais c'est aussi la réponse de Pierre… Jean, il a répondu dans son Evangile : tu es le Verbe de Dieu, tu es le Bon Pasteur, tu es la résurrection et la vie. Paul, lui, a répondu : « pour moi, vivre, c'est le Christ ! ». Et moi ? Je ne vais pas me défiler… A cette question, je réponds toujours spontanément par ces mots du Père Duval : « Seigneur mon ami »…. Car pour moi, il est les deux : il est le Seigneur de ma vie, mais il est mon ami, l'ami fidèle qui ne m'a jamais manqué. Mais cet ami fidèle, c'est le Seigneur, celui qui a vaincu le mal et la mort tellement il était pénétré de l'amour de Dieu ! Bon, maintenant, c'est à vous…

« Tu es le messie ! » Tu es le messie, c'est-à-dire le Christ. C'est pour ça qu'on l'appelle Jésus-Christ ! Jésus, c'est un prénom ; Christ, c'est un titre.

C'est la première profession de foi chrétienne : Jésus est le Christ, c'est-à-dire le messie libérateur promis et attendu, celui qui a reçu l'onction – l'oint. En Israël, c'est le roi avec sa force, son éclat et sa puissance, c'est donc le « fils de David ».

Jésus exige le silence et préfère parler du « fils de l'homme », du nom que le prophète Daniel donnait à un envoyé de Dieu qui descendait du ciel et qui avait un visage de fils d'homme. Et ce Fils de l'homme, il va souffrir... parce qu'il va aimer jusqu'au bout. Jésus est bien le messie attendu, mais c'est un messie crucifié, et en cela, il est bien différent du messie attendu !

Pour moi, Jésus est « le Seigneur, mon ami ». Mais il me déroute souvent : il n'est pas le Seigneur que j'imagine, et si son amitié est toujours fidèle, c'est parfois un ami surprenant. Les premiers disciples qui étaient des juifs ont dû crucifier leur image du messie. Nous, c'est pareil, il nous faut crucifier notre image de Jésus : il est le messie crucifié, il nous sauve par son amour, mais un amour crucifié. Il nous appelle à suivre son chemin, c'est-à-dire à donner notre vie... pour la sauver.

12° dimanche C - 20 juin 2010

6. OU DONC EST JESUS ?

Mc 1, 29-39

(1 Co 9, 16-23)

« Tout le monde te cherche ! » C'est vrai, nous aussi, nous cherchons le Christ. Oui, mais où le cherchons-nous ?

Si nous voulons être « tous serviteurs à la suite du Christ », comme Paul qui nous dit : « libre à l'égard de tous, je me suis fait le serviteur de tous… à cause de l'Evangile » (1 Co 9, 22-23), il nous faut rejoindre le Christ là où il est. Rappelons-nous cette parole de Jésus dans saint Jean : « Celui qui veut me servir doit me suivre, et mon serviteur sera là où je suis. » Mais où donc est Jésus ?

L'Evangile d'aujourd'hui nous donne trois indications pour vivre cette recherche du Christ et pour le suivre en disciples et en serviteurs. Où donc est Jésus ? il est avec les malades, il est avec son Père et il veut toujours aller ailleurs.

Jésus est avec les malades.

Mardi, c'est la journée mondiale des malades, c'est la fête de Notre-Dame de Lourdes… là où nous sommes invités à aller en pèlerinage avec tout le peuple de Dieu de notre diocèse. Lourdes, c'est la ville où les malades sont les premiers servis. Nous sommes sûrs d'y rencontrer le Christ justement parce qu'il est avec les malades.

Mais c'est l'occasion de nous interroger sur la place des malades dans nos vies. Nous connaissons tous des malades, des proches, des parents, des amis qui sont malades. « J'étais malade et vous êtes venu me visiter ». Il ne s'agit pas de guérir les malades : nous ne sommes pas le Christ et, sauf quelques-uns, nous ne sommes pas médecins. Mais nous pouvons tous aller visiter les malades de notre entourage. Réfléchissons-y : qui attend ma visite ? Si nous voulons rencontrer le Christ, allons visiter nos frères malades : il est avec eux, comme il était avec les malades durant cette journée passée à Capharnaüm.

Ce qui est vrai de chacune de nos vies est vrai de la vie de notre Eglise, de notre paroisse, de nos communautés ou équipes. Comment sommes-nous solidaires de nos frères et sœurs malades ? Comment avons-nous le souci de leur lien avec la communauté en leur portant la communion ? Comment est organisé le *service évangélique des malades* sur notre paroisse ? Là encore, il s'agit de rejoindre le Christ là où il est : avec les malades, qu'ils soient à l'hôpital ou chez eux.

La Bonne Nouvelle que Jésus veut annoncer à tous les villages de Galilée et à laquelle Paul a consacré sa vie, c'est que Dieu est avec les souffrants, donc avec les malades. Aller visiter les malades, c'est leur manifester que Dieu est avec eux, pour être leur force et leur espérance ; aller visiter les malades, c'est leur annoncer en actes que Dieu n'est pas la cause de la souffrance mais qu'il est du côté de ceux qui la combattent.

Jésus est avec son Père.

L'Evangile d'aujourd'hui nous indique un autre lieu où nous pouvons chercher et trouver Jésus : « il alla dans un endroit désert et là, il priait ». Jésus est avec les malades, mais il est aussi avec son Père, dans la prière. Pour être « tous serviteurs à la suite du Christ », il nous faut le suivre dans sa prière. Tout fils de Dieu qu'il était, et parce qu'il était un homme comme nous, Jésus priait pour être avec son Père. Et pour cela, il prenait du temps et il choisissait un lieu.

D'abord le temps de la prière : « bien avant l'aube, Jésus se leva »... Ce matin, vous avez pris le temps de venir à l'Eglise, un temps pour Dieu, comme chaque semaine ; et chaque jour, peut-être prenez-vous un peu de temps pour la prière, avec *Prions en Eglise*, ou avec le chapelet, ou avec votre agenda – peu importe. Ce qui compte, c'est ce temps pour Dieu, ce temps donné gratuitement pour être avec Lui. Dans ce temps là, nous pouvons retrouver le Christ qui prie son Père, nous pouvons le laisser nous approcher, nous tendre la main et nous faire se lever, comme il l'a fait pour la belle mère de Simon.

Il n'y a pas seulement le temps de la prière, il y a aussi le lieu de la prière : « il alla dans un endroit désert et là, il priait ». Bien sûr on peut prier partout… Mais si l'on veut passer un bon moment avec Dieu, mieux vaut choisir un lieu approprié : pas forcément une église…, pas forcément non plus le désert… « Un lieu désert », nous comprenons que c'est un lieu tranquille, silencieux, où l'on peut se recueillir et écouter Dieu, pas seulement lui parler.

Jésus veut toujours partir ailleurs.

« Partons ailleurs, dans les villages voisins, afin que là aussi je proclame la Bonne Nouvelle, car c'est pour cela que je suis sorti ». C'est pour cela qu'il est sorti de la maison, mais surtout c'est pour cela qu'il est sorti de chez son Père. Il est l'envoyé du Père. La belle-mère de Simon représente toute l'humanité : « Jésus s'approcha d'elle, la prit par la main et la fit lever ». Le Christ s'est fait proche de l'humanité toute entière, il la prend par la main et il la fait lever ! Donc, il veut que tous les villages entendent cette Bonne Nouvelle, tout comme Paul veut que tous les païens l'entendent aussi : «Malheur à moi si je n'évangélise pas ! »

Jésus ne veut pas se laisser enfermer : ni dans sa famille, ni dans son village, ni dans son peuple, ni dans son Eglise – encore moins dans un tabernacle ! Et quand les disciples d'Emmaüs le reconnaissent à la fraction du pain, il est déjà ailleurs ! C'est vrai, nous sommes venus dans cette Eglise pour rencontrer le Christ vivant, et nous avons eu raison : il est là, dans notre assemblée, puisque nous sommes le Corps du Christ ; il est là dans la Parole de Dieu, puisqu'il est le Verbe de Dieu ; il est là dans l'Eucharistie puisque nous recevons le Corps du Christ.

Mais il est aussi dehors ! c'est l'envoi de la Messe : *allez-vous en sur les places*, comme dit le chant ! Allons retrouver le Christ, il est avec les malades, mais aussi avec les pauvres, avec les petits, avec les amoureux ! Allons nous aussi vers tous ceux qui cherchent un sens à leur vie, vers tous ceux qui veulent faire un monde plus beau, vers tous ceux qui luttent contre la souffrance et l'injustice. Et n'oublions pas de prendre un temps pour Dieu, de choisir un lieu pour être avec le Père, aux côtés de Jésus. Pourvu que nous nous rappelions que s'il est là, il est toujours ailleurs... où il nous attend.

5° Dimanche B – 9 février 2003

7. JESUS PLUS FORT QUE LE MAL

Mc 1, 21-28

Jésus a passé sa vie à lutter contre le mal.

Juste après son baptême par Jean Baptiste, avant de commencer sa prédication, il part faire une retraite au désert et là, il affronte le tentateur : c'est la lutte contre le mal qui est en nous... et qui nous détourne de l'amour.

Ici, on le voit affronter le mal qui tourmente des hommes – les esprits mauvais qui nous prennent la tête, qui nous empêchent d'être heureux, qui nous angoissent. Les gens vont découvrir qu'il commande aux esprits mauvais et qu'ils lui obéissent. Très vite, on va le voir lutter contre la maladie : lève-toi et marche ! dit-il au paralysé ; sois purifié ! dit-il au lépreux ; ouvre-toi ! dit-il au sourd-muet...

Mais Jésus veut affronter le mal à la racine, il est « l'Agneau de Dieu qui enlève le péché du monde », il est celui qui pardonne au nom de Dieu ! « Tes péchés sont pardonnés ! » Là encore, il est plus fort que le mal.

Enfin, c'est sur la croix que Jésus va affronter le mal le plus grave, le plus douloureux, le plus radical : la mort ! « Entre tes mains, Père, je remets mon esprit »... Il sortira victorieux de la mort parce que Dieu son Père se reconnaîtra en lui et le ressuscitera pour manifester qu'il est bien son Fils bien aimé.

Le mal, ça existe !

Quand je baptise un enfant, il y a un geste que j'aime beaucoup : l'imposition des mains... L'Eglise demande à Dieu de donner à cet enfant la force qui était en Jésus et qui lui a permis d'être plus fort que le mal. Le mal, cet enfant ne sait pas encore ce que c'est, mais nous, les grands, nous savons bien que le mal, ça existe, parce que c'est ce qui nous empoisonne la vie tous les jours, c'est ce qui nous empêche d'être heureux, c'est ce qui nous paralyse ! Nous savons bien que la haine, le chacun pour soi, l'indifférence, ça existe... Nous avons bien que le racisme, l'injustice, l'indifférence, ça existe... Eh bien, on ne peut pas vivre en chrétien, vivre en baptisés, si on ne lutte pas avec Jésus contre le mal – le mal qui est en nous et le mal qui est autour de nous.

Tenez, cette semaine, tout près de nous, des hommes, des femmes, des enfants ont été agressés par les forces de l'ordre sous prétexte qu'elles vivent dans des caravanes entre Bonneuil et Limeil et que ce sont des Rroms. Des caravanes dont on a brisé les vitres, des lits cassés, des matelas éventrés... 38 personnes embarquées, une vraie rafle, en laissant les femmes et les enfants hagards... alors que la police recherchait quatre délinquants... Eh bien, on ne peut pas laisser faire, on ne peut pas ne rien dire. Avec l'encouragement de notre évêque, il nous faut dénoncer le mal et défendre les plus faibles.

C'est l'amour de Dieu qui est vainqueur du mal.

Qu'est-ce qui permettait à Jésus d'être plus fort que le mal, plus fort que les esprits mauvais, plus fort que la maladie, plus fort que le péché, plus fort que les puissants qui l'ont crucifié ? Cette force qui était en Jésus et qui lui a permis de vaincre le mal, c'était son lien avec Dieu son Père.

Et ce lien de Jésus avec le Père, les chrétiens l'appellent l'Esprit Saint, l'Esprit d'Amour qui unit le Père et Jésus, l'Esprit d'Amour qui unit les chrétiens dans l'Eglise, l'Esprit d'Amour qui donnent aux hommes la force d'aimer, de lutter, d'espérer. C'est l'Amour de Dieu qui est vainqueur du mal. Et cet Amour de Dieu, il nous est donné pour que nous fassions reculer la haine et l'injustice.

4° dimanche B – 29 janvier 2006

8. JE SUIS LA LUMIERE DU MONDE

Jn 9, 1-41

Les aveugles ne sont pas ceux qu'on croit... Il n'y a pas de pire sourd que celui qui ne veut pas entendre, ni de pire aveugle que celui qui ne veut pas voir. Il y a ceux qui n'en croient pas leurs yeux – les voisins –, il y a ceux qui refusent d'ouvrir les yeux – les pharisiens – et il y a un aveugle qui, lui, voit de plus en plus clair ! « Serions-nous des aveugles, nous aussi ? » La question mérite d'être posée...

Dans notre marche vers Pâques, comme dans la marche des catéchumènes vers leur baptême, nous sommes invités à redécouvrir le Christ, lumière de nos vies. Celui qui éclaire notre chemin : « celui qui me suit ne marchera pas dans les ténèbres, il aura la lumière de la vie » (Jn 8, 12). Il éclaire notre chemin à condition que nous le suivions : suivre le Christ, c'est devenir son disciple et son compagnon.

Justement, Jésus commence par éclairer ses disciples. Leurs yeux sont obscurcis par une fausse conception de Dieu qui est fréquente dans la Bible : Dieu punit les méchants et récompense les justes. Si cet homme est aveugle, c'est qu'il a péché ou alors ses parents... « Ni l'un ni l'autre », répond Jésus. **Le Christ est notre Lumière parce qu'il nous révèle le vrai visage de Dieu** : non pas un Dieu vengeur et punisseur, mais un Dieu sauveur.

Et ce n'est pas seulement une question de discours sur Dieu : Jésus veut « réaliser l'action de Celui qui l'a envoyé ». Il est l'envoyé d'un Dieu qui agit par lui et qui agit pour sauver. Voilà pourquoi les disciples, les baptisés, sont des envoyés qui doivent eux aussi agir !

Le Christ est aussi notre lumière parce qu'il nous guérit de nos aveuglements – sauf si, comme les Pharisiens, nous prétendons tout savoir ; ils sont ceux qui prétendent voir et qui en réalité refusent de voir. Mais peut-être sommes-nous comme eux ? Ils étaient les plus religieux des hommes... On peut être fidèle et aveugle...

Catéchumènes ou baptisés, nous sommes invités à ressembler à cet aveugle de naissance qui laisse le Christ lui ouvrir les yeux peu à peu. Jésus fait un geste créateur : il fait de la glaise. C'est le même mot que celui utilisé dans la Genèse à propos de Dieu pour la création d'Adam et Eve : Adam, ça veut dire « le glaiseux », le terrien. Le Christ sauveur nous recrée à son image : par le baptême il fait de nous des fils de Dieu. Mais il nous demande une démarche personnelle : « va te laver à la piscine de Siloë ! »

Nous devons tous aller nous laver à la piscine de Siloë – le mot veut dire *envoyé* - si nous voulons que le Christ ouvre nos yeux et fasse de nous ses envoyés. La piscine de Siloë, c'est pour nous la cathédrale où nous sommes invités dimanche prochain, pour célébrer les scrutins avec les catéchumènes et recevoir le sacrement de la Réconciliation. Tous les ans, autour de Pâques, les chrétiens sont invités à aller à la piscine de Siloë (l'Envoyé) pour se purifier le cœur, pour recevoir le pardon de Dieu, pour retrouver la grâce de leur baptême.

La lumière qui éclaire notre vie, ce n'est pas une idée, une théorie, une doctrine ou des convictions, c'est quelqu'un : Jésus le Christ. C'est lui que nous sommes invités à rencontrer dimanche prochain pour qu'il nous ouvre les yeux... sur Dieu, sur les autres, sur nous-mêmes et sur la vie.

Alors, nous pourrons être ses envoyés et répondre à la question qu'on pose à l'ex-aveugle : « et toi, que dis-tu de lui ? » La foi chrétienne, c'est se prononcer sur Jésus. Il y a chez cet aveugle une **progression de la foi**. Au début, pour lui, Jésus est « l'homme qu'on appelle Jésus ». Puis, une fois guéri, l'ancien aveugle dit : « c'est un prophète », un envoyé de Dieu. Bien sûr, pour les chrétiens, Jésus n'est pas seulement un prophète, mais c'est déjà beaucoup de le reconnaître comme prophète, comme nos frères musulmans le font. Enfin, il croit en Jésus comme il croit en Dieu : « Je crois, Seigneur ». Rendons grâce à Dieu qui nous ouvre les yeux par Jésus le Christ, la Lumière du monde.

4° dimanche de Carême A - 6 mars 2005

9. JE SUIS LE CHEMIN

Jn 14, 1-12

« Nous ne savons même pas où tu vas, comment pourrions-nous savoir le chemin ? » Cela nous est arrivé à tous d'être perdus, de ne plus savoir où l'on est, d'avoir perdu notre chemin, de ne plus savoir où l'on va... Peut-on vivre sans savoir où la vie nous mène ? Peut-on courir toute la journée sans savoir où l'on va, sans connaître le but ?

Dans la Bible, il y a plusieurs vocabulaires du salut : il y a le vocabulaire de la libération, le vocabulaire du rachat, le vocabulaire de la réconciliation, le vocabulaire du pardon, le vocabulaire de la guérison, le vocabulaire de la résurrection... autant de manières différentes d'exprimer le salut, le fait d'être sauvé. Etre sauvé, c'est être libéré, racheté, réconcilié... ou être sauvé, c'est être pardonné, guéri, relevé, ressuscité ! Ici, c'est un autre vocabulaire du salut, celui du chemin.

On est perdu, parce qu'on ne sait plus ni où l'on est, ni où l'on va, ni comment y aller... Avant il nous fallait une carte et une boussole, maintenant il nous faut un GPS... Mais quand on est vraiment perdu, c'est la panique et l'angoisse. Alors, quand il s'agit de la route de nos vies, quand il s'agit de savoir le but de notre vie et comment l'atteindre, quand il s'agit de choisir un chemin pour réussir sa vie, le vocabulaire du chemin est un vocabulaire du salut qui nous parle. **Quand on est perdu, être sauvé, c'est trouver son chemin.**

A cause des disciples d'Emmaüs, nous sommes habitués à parler de Jésus comme d'un compagnon : il marche avec nous sur la route, il marche à nos côtés, il est notre compagnon de route. C'est déjà formidable ! Mais ici, Jésus se révèle comme le chemin. Pour aller où ? Pour aller vers le Père, là où il va lui-même. « Là où je vais, vous y serez vous aussi ». Jésus se révèle ici comme le chemin à prendre, le chemin à suivre, le chemin à faire.

Jésus est le chemin à prendre. C'est un choix. Il y a beaucoup de chemins qui s'ouvrent à nous. Il faut faire un choix, prendre ce chemin plutôt que les autres. Il y a une décision à prendre, un choix à faire, c'est ça la foi. Décider que mon chemin, ce sera Jésus, et personne d'autre. On peut bien sûr aussi décider de ne pas choisir, de ne prendre aucun chemin, de rester là, sur place, à perdre sa vie... Si je prends le chemin Jésus, qui est le chemin de l'amour, c'est un choix qui oriente ma vie, au sens où je ne serai plus désorienté si je prends ce chemin. Pas un chemin facile, puisque parfois, c'est un chemin de croix. Pas un chemin tout tracé : il faut parfois le chercher et, quand on le perd, le retrouver, grâce aux autres à qui on demande son chemin : ça y est, j'ai retrouvé mon chemin, celui que j'avais décidé de prendre. Pas un chemin qui descend : le chemin de Jésus nous élève... jusqu'à l'amour infini du Père.

Jésus est le chemin à suivre. Il ne suffit pas de prendre le chemin de Jésus, il faut encore le suivre, jour après jour. Suivre ce chemin, c'est suivre quelqu'un, un guide, un ami. « Seigneur, mon ami, tu m'as pris par la main, j'irai avec toi sans effroi jusqu'au bout du chemin... », comme le chantait le Père Duval. Notre chemin n'est pas fait que de flèches, nous ne suivons pas des panneaux indicateurs, nous suivons quelqu'un qui nous aime et qui nous entraîne à sa suite. C'est mieux qu'un GPS.

Jésus est le chemin à faire. S'il s'agissait seulement d'aller visiter St Jacques de Compostelle, il suffirait de prendre le train ou l'avion... mais l'important, c'est de faire le chemin. J'allais presque dire que le chemin est plus important que le but. Car faire le chemin, ça nous transforme, ça nous façonne, ça nous construit. C'est toute une histoire, et on peut la raconter : une histoire de rencontres, une histoire de fatigue, une histoire d'épreuves à surmonter, une histoire de verre d'eau et de portes ouvertes, une histoire où l'on va jusqu'au bout de nous-mêmes mais où l'on n'y va pas tout seul, on y va en peuple, sur ce chemin. Ce peuple dont St Pierre nous dit qu'il est un peuple sacerdotal, un peuple de prêtres, c'est-à-dire un peuple qui marche avec son Dieu, un peuple qui a pris le chemin de Dieu et qui propose à toute l'humanité non pas de le suivre, mais de suivre Jésus pour aller vers le Père.

5° dimanche de Pâques A - 22 mai 2011

10. JE SUIS LA RESURRECTION ET LA VIE

Jn 11, 1-45

Après la Samaritaine et l'eau, après l'aveugle-né et la lumière, voici Lazare et la résurrection. Troisième grand texte qui permet aux catéchumènes qui vont être baptisés à Pâques de découvrir ce qui va leur arriver. Et l'occasion pour nous tous de réfléchir à la mort et à la résurrection, et donc à la vie.

D'abord, la mort... Nous sommes à un enterrement. Nous partageons le deuil de Marthe et Marie qui ont perdu leur frère, Lazare. Elles sont entourées de leurs amis. On pleure. « Lazare est mort ». Une vraie mort. Pas seulement le sommeil, mais bien la mort. Même si, chaque fois que nous nous endormons, nous vivons une sorte de mort : il nous faut être suffisamment paisible pour nous endormir, nous abandonner au sommeil, avec l'espoir de nous réveiller le lendemain. Certains sont tellement angoissés qu'ils n'arrivent pas à fermer l'œil. Mais le sommeil n'est pas la mort : « ils pensaient que Jésus parlait du sommeil, tandis qu'il parlait de la mort. »

Il s'agit de cette mort naturelle que nous connaîtrons tous : un jour, nous mourrons. Et quand le Fils de Dieu prend la condition des hommes, cela signifie que lui aussi va connaître la mort. D'ailleurs, elle rôde autour de lui : on cherche à le lapider... Et ses disciples savent le risque que Jésus prend en retournant en Judée : « allons-y, nous aussi, pour mourir avec lui. »

La mort, Jésus va la vivre comme un passage vers Quelqu'un qu'il appelle son Père : « je m'en vais vers mon Père et je vais vous préparer une place. » Pour lui, la mort est un passage. Passage, c'est le sens du mot « pâque ». La mort est un passage vers quelqu'un qui nous attend les bras ouverts. Jésus, sur la croix, dira : « entre tes mains, Père, je remets mon esprit ». Jésus nous apprend à mourir dans la confiance.

Mais Jésus nous parle aussi de résurrection. Marthe partage la foi de Jésus : elle parle de « la résurrection au dernier jour ». Et c'est vrai qu'il y a résurrection et résurrection ! La résurrection de Lazare n'est pas la résurrection de Jésus ! Quand Jésus est ressuscité, il a reçu du Père une vie nouvelle qui lui permet d'être auprès de chacun d'entre nous, comme il est auprès de ses amis à l'autre bout du monde. Tandis que Lazare a retrouvé sa vie antérieure... pour quelques mois... et il a fini par mourir !

La résurrection de Lazare est un signe que Jésus donne pour que son peuple croie, comme Marthe, qu'il est le Messie et le Fils de Dieu. Mais ce n'est pas comme la résurrection de Jésus ni comme la résurrection à laquelle nous sommes promis. La résurrection de Lazare, c'est la réanimation d'un cadavre. Notre résurrection, comme celle de Jésus, c'est une vie nouvelle, dans le Royaume de Dieu ou, si vous préférez, au Paradis. Mais ce n'est pas un lieu, ce n'est pas dans les nuages. C'est en Dieu.

Il y a passage et donc rupture, entre notre vieux monde et le Royaume de Dieu, entre notre vie ici-bas et la vie en Dieu. Mais en même temps, il y a une continuité. Jésus dit : « Je suis la Résurrection et la Vie ». La résurrection dit la rupture, mais la vie dit la continuité, car Jésus dit cela à des vivants.

C'est le moment de se rappeler que la vie éternelle ne commence pas seulement après notre mort. La vie éternelle, elle commence dès cette terre, chaque fois que nous nous aimons. Et il est beaucoup question d'amour dans cette histoire de deuil : « Seigneur, celui que tu aimes est malade »... ; « Jésus aimait Marthe et sa sœur, ainsi que Lazare » ; « Voyez comme il l'aimait ».

La continuité, c'est l'amour. Ce qui reste après notre mort, c'est tout ce qu'on aura donné, tout l'amour qu'on aura vécu en tendresse, en amitié, en fraternité, en solidarité... Tout cela, c'est la vie de Dieu en nous. Le reste disparaîtra, mais cet amour-là, dans la mesure où nous l'avons accueilli et vécu, il nous fera vivre éternellement dans la maison du Père. A Pâques, nous sommes appelés à mourir et à ressusciter avec Jésus, à passer avec lui de la mort à la vie en ressuscitant un peu avec lui, c'est-à-dire en vivant un peu plus de cette vie nouvelle, de cette vie d'amour qui est la vie de Dieu et que nous avons reçue à notre Baptême.

5° dimanche de Carême A - 24 mars 2007

11. LA TRANSFIGURATION DE JESUS

Mt 17,1-9

Notre vie spirituelle, notre vie en Eglise, notre vie avec Dieu est faite de hauts et de bas... Il nous est sans doute arrivé à tous de vivre un temps fort en Eglise, un rassemblement, une retraite dans un monastère, un pèlerinage, - ou peut-être votre baptême ou votre mariage...- bref, un moment qui nous a transportés au septième ciel ! Comme les jeunes du Frat ou des JMJ*, nous aurions voulu que ça dure ! Si on avait pu dresser trois tentes et nous installer sur la montagne... Mais il a fallu redescendre dans la plaine de la vie ordinaire, de la vie quotidienne, de la vie paroissiale, avec ses lourdeurs et ses médiocrités...

Avant de vivre la passion et la mort de Jésus, ses principaux disciples ont eu la grâce de vivre un temps comme ça avec Jésus. Il vient de leur annoncer qu'il allait souffrir, mourir et ressusciter le troisième jour... Pierre a protesté et Jésus lui a répondu : « Derrière moi, Satan ! » Jésus prend avec lui Pierre, Jacques et Jean et il les emmène à l'écart, comme pour une retraite. Et il les emmène sur une haute montagne (le mont Thabor), le lieu de la rencontre avec Dieu (c'est sur une montagne que Moïse et Elie ont rencontré Dieu). Et là, il s'est passé quelque chose... Les familiers de la Bible ont reconnu le vocabulaire des manifestations de Dieu : la nuée et la lumière, qui provoquent l'effroi. Quelle expérience ont-ils faite ? C'est comme si le ressuscité leur était apparu de son vivant. C'est comme une anticipation de la résurrection, pour fortifier leur foi.

La présence de Moïse et d'Elie signifie la Loi et les Prophètes, c'est à dire la Bible, la Première Alliance : Jésus vient en accomplir les promesses, il est dans la ligne de Moïse et Elie, il est le messie qu'ils ont annoncé. Il est à la fois le nouveau Moïse qui guide son peuple vers la terre Promise, le Royaume de Dieu, et le grand prophète qui doit venir à la fin des temps puisqu'il est non seulement un porte parole comme Elie, mais il est la Parole de Dieu faite homme. Et c'est pour cela qu'il faut l'écouter !

Quant à la voix qui vient de la nuée, c'est la même qu'au jour du Baptême de Jésus ; elle révèle l'identité de Jésus : il est le Fils bien-aimé, et donc il y a un Père, et ce Père nous demande de l'écouter - « Ecoutez-le ! »

- car le Fils en qui le Père a mis tout son amour, c'est sa Parole et cette parole est la Parole d'amour d'un Père. Comme toute parole, elle est à écouter.

Hier soir, dans une équipe de révision de vie, on se disait que ce n'était pas facile de voir Jésus dans nos vies, en particulier quand elles sont pleines de la souffrance des hommes. Quand on partage nos vies, des fois, on ne voit rien ! En tout cas, pas la présence de Dieu. S'il nous est arrivé de voir la présence de Dieu dans nos vies, dans des moments privilégiés, nous avons du mal à la voir dans notre vie quotidienne ou dans nos vies cassées par la maladie, le chômage ou la peur. Mais quand on ne voit pas le Christ transfiguré, l'Evangile nous dit que nous pouvons toujours l'écouter car il est la Parole de Dieu. Quand nous partageons nos vies, quand nous prions, nous pouvons discerner les appels du Christ, même si nous ne le voyons pas dans la lumière de sa résurrection. Sachons l'écouter, nous ouvrir à sa Parole, comme les apôtres l'ont fait.

Quand Jésus a dû affronter les forces du mal, dans sa passion, Pierre, Jacques et Jean se sont sans doute rappelé ce moment exceptionnel où ils ont vu le Christ dans son corps glorieux et ils se sont rappelé la voix qui disait : « écoutez-le ! » Quand nos yeux ne voient plus rien, ouvrons nos oreilles ! Peut-être entendrons-nous une voix qui nous dit : « relève-toi ! N'aie pas peur ! »

2° dimanche de Carême A – 16 mars 2014

12. LE CHRIST, NOTRE NOURRITURE

Jn 6, 51-58

Un mot d'explication d'abord sur le vocabulaire : *« Celui qui mange ma chair et boit mon sang a la vie éternelle »*. Dans la langue de la bible, la *chair*, ce n'est pas la viande et encore moins le sexe. La chair, c'est notre humanité, c'est notre condition humaine marquée par la faiblesse. *« Le Verbe s'est fait chair »*, ça veut dire la Parole s'est faite homme. La chair et le sang, c'est la personne humaine dans sa totalité et dans sa fragilité.

Nous disons souvent du Christ qu'il est notre Seigneur, notre Sauveur, notre frère, notre guide, notre pasteur, mais dire que le Christ est notre nourriture, c'est moins fréquent. Qu'est-ce que ça veut dire pour nous ?

Dire que le Christ est notre nourriture, c'est d'abord dire que nous devons nous nourrir de la Parole de Dieu : le Christ est Parole de Dieu faite chair, Parole de Dieu qui prend chair dans une vie d'homme pour prendre chair, pour s'incarner, dans nos vies à nous. *« L'homme ne vit pas seulement de pain,* dit la Bible, *mais de toute parole qui sort de la bouche de Dieu »*. Nous nourrissons nos corps, mais comment nourrissons-nous la vie de Dieu que nous avons reçue au Baptême ? Quel temps prenons-nous pour nous nourrir de l'Evangile ? Ce n'est pas pour rien que le repas du Seigneur commence par la liturgie de la Parole. Avant la table de l'Eucharistie, il y a la table de la Parole. Dire que le Christ est notre nourriture, c'est d'abord dire que nous devons nous nourrir de la Parole de Dieu. Le Christ notre nourriture crée un lien fort de communion entre Dieu et nous.

Dire que le Christ est notre nourriture, c'est aussi communier au Christ qui livre sa vie par amour : *« le pain que je donnerai, c'est ma chair donnée pour que le monde ait la vie »*. Ici, il ne s'agit plus de nous nourrir d'une parole, mais il s'agit de nous nourrir d'un acte qui est celui par lequel le Christ a livré son corps de chair et a versé son sang par amour pour l'humanité. Ce n'est plus seulement sa Parole qui est nourriture, mais c'est le don de sa vie. Et s'il est possible de nous nourrir seul de la Parole de Dieu, nous ne pouvons pas nous nourrir tout seul du Corps du Christ : nous ne pouvons que le partager entre nous, en Eglise, pour le partager au monde. En se faisant notre nourriture, le Christ se donne aujourd'hui encore, et il se donne en partage, nous appelant ainsi à nous donner les uns aux autres, à partager entre nous et avec tous. Dire que le Christ est notre nourriture, c'est communier au Christ qui livre sa vie par amour. Le Christ notre nourriture crée un lien fort de communion entre nous et avec tous nos compagnons de vie.

Dire que le Christ est notre nourriture, c'est enfin dire notre intimité avec le Christ : *« celui qui mange ma chair et boit mon sang, demeure en moi et moi, je demeure en lui. »* En se faisant notre nourriture, le Christ nous fait le cadeau de sa présence en nous, puisqu'il établit en nous sa demeure, mais en même temps, il nous fait demeurer en lui. Après avoir habité parmi nous, voilà qu'il demeure en nous et qu'il nous fait demeurer en lui. La demeure, c'est ce qui dure. Jusqu'à la fin des temps. Alors que nous partageons le pain que Dieu nous donne, nous sommes renvoyés chacun à notre relation personnelle avec le Christ, une relation d'amitié, d'alliance, qui a justement besoin, comme toute relation, de se nourrir. *« Voici que je me tiens à la porte, dit le Seigneur, et je frappe. Si quelqu'un entend ma voix et ouvre la porte, j'entrerai chez lui, je prendrai mon repas avec lui et lui avec moi. »* (Ap 3, 20) Le Christ, notre nourriture, crée un lien fort de communion – non seulement entre Dieu et nous, non seulement entre nous et avec tous les humains, mais aussi entre lui, le Seigneur, et chacun de nous.

Rendons-grâce à Dieu pour un tel cadeau ! Puisse cette eucharistie resserrer tous ces liens de communion ! Alors, nous serons pleins de la sagesse de Dieu, nous serons remplis de l'Esprit-Saint et nous pourrons dire avec Paul : *« c'est le Christ qui vit en moi »* !

20° dimanche B – 16 août 2009

13. LE CHRIST ROI

Mt 25,31-46

(Ez. 34,11-17 ; 1 Co 15,20-28)

La fête du Christ-Roi est une fête moderne, récente... Elle a été instituée par le pape Pie XI en 1925. Pourquoi ? Sans doute parce que, précisément, le Christ ne régnait plus sur la société occidentale. Nous étions sortis de la chrétienté. C'est l'époque où le même Pie XI encourageait les mouvements d'Action Catholique qui sont nés à la suite de la JOC et qui chantaient : « nous referons chrétiens nos frères ». Parce qu'ils l'étaient de moins en moins...

Etre roi de l'univers, qu'est-ce que cela veut dire pour le Christ ? Les trois lectures de la Parole de Dieu nous indiquent trois éléments de réponse : pour le Christ, être roi de l'univers, c'est être le bon pasteur, le libérateur et le juge qui viendra juger les vivants et les morts.

Le Christ est Roi parce qu'il est le Bon Pasteur, comme l'annonçait le prophète Ezéchiel. Le Bon Pasteur qui veille sur ses brebis, qui les rassemble et les conduit, qui les soigne et les délivre. Le bon pasteur qui va chercher la brebis perdue. Quelle bonne nouvelle ! Le Christ veille sur chacun de nous. C'est lui qui nous rassemble, qui prend soin de nous, qui nous accompagne. Comme le dira l'Evangile de Jean, il nous connaît par notre nom. Le roi, le chef, le responsable, le président ou l'évêque, selon l'Evangile, c'est un berger, comme le bon pasteur. Ce n'est pas d'abord un titre politique. Pour le Christ, régner, c'est aimer.

Le Christ est Roi parce qu'il est le libérateur : selon St Paul, c'est lui qui détruit toutes les puissances du mal, et surtout, il nous libère de la mort puisqu'il est le premier ressuscité ! « C'est en Adam que meurent tous les hommes, c'est dans le Christ que tous revivront... Et le dernier ennemi qu'il détruira, c'est la mort ! » Là encore, quelle bonne nouvelle ! Là encore, ce n'est pas un titre politique. Pour le Christ, régner, c'est sauver.

Le Christ est Roi parce qu'il est le Juge qui viendra juger les vivants et les morts, comme nous le disons dans le Credo. C'est le Roi du jugement dernier qui se trouve sur les magnifiques tympans de nos églises romanes. Mais quel roi et quel juge étonnant ! Il est à la fois sur son trône et en prison ! Mon ancien curé, alors qu'il était progressivement paralysé, nous disait : j'ai passé ma vie de prêtre à appeler les chrétiens à servir le Christ en servant les plus petits, et aujourd'hui, je leur permets de rencontrer le Christ en étant à mon service car je ne peux plus rien faire tout seul… Le Christ Roi s'identifie aux plus petits, aux plus faibles, aux plus souffrants, aux victimes de la faim et de l'exclusion, parce que son Royaume, c'est le lieu où règne l'Amour de Dieu pour les plus petits.

Trois visages du Christ Roi : le Bon Pasteur qui prend soin de nous, le libérateur de la mort et le juge qui se fait solidaire des victimes. Rendons gloire au Père pour un tel Roi et prions le que son Règne vienne sur la terre comme au ciel, sur notre vie et sur la vie de notre monde. Il ne s'agit pas du règne de l'Eglise ni du règne du Christianisme, il s'agit du règne de l'Amour de Dieu manifesté et personnifié par le Christ Jésus.

Fête du Christ-Roi A – Dimanche 23 novembre 2014

14. LE CHRIST SERVITEUR

Jn 13, 1-17

Pour tous les chrétiens, le lavement des pieds, c'est l'image du Christ serviteur. Le **service**, c'est un mot qui nous est familier : service militaire, service d'ordre, service public, service social, ...On est de service, on a des états de service, on prend son service, on rend service, on est au service de, le service est compris, c'est l'escalier de service, j'ai un service à vous demander, j'offre mes services, j'ai changé de service, je suis la femme de service...

Voilà enfin un terme de l'Eglise qui est compris par tout le monde, qui fait partie de notre langage quotidien ! Mais ce n'est pas fini, car le service évoque aussi la servitude, la serviette, la servilité, et bien sûr le **serviteur**... qui, lui, évoque à la fois le serveur et l'esclave. Quant au verbe qui est commun à tous ces mots, c'est **servir**. Un mot noble, qui exprime tout un idéal : servir son pays, servir les autres. En latin, serviteur se dit *ministerium*... qui a donné ministre et ministère.

Et pourtant, laver les pieds, c'était le travail des esclaves. Et aujourd'hui encore, les femmes de service dans les cantines... Mais on a oublié que *ministre* vient de *minus* qui veut dire *petit*. Car le serviteur, celui qui lave les pieds, il se fait petit, il se met à genoux devant l'autre, il le regarde d'en bas. C'est cela qui rend le geste de Jésus extraordinaire : lui, le Maître et le Seigneur, il se fait petit, il se met à nos pieds, il nous regarde d'en bas. On comprend la réaction de Pierre : ce n'est pas toi qui va me laver les pieds... !

Pierre nous révèle que ce n'est pas si facile que ça de se laisser laver les pieds... surtout par celui qui est notre Seigneur ! Laver les pieds aux autres, faire le service, pas de problème ! Mais se laisser laver les pieds... Accepter qu'un autre s'occupe de nous, accepter non seulement de donner, mais aussi de recevoir... Accepter d'avoir besoin d'un autre...

Jésus ne nous demande pas de laver les pieds aux autres : « Si donc moi, le Seigneur et le Maître, je vous ai lavé les pieds, vous aussi, vous devez vous laver les pieds les uns aux autres ! » Il n'y a pas d'un côté ceux qui lavent les pieds et de l'autre, ceux qui se font laver les pieds : entre frères, on se lave les pieds **les uns aux autres** ! C'est cela la fraternité. Et c'est cela que Jésus est venu inaugurer sur notre terre.

D'ailleurs, Jésus ne nous a jamais dit : « aimez les autres », mais « aimez-vous les uns les autres ». L'amour fraternel est réciproque, ou il n'est pas. C'est pareil pour l'amour conjugal. Aimer, ce n'est pas seulement donner, mais aussi recevoir, c'est-à-dire permettre à l'autre de donner. Se laver les pieds les uns aux autres, c'est être serviteur les uns des autres, être aux pieds les uns des autres, prendre soin les uns des autres.

« Le Fils de l'homme n'est pas venu pour être servi mais pour servir et donner sa vie pour la multitude » (Mt 20, 28). Puisque Jésus nous a aimé « jusqu'au bout », il a donné sa vie pour nous afin que, nous aussi, nous donnions notre vie les uns pour les autres. Telle est la vie nouvelle à laquelle il nous appelle et cela peut changer le monde.

Jeudi saint – 17 avril 2014

15. LE COMPAGNON D'EMMAÜS

Lc 24, 13-35

Comment pouvons-nous rencontrer le Ressuscité aujourd'hui ? C'était la question des premières communautés chrétiennes, quand Luc rédige son Evangile, trente ou quarante ans après les événements, en recueillant les différents récits concernant Jésus qui circulaient oralement, alors que la plupart des apôtres avaient disparu. Comment rencontrer le ressuscité, alors que nous n'avons pas eu la chance de connaître Jésus de son vivant ou quand il s'est manifesté après sa mort ?

Comment pouvons-nous rencontrer le Ressuscité aujourd'hui ? C'est aussi notre question. Pour y répondre, saint Luc va rédiger, à partir d'un récit qui circulait dans les premières communautés, l'histoire des disciples d'Emmaüs. Et il nous donne trois éléments de réponse.

Premier élément de réponse : **Jésus marche avec nous** sur le chemin de nos vies, mais nous ne le reconnaissons pas.

Quand nous partageons nos souffrances, nos épreuves, nos peines entre nous, il est là à nos côtés,

Quand nous nous racontons ce qui nous est arrivé, nos espoirs déçus, nos questions, il est là à nos côtés.

Quand nous partageons nos vies entre nous, il est là, mais nous ne le voyons pas.

Deuxième élément de réponse : **Jésus ouvre pour nous les Ecritures** et nous explique tout ce qui le concerne.

Quand nous nous réunissons pour ouvrir la Bible et les Evangiles, il est là pour nous parler, il est la Parole que Dieu nous adresse,

Quand nous écoutons la Parole de Dieu proclamée dans nos assemblées, il est là et c'est Lui qui nous parle,

Quand nous écoutons la Parole de Dieu et qu'on nous explique ce qui le concerne pour nous aujourd'hui, nous le rencontrons vraiment.

Troisième élément de réponse : **Jésus prit le pain**, dit la bénédiction, le rompit et le leur donna…

Quand nous célébrons l'Eucharistie, c'est Lui qui est là au milieu de nous : nous le reconnaissons quand il rompt le pain, même si nous ne le voyons pas.

Quand nous partageons le pain en mémoire de lui, il est là au milieu de nous, il se donne à nous, c'est Lui qui vient en nous pour rester avec nous.

Alors, nous reconnaissons qu'il était déjà là, à nos côtés, marchant avec nous sur la route de nos vies et nous demandant : de quoi parliez-vous ? de quels événements ? Et nous savons que nous pouvons, dans la prière quotidienne, lui raconter ce qui nous est arrivé…

Comment rencontrer le Ressuscité aujourd'hui ? Saint Luc nous répond : par son Eglise qui est son Corps. C'est notre corps qui nous permet de rencontrer les autres. C'est le Corps du Christ, son Eglise, qui lui permet de rencontrer les hommes et les femmes d'aujourd'hui.

Et son corps, c'est nous ! « Vous êtes le corps du Christ » nous dit saint Paul. Et quand nous venons communier à l'autel, nous venons recevoir ce que nous sommes, le Corps du Christ, pour devenir un peu plus ensemble le Corps du Christ pour le monde !

Alors, soyons une Eglise qui sait écouter, accompagner, cheminer, s'intéresser à la vie des gens, à leurs souffrances, à leurs espoirs déçus. Alors, soyons une Eglise qui sait écouter la Parole de Dieu, ouvrir les Evangiles et les partager en les traduisant avec les mots d'aujourd'hui, pour nos compagnons de route. Alors, soyons une Eglise qui sait partager le pain de la route qui mène au Père, ce pain qui est le Christ lui-même, en célébrant les sacrements qu'il nous a laissés comme signes de sa présence agissante dans nos vies. Et sachons raconter ce qui s'est passé sur la route et comment nous l'avons reconnu quand il a partagé le pain. Amen.

Dimanche de Pâques B – 8 avril 2012

-III-

LES RENCONTRES DE JESUS

1. Les premiers disciples : chercher Jésus.
2. Matthieu : changer son regard.
3. La Cananéenne : une « conversion » de Jésus.
4. La femme adultère : retrouver l'espérance.
5. Le jeune homme riche.
6. La Samaritaine : le don de Dieu.
7. L'obole de la veuve : une belle révision de vie.
8. La pécheresse.
9. Zachée.
10. Marthe et Marie.

1. LES PREMIERS DISCIPLES : CHERCHER JESUS

Jn 1, 35-39

Ce dialogue de Jésus avec ses deux premiers disciples est saisissant. Nous pouvons le reprendre à notre compte en nous posant la question : sommes-nous des chercheurs du Christ ?

« Que cherchez-vous ? »

C'est la première parole que Jésus prononce dans l'Evangile de Jean qui commence en proclamant que Jésus est le Verbe, la Parole de Dieu faite homme. Autrement dit, quand Dieu prend la parole, c'est pour nous la donner ! C'est pour nous interroger : que cherchez-vous ? Si nous ne cherchons rien, nous ne risquons pas de trouver le Christ ! Mais tous ceux qui cherchent un sens à leur vie, tous ceux qui cherchent à construire un autre monde, tous ceux qui cherchent la fraternité, tous ceux-là sont sur le chemin de la rencontre avec le Christ.

La question nous est posée à nous aujourd'hui, nous qui connaissons un peu Jésus... Que cherchons-nous ? Est-ce lui que nous cherchons ? Nous cherchons l'amour, nous cherchons la paix, nous cherchons la justice... Est-ce que nous croyons que notre relation à Jésus qui peut nous apporter ce que nous cherchons ? Ne sommes-nous pas appelés à passer de « ce que nous cherchons », ces biens si précieux que sont la paix, l'amour, la justice, à « Celui que nous cherchons » ?

« Maître, où demeures-tu ? »

La réponse des disciples de Jean-Baptiste est claire : ce que nous cherchons ? C'est toi ! Ce qui nous intéresse, c'est toi ! Parce que Jean le baptiste nous dit que tu es « l'Agneau de Dieu ». On ne sait pas bien ce que ça veut dire, mais ce que nous cherchons, c'est un maître de vie, qui donnera sens à nos vies. Voilà pourquoi nous voulons savoir où tu demeures, où tu habites...

Nous aussi, posons la question à Jésus : « maître, où demeures-tu ? » Que nous puissions rester avec toi... Mais Jésus est quelqu'un qui bouge tout le temps ! Il est toujours en mouvement. Ses parents en savent quelque chose qui l'ont cherché pendant deux jours quand il avait 12 ans : « Vois, ton père et moi, nous te cherchons tout angoissés » (Lc 2, 48). Et ses disciples aussi : quand Jésus se lève avant l'aube à Capharnaüm, « Simon et ses compagnons se mirent à sa recherche ; quand ils l'ont trouvé, ils lui disent : tout le monde te cherche ! »

« Venez et vous verrez ! »

Pour voir où demeure Jésus, il faut se déplacer, se mettre en route et le suivre ! On ne peut pas savoir où demeure le Ressuscité si on ne le suit pas, si on ne devient pas son disciple... On pourra toujours apprendre des choses sur lui dans les livres, mais on ne le connaît vraiment que si on devient l'un de ses compagnons.

« Voici, je me tiens à la porte et je frappe : si quelqu'un entend ma voix et ouvre la porte, j'entrerai chez lui et je prendrai mon repas avec lui ». (Ap 4,20)

A chaque eucharistie, Jésus se fait notre compagnon pour demeurer en nous. « Celui qui mange ma chair et mon sang, demeure en moi et moi en lui ». Voilà pourquoi St Paul n'a pas tort de dire : « Votre corps est le temple de l'Esprit-Saint qui est en vous ». Le Christ demeure en nous par son Esprit. Voilà pourquoi il est toujours avec nous. Mais nous, nous ne sommes pas toujours avec Lui... Voilà pourquoi nous le cherchons... Il est là, tout près de nous, puisqu'il est en nous.

2° dimanche B - 18 janvier 2009

2. MATTHIEU : CHANGER SON REGARD

Mt 9, 9-13

Matthieu était un collecteur d'impôts, c'est-à-dire un publicain, un homme d'argent, un collaborateur de l'occupant romain. Le voici qui devient disciple de Jésus. Si lui peut devenir disciple de Jésus, c'est que tout le monde peut devenir disciple de Jésus… même nous ! Mais aussi tous ceux que nous jugeons peu fréquentables.

La rencontre de Jésus avec Matthieu ne s'est pas faite au temple, ou à la synagogue, ni pendant que Jésus enseignait les foules. La rencontre s'est faite sur le lieu de travail : Matthieu était à son bureau de percepteur. Jésus lui dit : « suis-moi ! »

J'imagine le regard de Jésus prononçant cette phrase… Car Matthieu a été bouleversé par cette parole : lui qui est mis au ban de la société des gens biens, lui qui est rejeté de tous, et surtout des religieux, voici qu'un rabbi le considère comme une personne digne d'intérêt ! Voici qu'un homme de Dieu s'intéresse à lui, au-delà de son métier qui le fait mal voir, au-delà de sa fonction. Oui, Matthieu est bouleversé parce qu'il se sent aimé, reconnu, estimé : il a croisé le regard de quelqu'un qui l'aime. Et ça lui donne des ailes ! Le voilà qui se lève et qui suit Jésus.

On voit bien que devenir disciple de Jésus, c'est d'abord se laisser aimer par lui et c'est s'attacher à quelqu'un. Ce n'est pas changer de religion, ni adopter un catéchisme : c'est suivre Jésus, en faire à la fois son ami et son maître. Et ça n'est possible que si on se sent aimé par Jésus, même si on sait qu'on n'est pas meilleur que les autres.

Et Matthieu est tellement heureux qu'il organise une fête avec ses amis, avec les gens comme lui, et Jésus partage leur repas : il se compromet avec les pécheurs, les publicains, les collègues de travail de Matthieu. Et cela scandalise !

Qu'en retenir pour nous aujourd'hui ? Un appel à changer notre regard.

D'abord, changer notre regard sur Dieu : Dieu aime les pécheurs, ceux que les autres rejettent parce qu'ils sont mauvais... Jésus nous révèle un Dieu qui veut sauver tous les hommes parce qu'il les aime, pas parce que ce sont des justes. C'est une révolution dans l'idée que les hommes se font de Dieu, y compris dans la Bible qui répète sans cesse que Dieu aime les justes et que ce sont les justes qu'il récompensera. Mais Jésus nous dit : « je ne suis pas venu appeler les justes, mais les pécheurs » – pas ceux qui se croient justes, mais ceux qui se reconnaissent pécheurs. Voilà pourquoi Jésus fréquentait les pécheurs, et pourquoi il s'accrochait souvent aux Pharisiens qui se croyaient justes parce qu'ils respectaient la Loi.

Ensuite, changer notre regard sur nous-mêmes : Je suis sûr que nous croyons tous que Dieu nous aime, mais pourquoi nous aime-t-il ? Reconnaissons-le : nous sommes tous un peu « pélagiens » : ceux qui croient que le salut est la récompense de nos bonnes œuvres. Dieu nous aimerait parce que nous l'aimons, parce que nous faisons le bien, parce que nous aimons notre prochain... bref, parce qu'on est des bons ! Mais pour Jésus, il n'y a pas les bons d'un côté, les mauvais de l'autre : il y a des hommes qui sont à la fois des justes et des pécheurs. Et si on se croit juste, Jésus ne peut rien pour nous : il n'est pas venu guérir les bien portants ! Il faut peut-être commencer par se demander : de quoi voulons-nous être guéris ? Tous, nous disons avant de communier : « Seigneur, je ne suis pas digne de te recevoir... » Bref, se reconnaître pécheurs et aimés de Dieu.

Enfin, changer notre regard sur les autres ! Suivre Jésus, c'est lui ressembler, en particulier dans sa manière de ne rejeter personne. Accueillir toute personne pour qu'elle se sente aimée, quelle que soit sa situation, son métier, ses choix de vie, ses défauts. Comme Jésus avec Zachée, comme Jésus avec Marie Madeleine, comme Jésus avec Matthieu. Cela suppose de nous libérer de nos préjugés. Cela nous demande d'ouvrir largement les portes de nos assemblées, de nos communautés, de nos groupes, pour que tout être humain s'y sente aimé, comme Matthieu, et puisse entendre l'appel du Christ : « Suis-moi ».

L'appel de Matthieu est un appel pour nous à changer notre regard : sur Dieu, sur nous-mêmes et sur les autres.

10° dimanche A – 8 juin 2008

3. LA CANANEENNE, une « conversion » de Jésus

Mt 15, 21-28

(Ro 11,13-15+29-32)

A force de lire et de méditer les Evangiles, il arrive que nous changions complètement notre manière de comprendre certains passages.

Je dois vous avouer que, pendant très longtemps, cette page d'Evangile me gênait beaucoup. L'attitude de Jésus me scandalisait. C'est tout juste si je ne trouvais pas qu'il n'était pas très chrétien... D'abord, il ne répond rien à quelqu'un qui l'appelle au secours... Je sais bien que ça nous arrive aussi à nous, mais ça ne lui ressemble pas... Et cette histoire de petits chiens et de miettes... On a l'impression que Jésus partage ce sentiment de supériorité des élites de son peuple : eux, ils sont les enfants, les autres sont des petits chiens... Et comme nous, nous sommes comme les Romains à qui Paul écrit, nous étions des païens... nous nous sentons solidaires de cette pauvre femme qui n'intercède même pas pour elle mais pour sa fille. Et je ne parle pas des disciples qui n'interviennent que pour avoir la paix : « donne-lui satisfaction car elle nous poursuit de ses cris. »

Et puis, je me suis intéressé à cette phrase de Jésus qui est très importante au plan théologique car elle nous dit comment Jésus comprenait sa mission : « Je n'ai été envoyé qu'aux brebis perdues d'Israël. » Ce qui signifie que Jésus avait conscience d'être, comme les prophètes qui l'avaient précédé, un envoyé de Dieu (il parle souvent de « Celui qui m'a envoyé » quand il évoque son Père), mais un envoyé de Dieu à son peuple. Bien loin de vouloir fonder une autre religion, il se situe totalement dans la religion d'Israël pour rassembler les brebis perdues du peuple de Dieu, c'est-à-dire d'Israël. Bien sûr, Jésus sait bien que le salut est pour toutes les nations – tous les psaumes le rappellent – mais ce salut passe par Israël. L'heure des païens viendra, mais plus tard, quand les païens (*Goïm* en hébreu, c'est-à-dire *les nations*) se rassembleront à Jérusalem pour reconnaître le Dieu d'Israël comme le Dieu de l'univers. Non seulement Jésus est juif, non seulement il est le messie attendu par les juifs, mais il situe sa mission à l'intérieur du peuple juif. Sa préoccupation, c'est tous les petits de son peuple qui se sentent exclus parce qu'ils sont malades, parce qu'ils sont pauvres, parce qu'ils sont impurs, parce qu'ils ne respectent pas tous les articles de la Loi.

Mais durant son ministère public, non seulement Jésus va rencontrer des païens qui vont l'émerveiller, comme le centurion romain, mais on le voit à plusieurs reprises se retirer en territoires païens. C'est le cas ici : nous sommes dans la région de Tyr et de Sidon, en terre païenne. Jésus « se retire, il souffle un peu… Mais voilà qu'il est rattrapé par une femme cananéenne qui l'appelle au secours en l'appelant « fils de David », c'est-à-dire « messie »…

J'ai complètement changé ma manière de lire ce passage d'Evangile quand j'ai pris conscience qu'il nous racontait une « conversion » (si j'ose dire) de Jésus… et là, ça m'a bouleversé. Bien sûr, Jésus était « semblable à nous en toutes choses, excepté le péché ». En ce sens, il n'a pas eu à se convertir, à se retourner vers Dieu, puisqu'il était toujours tourné vers son Père. Mais Jésus accepte de se laisser bousculer, interpeller, transformer par cette femme dont il admire la foi. Il change d'attitude envers elle. Et c'est cela qui est bouleversant !

C'est comme à Cana : « mon heure n'est pas encore venue »… Cela ne l'a pas empêché de faire son premier signe pour répondre à l'attente de sa mère et aux besoins de ses amis. Ici aussi, il anticipe, il devance son heure, l'heure des païens. Il s'ouvre à la souffrance et à la misère des païens, comme il s'est laissé toucher par la misère de son peuple.

Le Fils de Dieu est entré dans l'histoire des hommes, mais il a joué le jeu de cette histoire. Tout n'était pas écrit à l'avance… Il se laisse dérouter par une païenne, dans les deux sens du mot. Et, bientôt, face au refus de la majorité de son peuple, il n'hésitera pas à annoncer que les premiers seront les derniers.

Demandons au Christ de nous donner son Esprit pour que nous aussi, nous sachions nous ouvrir aux païens d'aujourd'hui, pour que nous aussi, nous sachions nous laisser dérouter par les appels de nos frères qui viennent d'ailleurs, ceux qui sont d'une autre religion, ceux qui n'ont pas de religion, car Dieu les aime aussi puisqu'il est le Père de tous les hommes.

20° dimanche A - 17 août 2008

4. LA FEMME ADULTERE : retrouver l'espérance.

Jn 8, 1-11

(Is 43,16-21 ; Ph 3,8-14)

En ce 5° dimanche de Carême, qui est aussi la journée du Comité Catholique Contre la Faim et pour le Développement (CCFD), la Parole de Dieu nous aide à retrouver l'espérance. Nous en avons bien besoin ! Quand on sait que deux milliards d'hommes vivent avec moins de 2 euros par jour... quand on voit la folie des attentats qui tuent aveuglement des innocents... quand on constate que tant de jeunes sont laissés sur le carreau avant même de trouver un travail... il y aurait de quoi se décourager...

Mais la Parole de Dieu nous tourne vers l'avenir : « Ne songez plus au passé, voici que je fais un monde nouveau ! il germe déjà, ne le voyez-vous pas ? » (1° lecture). Saint Paul en est bien persuadé : « oubliant ce qui est en arrière, et lancé vers l'avant, je cours vers le but auquel Dieu nous appelle ». (2° lecture)

Nous tourner vers l'avenir, retrouver l'espérance, n'est-ce pas ce que permet Jésus avec cette femme que nous avons pris l'habitude d'appeler « la femme adultère », comme si elle n'était que cela... ? « Je ne te condamne pas » signifie : je ne t'enferme pas dans ton passé, je refuse de te réduire à la faute que tu as commise. Alors, « va, et désormais, ne pêche plus ! » Oui, c'est l'avenir de cette femme qui intéresse Jésus, plus que son passé.

J'ai longtemps regretté de ne pas connaître le nom de cette femme, comme on connaît celui de Zachée ou de Marie-Madeleine... Puis je me suis dit : si elle ne porte pas de nom, il y a peut-être une raison... et même deux !

La première, c'est que cette femme ne porte pas de nom précisément parce que ça peut être chacun, **chacune d'entre nous.** Nous pouvons nous mettre à sa place. Je sais bien que nous avons plutôt l'habitude de nous mettre de l'autre côté, du côté de ceux qui veulent la punir et qui se rendent compte qu'ils ne peuvent pas lui jeter la première pierre... Mais justement, Jésus leur fait découvrir qu'ils sont tous pécheurs... comme elle. A chacun d'entre nous, le Christ dit aujourd'hui : « moi non plus, je ne te condamne pas, va et ne pêche plus ! » Le passé, c'est le passé : Dieu nous ouvre un avenir. Cette femme, Jésus la croit capable de ne plus pêcher ! Eh bien nous, c'est pareil : Jésus nous croit capable de changer ! C'est ce qui nous permet d'affirmer que nous croyons en un Dieu qui croit en nous : Dieu croit que nous pouvons changer ! C'est en ce sens que Dieu croit en l'homme.

Mais il y a peut-être une seconde raison pour laquelle cette femme ne porte pas de nom. C'est peut-être parce qu'**elle représente l'humanité toute entière**. Dans la Bible, autour du thème de l'alliance, on voit Dieu reprocher à son peuple de s'être prostitué, de l'avoir trompé... La femme adultère, n'est-ce pas cette humanité que Dieu aime mais qui oublie Dieu, qui vit comme si Dieu n'existait pas, qui se donne au dieu argent, au dieu marchandise ? N'est-ce pas cette humanité qui ne sait pas partager et qui laisse la moitié des êtres humains dans le dénuement ? N'est-ce pas cette humanité infidèle à l'alliance et dont le péché est exactement le même que celui du peuple de la Bible : l'idolâtrie et l'injustice ? Infidélité à l'alliance avec Dieu : c'est l'idolâtrie ; infidélité à l'alliance entre nous : c'est l'injustice.

Eh bien, la Bonne Nouvelle, c'est que le Christ n'est pas venu pour condamner cette humanité, mais pour la sauver. La Bonne Nouvelle, c'est que le Christ dit aujourd'hui à l'humanité entière : « je ne te condamne pas, va et ne pêche plus ! » C'est quand on est aimé qu'on a envie de changer, comme Zachée ou comme cette femme. Le Christ ne nous fait pas la morale, il se contente de ne pas nous enfermer dans le passé et de nous annoncer qu'un autre avenir est possible : « voici que je fais un monde nouveau, il germe déjà : ne le voyez-vous pas ? »

Ce monde nouveau, il germe, oui, dans tous les gestes de solidarité, dans tous les engagements, dans tous les partages pour débarrasser le monde de la faim et de la misère, en s'attaquant aux causes, en agissant ici et là-bas pour que ça change. Vous allez penser que ce n'est pas grand chose, un chèque dans une enveloppe, une soirée bol de riz, et pourtant... n'est-ce pas l'expression de notre conversion ? N'est-ce pas notre participation à ce monde nouveau qui a commencé avec la mort et la résurrection du Christ ? N'est-ce pas nous tourner vers l'avenir que Dieu nous offre et retrouver l'espérance en accueillant la bonne nouvelle de son amour ? Rendons grâce à Dieu qui nous croit capables de changer ! Rendons grâce à Dieu qui ne désespère pas de l'humanité ! Rendons grâce à Dieu qui nous croit capables de construire avec lui un monde nouveau.

5° dimanche de Carême C – 21 mars 2010

5. LE JEUNE HOMME RICHE

Mc 10, 17-30

« Le jeune homme riche », c'est ainsi qu'on l'appelle depuis toujours. C'est un récit fascinant :

- Fascinant parce que Jésus demande l'impossible, et c'est ça qui est attirant ! La radicalité de l'Evangile… : va, vends, donne, viens, suis-moi !
- Fascinant à cause du regard de Jésus qui se prit à l'aimer !
- Fascinant parce que, finalement, ce jeune homme repart tout triste et parce que Jésus, avec son regard d'amour, n'a pas réussi à en faire un disciple, Jésus le laisse partir…
- Fascinant parce que les disciples de Jésus comprennent très bien que cette histoire nous concerne tous : « mais alors qui donc peut être sauvé ? »

Comment Jésus ne serait-il pas touché par cet homme qui court vers lui et se met à genoux ? Et pourtant, il a tout faux dans sa question ! Il oublie que Dieu seul est bon, il dit tout le temps JE, un JE solitaire, sans relation, il demande quoi faire mais pas comment être, il parle d'avoir la vie éternelle comme un bien dont on hérite, un bien qui s'ajouterait aux grands biens qu'il possède déjà mais qui en réalité le possèdent…

Alors, Jésus l'oriente d'abord vers Dieu : « Dieu seul est bon ! » Puis, il l'oriente vers les autres en ne citant que les commandements de la « deuxième table du Décalogue », ceux qui concernent notre relation avec autrui. Mais lui reste enfermé dans son JE : tout cela, il l'observe depuis sa jeunesse ! Oui, mais voilà, la vie éternelle, cela ne s'achète pas en observant des commandements !

Pourtant, c'est à ce moment là que Jésus « pose sur lui son regard et se mit à l'aimer ». Voilà la relation personnelle, amoureuse, qui s'établit. Il est gâté, le jeune homme ! Et il entend cette phrase qui s'adresse aussi à nous aujourd'hui : **« une seule chose te manque ».** Quelle est cette chose qui lui manque ? N'est-ce pas plutôt quelqu'un ?

Une seule chose te manque ! Cela fait penser à la parole de Jésus à Marthe : « tu t'agites pour beaucoup de choses, une seule est nécessaire ! » Ce qui nous manque, le seul nécessaire, ce n'est pas des choses à faire, ni des commandements à observer, ni une chose qu'on peut posséder, acheter, hériter ! Ce qui nous manque, le seul nécessaire, c'est quelqu'un qui pose son regard sur nous et qui nous aime, c'est le Christ ! Et il s'offre à nous.

Voilà notre trésor : notre relation d'amitié avec le Christ, celui qui nous fait vivre éternellement, dès aujourd'hui. Alors, qu'est-ce qui nous empêche de le suivre ? Tout ce qui nous encombre... tout ce qui empêche la relation.

Savez-vous quel est le passage qui précède notre texte, dans l'Evangile de Marc ? C'est Jésus avec les enfants et cette parole : « Celui qui n'accueille pas le Royaume de Dieu à la manière d'un enfant, n'y entrera pas. » Parce que les enfants savent recevoir et demander. Le contraire du riche autosuffisant, c'est l'enfant. Car l'enfant sait que, tout seul, il ne peut rien faire, il compte sur les autres, il est spontanément en relation.

C'est vrai : il est impossible aux hommes de se sauver tout seuls. Mais s'ils s'ouvrent, s'ils tendent la main, ce que nous allons faire tout à l'heure au moment de la communion, alors « tout est possible à Dieu ». C'est lui qui fera des merveilles en nous. Et entre nous. Tout est possible à Dieu parce que Dieu est relation, Dieu est amour.

28° dimanche B - 14 octobre 2012

6. LA SAMARITAINE : le don de Dieu.

Jn 4, 5-42

(Ro 5,1-2+5-8)

« Si tu savais le don de Dieu... » Avec la Samaritaine, nous sommes invités à méditer sur le don de Dieu, sur le don que Dieu nous fait pour que les hommes étanchent leur soif.

Quelle est cette eau vive dont parle Jésus ? Et comment peut-elle être en nous source jaillissante pour la vie éternelle ? Mais de quoi avons-nous soif ? Oui, quelle est notre soif ? Nous qui avons l'eau à notre disposition, en abondance, sans avoir à aller la chercher, la puiser, la rapporter... quelle est notre soif ? Nous avons soif de bonheur, de liberté, de convivialité... Qu'est-ce que Jésus peut pour nous ?

Notre société nous propose surtout des objets pour satisfaire notre soif, mais nous savons bien que nous ne sommes pas faits pour des objets...

« Si tu savais le don de Dieu... » Le connaissons-nous, ce don de Dieu ? Peut-être pensez-vous à Jésus : à Noël, nous avons glorifié Dieu qui nous donne son fils, nous avons dit que c'était un cadeau de Dieu et ce cadeau, il nous le refait à chaque eucharistie... C'est vrai ! Mais Jésus, ici, ne parle pas de Lui.

C'est saint Paul qui nous donne la réponse dans la lecture d'aujourd'hui : « l'Amour de Dieu a été répandu dans nos cœurs par l'Esprit-Saint qui nous a été donné ». (Ro 5/5)

Le don de Dieu, c'est l'Esprit-Saint, Esprit d'amour qui a été répandu dans nos cœurs. Les évangiles de ces dimanches préparent les catéchumènes à leur baptême la nuit de Pâques. Et il s'agit pour eux de se préparer à recevoir le don de Dieu, c'est-à-dire l'Esprit Saint, l'Amour de Dieu. D'où l'image de l'eau vive. C'est l'eau du Baptême, mais Jean le baptiseur nous a dit que celui qui venait après lui nous baptiserait dans l'eau et dans l'Esprit.

C'est l'Esprit Saint qui est, en nous, source jaillissante pour la vie éternelle, car l'Esprit-Saint, c'est le lien d'amour entre Jésus et son Père. Et ce lien d'amour, Dieu nous le donne pour que nous vivions par lui, avec lui et en lui, aujourd'hui et pour l'éternité.

Faisons comme la Samaritaine et laissons-nous rencontrer par le Christ pour accueillir le don de Dieu, l'Esprit-Saint, l'Amour de Dieu qui a été répandu dans nos cœurs par le Baptême, mais dont la source s'est peut-être tarie à force d'être oubliée…

Faisons comme la Samaritaine, faisons-nôtre sa prière : « Seigneur, donne-moi cette eau vive ! » Laissons le Seigneur faire la vérité sur nos vies. Comme la Samaritaine, nous préférons parler religion pour éviter de parler de nos vies, mais le Christ et l'Evangile nous renvoie toujours à notre vie. Pas pour nous enfoncer, mais pour rendre notre vie plus belle.

Faisons comme la Samaritaine : allons raconter aux gens de chez nous ce que le Christ a fait pour nous. C'est cela « rendre témoignage ». Et peut-être que certains inviteront le Christ à demeurer chez eux pour recevoir à leur tour le don de Dieu, l'amour de Dieu, l'Esprit de Dieu.

3° dimanche de Carême A – 24 février 2008

7. L'OBOLE DE LA VEUVE : une belle « révision de vie »

Mc 12, 41-44

(1R 17,10-16)

Vous avez sans doute entendu parler de ces équipes qui font « révision de vie ». Vous vous êtes peut-être demandé de quoi il s'agissait... Vous avez raison car ce n'est pas réservé à quelques-uns. Cette page de l'évangile de Marc est un belle « révision de vie » !

La révision de vie, ça part de la vie : un événement qui nous a marqués, une situation qui nous a touchés, une action qui nous tient à cœur ou une rencontre qu'on ne peut oublier. Apparemment, rien de religieux : la vie, toute simple, la vie quotidienne. Ici, l'événement se passe au temple : la religion, ça fait aussi partie de la vie ! Mais ça pourrait se passer ailleurs, dans le métro ou dans l'escalier d'un immeuble, quand on fait une collecte après le décès d'une voisine.

Tout commence par un récit : on raconte ce qu'on a vécu avec d'autres. Parce qu'on croit que Dieu s'intéresse à notre vie, si petite soit-elle, si banale soit-elle. Parce qu'on croit que c'est dans notre vie que Dieu nous appelle, que c'est dans notre vie que nous répondons à cet appel de Dieu, que c'est dans notre vie ordinaire que nous pouvons aussi rencontrer le Christ vivant. Après, c'est tout simple : voir, juger, agir.

D'abord VOIR : « *Jésus regardait la foule déposer de l'argent dans le tronc* ». Arrêtons-nous sur ce regard de Jésus. Pour remarquer cette pauvre veuve qui jette deux piécettes dans le tronc, il a fallu que le regard de Jésus soit un regard très attentif : Jésus fait attention aux personnes. Dans la foule, il distingue chacun qui est unique. Il est attentif à cette femme, à ce qu'elle est, à ses conditions de vie : c'est une veuve et elle est pauvre, comme la veuve de Sarepta rencontrée par le prophète Elie et que Jésus connaît par les Ecritures (1° lecture). Mais le regard de Jésus n'est pas seulement un regard attentif à la vie, c'est un regard plein d'amour pour les plus petits, un regard qui discerne ce qu'il y a de meilleur en l'homme, un regard qui sait admirer ce dont l'être humain est capable, parce qu'il est image de Dieu.

Après le voir, le JUGER : Jésus porte un jugement sur ce qu'il voit, et il dit ce qu'il pense ! Et ce qu'il pense va à l'encontre du sens commun. Dire de cette pauvre veuve que c'est elle qui a mis « plus que tout le monde » dans le tronc, c'est aller à l'encontre de notre manière de voir habituelle. Quand on fait révision de vie, après avoir regardé attentivement ce qui s'est passé, on essaye aussi de porter un jugement – non pas pour condamner, mais pour dire ce qu'on en pense... à la lumière de l'Evangile. Quelquefois, il faut dépasser notre jugement spontané, et c'est pour cela qu'il y a débat. Mais si on se met à l'école de Jésus, si on essaye de penser selon l'esprit de l'Evangile, le jugement qu'on va porter sera bien différent. Le jugement de Jésus se résume en quatre mots : *« elle a tout donné »*. Comme Dieu lui-même. Jésus reconnaît en cette femme la manière de faire de Dieu, un Dieu qui donne tout, un Dieu qui se donne. Jésus se reconnaît en elle. D'autant que Jésus ajoute : « tout ce qu'elle avait pour vivre », mais le texte grec dit : « olon ton bion » c'est-à-dire *« toute sa vie »*. Nous aussi, quand nous faisons révision de vie, nous reconnaissons l'Esprit de Jésus à l'œuvre dans la vie des personnes dont nous avons parlé.

Enfin, après le Voir et le Juger, il y a l'AGIR : Une vraie révision de vie, c'est comme un vrai pèlerinage, on ne peut pas en revenir comme avant. On est interpellé, bousculé, transformé. Ca libère en nous ce que nous avons de meilleur, on a envie de suivre le même chemin. Quand Jésus regarde cette femme qui a tout donné, il se sent appelé lui aussi à « tout donner», à donner « toute sa vie ». L'agir de Jésus, ce sera de tout donner sur la Croix. Et quand on donne tout, comme cette pauvre veuve, cela veut dire qu'on s'abandonne entre les mains de Dieu. Et c'est cet abandon entre les mains de Dieu, dans la confiance, qui ouvre, pour elle comme pour Jésus, un chemin de vie.

Nous, c'est pareil. Tout au long de notre vie, nous apprenons à donner, à nous donner, à tout donner. Et, comme Jésus, lorsque nous aurons tout donné, ce sera lorsque nous nous serons abandonnés entre les mains de Dieu : « Entre tes mains, Père, je remets mon Esprit ». Seule cette confiance dans le Père qui nous aime peut nous permettre de tout donner, avec Jésus. Amen.

32° Dimanche B - 8 novembre 2009

8. LA PECHERESSE AU PARFUM

Lc 7,36-50

(2 Sam 12, 7-13 ; Ga 2, 19-21)

Cet évangile met en scène trois personnages : un pharisien, une femme et Jésus.

- Le pharisien, nous apprendrons qu'il s'appelle Simon, c'est quelqu'un qui observe la loi, un juste, et la loi lui commande de ne pas fréquenter les pécheurs qui sont impurs, afin de rester lui-même pur.
- La femme, nous ne connaissons pas son nom, mais elle est connue comme étant une pécheresse, c'est-à-dire quelqu'un dont la vie n'est pas conforme à la loi. On n'en sait pas plus... (alors que l'évangile de Jean attribue ce geste à Marie, la sœur de Lazare et de Marthe).
- Jésus, lui, est perçu comme un prophète, y compris par Simon qui l'a invité à sa table.

Ces trois personnages sont bien repérables : il y a le juste, la pécheresse et le prophète. Logiquement, ils ne devraient pas se rencontrer ! Le juste ne fréquente pas les pécheurs à cause de la loi et le prophète doit se conduire comme un juste.

Mais les choses ne se passent pas comme prévu : voilà que le prophète accepte de se laisser toucher par une pécheresse ! De deux choses l'une : ou il est prophète et il sait bien que cette femme est une pécheresse, mais dans ce cas, il ne se conduit pas comme un prophète devrait se conduire ; ou il ne sait pas qui est cette femme, et dans ce cas, ce n'est pas un vrai prophète !

Je vous invite à contempler Jésus, visage humain de Dieu : il se laisse toucher, aimer, embrasser, caresser par cette femme. Les autres ne voient en elle qu'une pécheresse, mais lui, Jésus, admire d'abord ce qu'elle est capable de donner dès lors qu'elle n'est pas rejetée, dès lors qu'elle se sait pardonnée.

Qu'est-ce qu'un prophète ? C'est un envoyé de Dieu, un porte-parole de Dieu. Mais de quel Dieu ? Jésus se veut le porte-parole de son Père qui est un Dieu bon et miséricordieux, un Dieu qui pardonne comme il a pardonné au roi David (1° lecture).

Et plus on est pécheur, plus le pardon est bouleversant. La petite parabole que Jésus raconte à Simon est simple : tout le monde est débiteur envers Dieu parce que tout le monde est pécheur, même Simon... Dès lors qu'on se sait pardonné et qu'on accueille ce pardon dans la foi, plus on est pécheur, plus on est pardonné et plus on est pardonné, plus on est reconnaissant envers Dieu.

C'est parce qu'elle se sent pardonnée que cette femme manifeste tant d'amour : cet homme est vraiment un prophète de l'amour de Dieu puisqu'il ne la rejette pas ! Ce parfum qu'elle répand sur ses pieds exprime sa gratitude envers celui qui révèle et qui manifeste le pardon de Dieu. « Tes péchés sont pardonnés ! » lui dit Jésus, mais elle le savait déjà puisque Jésus ne l'avait pas rejetée. Ce sont les autres qui ne le savaient pas.

Chez Luc, cette femme n'a pas de nom. Cela veut dire qu'elle peut être n'importe lequel d'entre nous... Et c'est donc à nous aussi que Jésus peut dire « Ta foi t'a sauvée, va en paix ! » Mais peut-être aussi que, si elle n'a pas de nom, cette femme représente l'humanité toute entière : une humanité pécheresse, certes, non ajustée à l'amour de Dieu, mais une humanité dont Jésus admire toute la capacité d'aimer. Et si nous portions sur l'humanité d'aujourd'hui ce regard de Jésus qui ne rejette pas, qui admire l'amour dont cette humanité est capable ?!

Ce qui sauve cette femme, ce n'est pas son obéissance à la loi, c'est sa foi, sa foi en l'amour miséricordieux d'un Dieu qui pardonne. Ce qui nous sauve, ce n'est pas notre obéissance à la loi, nous dit Paul : « personne ne devient juste en pratiquant la loi ». Ce qui nous sauve, c'est Jésus qui nous rend juste en nous pardonnant et qui nous « ajuste » à la volonté du Père.

Pour cela, il nous faut changer notre regard sur nous-mêmes et sur les autres :

- Sur nous-mêmes : je ne suis pas plus juste que les autres, j'ai moi aussi besoin de me reconnaître pécheur et pécheur pardonné,

- Sur les autres : méfions-nous de toutes les étiquettes que nous mettons sur les gens et qui risquent de les enfermer : ils sont tous aimés de Dieu, alors, gardons-nous de les rejeter ! C'est quand ils ne sont pas rejetés que les hommes – et les femmes – révèlent l'amour de Dieu en eux.

Quand nous communions au Corps du Christ, nous communions à son amour pour tous les hommes. Dans la mesure où nous refusons toutes les exclusions, tous les rejets, tous les racismes, nous pouvons dire comme Paul : « c'est le Christ qui vit en moi. »

11° dimanche C - 16 juin 2013

9. ZACHEE

Luc 19, 1-10

Je vous propose de relire cette page d'Evangile en nous identifiant d'abord à Zachée parce quelque part nous lui ressemblons, puis à Jésus, parce que nous sommes appelés à lui ressembler...

D'abord, mettons-nous à la place de Zachée.

Bien sûr, nous ne sommes pas riches comme lui, nous n'avons pas la belle situation qui lui permettait de se faire beaucoup d'argent grâce à ses relations avec l'occupant romain. Mais justement, si Zachée a été sauvé, nous avons toutes nos chances ! Il était pécheur, nous aussi !

J'ai connu un catéchumène qui butait sur cette page d'Evangile, il ne pouvait pas croire qu'un riche puisse se convertir. De tous les miracles de Jésus, c'était le seul qu'il refusait de croire : impossible ! Jusqu'au jour où il a compris que sa propre conversion était aussi miraculeuse que celle de Zachée ! Zachée est un pourri, mais quelque part, il y a du pourri en nous. Et le fils de l'homme est venu chercher et sauver ce qui est pourri.

Mais Zachée n'était pas que pourri... Il voulait voir qui était Jésus. Et comme il était de petite taille, il en prend les moyens : il court en avant et grimpe sur un arbre ! Il y a chez Zachée un désir de Jésus qui le sauve déjà.

Et nous ? Quel est notre désir de rencontrer le Christ ? Quels moyens prenons-nous pour ça ? Bien sûr, si nous sommes là ce matin, c'est parce que nous sommes sortis de chez nous, comme Zachée, nous avons pris les moyens de la rencontre, mais allons-nous attendre dimanche prochain pour rencontrer à nouveau le Christ ? Quel est notre désir de le rencontrer ? Dieu a besoin de notre désir pour nous rencontrer et nous sauver. Et il a besoin que nous prenions les moyens de la rencontre : ouvrir l'Evangile, prendre un temps pour prier, accueillir l'étranger... C'est tous les jours que Jésus nous dit : « aujourd'hui, il faut que j'aille demeurer chez toi ».

La rencontre avec le Christ, c'est la rencontre de notre désir de lui et de son désir de nous. La communion eucharistique est le lieu privilégié de cette rencontre : c'est Jésus qui vient demeurer chez nous, en nous.

Demeurer... Cela n'est possible que si, comme Zachée, nous acceptons que cette rencontre avec Jésus change quelque chose dans notre vie. Le salut nous est offert, mais encore faut-il l'accueillir par notre conversion. Si le salut est arrivé pour Zachée, c'est bien parce que Jésus est venu chez lui, mais c'est aussi parce que Zachée s'est converti. Et nous ? Quelle conversion vivons-nous ? Qu'est-ce que ça change dans nos vies d'accueillir le Christ chez nous ? Peut-être que notre conversion, ce serait de ressembler davantage à Jésus...

Justement, mettons-nous maintenant à la place de Jésus.

Pensez à tous les Zachée qui nous entourent ! A tous ceux que nous considérons comme pourris ! A tous ceux dont nous jugeons la conversion impossible parce que ces gens-là, « on ne peut rien en faire »... Et si nous changions notre regard sur eux...

Et si, comme Jésus, on se mettait à croire que tout le monde peut changer parce que tout le monde est un fils d'Abraham, c'est-à-dire un enfant de Dieu, aimé de Dieu ?

Mais allons encore plus loin. La grande surprise de l'histoire de Zachée, ce n'est pas ce que Jésus lui dit, c'est ce que Jésus ne lui dit pas : pas un reproche, pas le moindre sermon ! La logique aurait voulu que Jésus s'arrête sous l'arbre, fasse descendre Zachée et lui passe un « sacré savon ». Et qu'il lui dise : tu changes de conduite, tu partages, tu rembourses, et alors je viendrai chez toi. Mais non... ça, c'est notre manière de faire à nous...

Quand quelqu'un se conduit mal autour de nous, nous croyons devoir dénoncer, faire des reproches, avoir avec lui une « franche engueulade » et parfois aller jusqu'à la rupture : « je ne te connais plus... tu n'es plus ma fille... » Comme si ça aidait les gens à changer ! Mais Jésus nous fait comprendre que c'est l'amour qui fait changer Zachée. C'est parce que Zachée se découvre aimé – malgré son péché – qu'il a envie de répondre à cet amour en changeant de vie.

Si nous voulons aider les autres à changer, sachons d'abord les aimer comme Jésus, sans les juger, sans les condamner, sans leur faire la morale. Il n'y a que l'amour qui sauve. Nous-mêmes, si nous avons changé, c'est chaque fois que nous avons été aimés, et non pas chaque fois que nous avons été sermonnés. Rendons grâce à Dieu qui veut demeurer chez nous, mais aussi chez tous les Zachée qui nous entourent !

31° dimanche C – 3 novembre 2013

10. MARTHE ET MARIE

Lc 10, 38-42

(Gen 18,1-10)

Il y a trois manières d'entendre cette page d'Evangile.

La première, spontanée, scandalisée ! Quoi ? Celles qui se payent tout le boulot, les obscures, les sans-grades, les discrètes, qui passent leur vie à servir, à nettoyer, à frotter, à préparer, à cuisiner, elles se font rabrouer par Jésus qui fait l'éloge de la paresse ! C'est trop fort ! Du coup, ce texte rejoint quelques autres qui nous gênent, qu'on préfère oublier. Mais on oublie alors que l'Evangile est d'autant plus intéressant pour nos vies qu'il nous prend à contre-pied, à rebrousse-poil. Parce qu'alors, il peut nous apporter du neuf, nous faire grandir. Plus l'Evangile nous surprend, plus nous devons l'écouter avec attention, l'accueillir comme la parole d'un Autre qui nous surprend toujours.

La deuxième manière d'entendre ce récit est plus traditionnelle. Marthe et Marie représentent les deux vocations de l'Eglise qui sont aussi les deux formes de vie religieuse : l'action et la contemplation, mais avec une prime pour la vie contemplative qui serait supérieure. L'Eglise a fait de Marthe et Marie deux saintes, mais il y en a une qui serait plus sainte que l'autre parce qu'elle a pris « la meilleure part ». Mais alors, on isole ce récit de tout l'Evangile et même de la Bible. On oublie que ce passage fait suite à l'Evangile du Bon Samaritain (que nous avons écouté dimanche dernier) qui se fait proche d'un homme blessé à travers plusieurs actions, à travers un « faire ». On oublie que Jésus a voulu prendre la place du serviteur et qu'il a lavé les pieds de ses disciples en nous disant de faire de même entre nous. On oublie la parole de Jésus : « ce ne sont pas ceux qui disent Seigneur, Seigneur, qui entreront dans le Royaume des cieux, mais ceux qui font la volonté de mon Père. » Et puis, on a d'autant plus de mal à comprendre que Marthe ne fait pas autre chose qu'Abraham quand il a accueilli ces trois étrangers : de fait, l'hospitalité demande beaucoup de choses à faire !

Mais il y a une troisième manière de comprendre ce récit de Marthe et Marie que je vous propose. Je crois que cet Evangile veut nous faire comprendre que tout ce que nous faisons pour Dieu est beaucoup moins important que ce que Dieu fait pour nous.

Nous sommes comme Marthe : nous nous démenons pour le Christ, pour l'Eglise, pour les autres, comme si nous voulions gagner notre ciel à travers tout ce que nous faisons, avec l'idée que plus nous en faisons, plus nous serons proches de Dieu. De son côté, Dieu nous envoie sa Parole, son « verbe », et que souhaite-t-il sinon que nous l'écoutions ? « Celui-ci est mon fils bien-aimé, écoutez-le ! » Ce ne sont pas nos actions qui sont en cause, mais notre activisme. Bien sûr, la Parole de Dieu est à mettre en pratique, mais elle est d'abord à écouter, sinon, comment la mettrons-nous en pratique ? Ce qui nous sauve, ce ne sont pas nos mérites, nos actions, nos dévotions, mais c'est l'amour gratuit de Dieu.

Jésus nous dit peut-être ceci aujourd'hui : tu t'agites, tu cours tout le temps, tu es très occupé par un tas de choses très importantes... mais arrête-toi un peu, prends le temps de t'arrêter sinon tu vas passer à côté de l'essentiel. Assieds-toi et prends le temps d'écouter... Sinon, tu ne sauras plus pourquoi tu cours comme ça, pourquoi tu fais tout ça... ou plutôt pour qui tu les fais.

16° dimanche C – 21 juillet 2013

-IV-

LES MIRACLES DE JESUS

1. Les noces de Cana.
2. La belle-mère de Simon.
3. La guérison du lépreux.
4. La multiplication des pains.
5. La tempête apaisée.
6. Bartimée : cris des hommes et appels de Dieu.
7. Le paralysé de Capharnaüm.
8. Un sourd-muet : ouvre-toi !
9. L'aveugle de naissance et la piscine de Siloë.
10. La résurrection de Lazare.

1. LES NOCES DE CANA

Jn 2,1-11

(Is. 62,1-5)

C'est le « commencement des signes que Jésus accomplit ». Le début de son ministère. On dit souvent le premier miracle, mais Jean dit : le premier signe que Jésus a fait. Et pourtant, son heure n'était pas encore venue...

Curieux quand même, ces noces où l'on ne sait rien des mariés... L'évangéliste braque le projecteur sur les invités : « la mère de Jésus » – c'est naturellement Marie, mais son nom n'est pas cité. Le seul nom qui est cité, c'est Jésus, qui était « invité lui aussi au repas de noces avec ses disciples ».

Il y a deux manières de lire ce texte.

La première est toute simple : Jésus est invité à un repas de noces. Il avait non seulement des disciples, mais aussi des amis. Cana n'est pas loin de Nazareth où il a grandi. Et de même que Jésus a partagé nos épreuves, il a aussi partagé nos joies et nos fêtes. Quand des gens se marient, ils prennent parfois cet Evangile pour dire qu'eux aussi veulent inviter Jésus à leurs noces.

Et non seulement Jésus est invité, mais, grâce à sa mère, il permet que la fête soit réussie ! Le changement d'eau en vin semble exprimer de manière toute simple que Jésus veut notre bonheur, il veut qu'on soit heureux ensemble comme on est heureux à un repas de noces.

Mais il y a une autre manière de lire ce texte. C'est de le lire à la lumière de la première lecture, du prophète Isaïe : « Comme un jeune homme épouse une jeune fille, celui qui t'a construite t'épousera ».

Si Jésus est invité avec ses disciples, c'est que nous sommes nous aussi invités ! « Heureux les invités au repas du Seigneur ! » Cette parole de la messe reprend celle de saint Jean dans l'Apocalypse : « Heureux ceux qui sont invités au festin des noces de l'Agneau ! » (Ap 19,9) Le repas du Seigneur, la messe, c'est un repas de noces ! C'est le repas de « l'alliance nouvelle et éternelle ». A chaque messe, nous célébrons ce que la Bible appelle « les noces de l'Agneau ». Avec qui ? Avec son peuple ! Jésus se présente comme l'Epoux, celui qui aime et qui épouse son peuple, son Eglise. Il donne sa vie pour elle. Son « corps livré pour nous » évoque la manière dont l'époux et l'épouse se donne l'un à l'autre. Quant au sang versé, c'est justement « le sang de l'Alliance nouvelle et éternelle » et ce n'est pas un hasard si c'est sous la forme du vin. Quand la Bible veut évoquer la fin des temps, l'avènement définitif du Royaume de Dieu, elle utilise l'image du festin auquel est associé le bon vin, bien sûr.

Mais alors, qu'est-ce que cela signifie pour nous ?

Cela veut d'abord dire qu'avec Jésus, les temps nouveaux sont arrivés, et ce sont les derniers temps ! On passe de l'Ancienne Alliance à la Nouvelle Alliance et cela veut dire que nous devons nous aussi passer du vieil homme à l'homme nouveau. Sinon, la fête va être gâchée, il n'y aura plus de vin.

Le changement d'eau en vin symbolise le changement apporté par Jésus : il vient ouvrir pour nous et pour l'humanité une fête sans fin, où règne la joie de ceux qui s'aiment comme Jésus nous a aimés. Le bon vin, c'est l'amour qui vient de Dieu. Les noces de Cana disent que cet amour de Dieu manifesté en Jésus est une force de changement, de transformation, de résurrection.

Mais nous savons que ce changement se vit dans le temps, dans l'histoire : nous n'avons pas trop de toute notre vie pour changer, et le monde lui-même change, mais a du mal à devenir plus humain... Il y a encore beaucoup de manque dans nos vies et dans la vie du monde. Sachons, comme Marie, la mère de Jésus, présenter au Christ nos besoins et les besoins du monde et « faire ce qu'il nous dira », c'est-à-dire mettre en pratique sa parole qui est Parole de Dieu. Nous ne changerons pas sans lui, mais si nous lui faisons confiance, il nous permettra de changer nous aussi comme il a changé la vie de millions de gens qui l'ont rencontré. Comme il a changé l'eau en vin.

2° dimanche C - 14 janvier 2007

2. LA BELLE-MERE DE SIMON

Mc 1, 29-39

(Jb 7, 1-4 + 6-7 ; 1 Co 9, 16-23)

Ce que Jésus a fait pour la belle-mère de Simon, il le fait pour chacun de nous, il le fait pour chacun des malades qui vont recevoir l'onction des malades au cours de cette messe, il le fait pour l'humanité toute entière. Il s'approche de nous, il nous prend par la main, il nous fait lever.

Jésus s'approche de nous :

Il se fait notre prochain. Comme le bon samaritain s'était fait proche de l'homme blessé sur la route. Jésus se fait notre prochain. S'approcher, c'est se faire proche. La Bonne Nouvelle que Jésus annonce, de village en village, c'est que Dieu est proche de nous. Au point de venir chez nous, de se faire l'un de nous. Pour être toujours avec nous.

Dans l'eucharistie que nous célébrons, Jésus se fait proche de nous : il frappe à la porte de notre cœur et, si nous lui ouvrons, il vient chez nous et prend son repas avec nous. Pour être notre compagnon, surtout si nous sommes comme Job, épuisé, fatigué de la vie. Il vient partager la faiblesse des faibles, comme Paul. Et comme Paul, nous pouvons dire : « c'est quand je suis faible que je suis fort car la puissance de Dieu se déploie dans ma faiblesse. »

Jésus se fait proche de l'humanité d'aujourd'hui quand, à cause de Jésus, ou comme le dit Paul, à cause de l'Evangile, nous nous faisons proches des malades, des démunis, des étrangers, des petits, pour être au service de leur vie. Car nous sommes le Corps du Christ qui se fait proche d'eux.

Jésus nous prend par la main :

Vous connaissez la chanson d'Yves Duteil : « prendre un enfant par la main »... Ce beau geste que font tous les parents pour leurs enfants, nous le faisons à l'égard de tout malade, de toute personne qui a du mal à tenir debout...

A travers Jésus, c'est Dieu qui nous prend par la main. Surtout quand nous sommes malades, fatigués, faibles. Le Christ est celui qui nous donne la main, il est notre allié : on peut s'appuyer sur lui, il va assurer notre pas.

Jésus prend la main de toute l'humanité d'aujourd'hui quand, à cause de Jésus, nous tendons la main à tous les malades, à tous ceux qui sont faibles, aux enfants, pour assurer leur pas, pour marcher la main dans la maison avec eux, pour qu'ils ne se sentent plus jamais seuls.

Jésus nous fait lever :

Quand on est malade, on est couché, comme la belle-mère de Simon qui a la fièvre. Mais on peut aussi être couché, comme Job, parce qu'on n'en peut plus de la vie, de ces conditions de vie inhumaine, parce que la vie n'est qu'une corvée... Alors, Jésus qui s'est fait proche, qui nous a pris la main, nous fait lever. Comme le paralytique... Lève-toi et marche ! C'est le message de Jésus à chacun d'entre nous !

Faire se lever, c'est le langage de la Résurrection. Jésus nous veut debout parce que Dieu nous a créés pour que nous soyons des vivants, debout devant sa face. Ici bas et auprès de lui. Et quand l'heure sera venue pour nous de quitter cette terre, le Ressuscité viendra à notre rencontre, il sera de nouveau proche de nous, il nous prendra la main et il nous fera lever !

C'est notre espérance, parce qu'aujourd'hui, déjà, il nous relève. De notre péché. De notre découragement. De notre solitude.

Et c'est l'humanité entière qu'il appelle à se lever, à se relever, à ressusciter avec lui. Mais pour cela, il a besoin que nous nous fassions proches de tout homme dans sa faiblesse, que nous le prenions par main et que nous le fassions se lever.

5° Dimanche B - 8 février 2009

3. LA GUERISON DU LEPREUX

Mc 1, 40-45

Il y a deux manières de lire ce récit de la guérison du lépreux par Jésus.

Il y a une lecture spirituelle de cette guérison. La lèpre est le symbole de notre péché. Nous sommes tous des lépreux, donc des impurs. Jésus seul peut nous guérir de cette impureté. Il le veut. A chacun de nous, il dit : « je le veux, sois purifié ! » La question, c'est : et nous, le voulons-nous ? Est-ce que nous sommes dans l'attitude du lépreux qui tombe aux pieds de Jésus et qui lui dit : « Si tu le veux, tu peux me purifier ».

C'est le sens de la démarche pénitentielle qui commence toutes nos eucharisties : Seigneur, prends pitié de nous ! C'est aussi le sens de la parole que nous prononçons tous ensemble avant de communier : « Seigneur, je ne suis pas digne de te recevoir, mais dis seulement une parole et je serai guéri ». Cette lecture est juste. Elle nous interpelle. Mais elle n'est pas la seule.

Il y a aussi une lecture sociale de cette guérison qui peut nous interpeller encore davantage : une lecture sociale au sens où elle concerne les rapports humains dans la société. Nous avons écouté le Livre des Lévites qui nous rappelle que, dans la Loi ancienne, les lépreux étaient non seulement des malades, mais des impurs et donc des exclus. La maladie était la manifestation visible du péché. Il fallait donc sauvegarder sa pureté en refusant tout contact avec les impurs. Sinon, on ne pouvait plus entrer en relation avec Dieu qui est saint.

Du coup, la guérison du lépreux prend un tout autre sens. Ce n'est pas seulement comme la guérison de la belle-mère de Pierre qui avait la fièvre. Jésus étend la main et touche le lépreux. Jésus devient lui-même impur, il brave l'interdit, il brise la spirale de l'exclusion... Il nous révèle ainsi qu'on ne peut pas, qu'on ne peut plus, au nom de Dieu, rejeter celui qui souffre. Quel qu'il soit. Il n'y a pas d'exclus de l'amour de Dieu. Jésus fait passer l'amour avant la loi, les personnes avant les principes.

Les pestiférés d'aujourd'hui ne sont plus seulement les lépreux... Est-ce que nos lois morales, est-ce que nos grands principes, ne nous empêchent pas d'accueillir dans nos familles, dans nos communautés, les blessés de la vie et les blessés de l'amour ? Nous pouvons nous interroger sur notre attitude vis-à-vis des malades du sida, vis-à-vis des divorcés, vis-à-vis des homosexuels... J'ai trois frères et six belles-sœurs... Il a fallu du temps pour que mes parents accueillent chez eux la seconde femme de mes frères... Un jour, ils ont compris qu'ils se trompaient sur l'exigence de l'Evangile qui n'était pas une exigence d'exclusion (au nom d'un grand principe) mais une exigence d'accueil (au nom de l'amour des personnes).

Les deux lectures, spirituelle et sociale, de cette guérison, se rejoignent : par son attitude avec le lépreux, mais aussi avec les prostituées, la femme adultère ou le riche Zachée, Jésus nous libère, nous purifie, de cette impureté qui consiste à nous croire purs et à regarder les autres comme impurs. Puissions-nous, comme Jésus, toujours faire passer l'amour avant la loi. Car c'est l'amour des souffrants qui nous met en relation avec le Dieu que nous révèle Jésus : le Père de tous les hommes.

6° dimanche ordinaire B – 15 février 2012

4. LA MULTIPLICATION DES PAINS

Mt 14, 13-21

Nous connaissons bien cette page d'Evangile. Je vous propose de la relire ensemble en nous arrêtant à quelques expressions...

JESUS PARTIT... Vous l'avez remarqué, Jésus ne tient pas en place, il bouge tout le temps, « il n'a pas où reposer sa tête » dit un évangile... Et nous, les disciples, il nous faut le suivre... Jésus part, mais il a de bonnes raisons de partir : il vient d'apprendre la (mauvaise) nouvelle de l'exécution de Jean-Baptiste... Encore un prophète assassiné... Il sait ce qui l'attend... et il a besoin de prendre du recul. Où part-il ?

AU DESERT, A L'ECART. Le désert, c'est là où il n'y a rien, donc où l'on peut retrouver l'essentiel. Mais le désert, c'est aussi les 40 années passées par les hébreux après leur libération de l'esclavage en Egypte. Le désert, c'est là où Dieu en a fait un peuple, son peuple, en lui donnant la Torah, sa Loi, sa Parole et en le nourrissant avec la manne.

LES FOULES QUITTENT LEUR VILLE. Aujourd'hui, quand les foules quittent leur ville pour partir en vacances, cela fait des kilomètres d'embouteillages... Que cherchaient les foules en suivant Jésus, après avoir perdu Jean Baptiste ? Que cherchent les foules qui se pressent sur les autoroutes et sur les plages ?

IL VOIT UNE GRANDE FOULE DE GENS ET FUT SAISI DE PITIE POUR EUX. Sœur Jeanne d'Arc, grande bibliste, traduit : « il fut remué jusqu'aux entrailles pour eux ». La liturgie dit « pitié ». Les modernes disent « compassion ». L'hébreu parle des tripes. Jésus est remué jusqu'aux entrailles, il en a les tripes à l'envers. Matthieu ne nous dit pas pourquoi, mais Marc le précise : « parce qu'ils étaient comme des brebis sans berger ». Jean le Baptiste a été éliminé... vers qui vont-ils se tourner ? Jésus qui est touché fait ce qu'il fait depuis le début de son ministère : il enseigne et il guérit... C'est sa manière d'aimer les gens.

LE SOIR VENU... Cela a dû durer toute la journée. « Le soir venu... », cela m'a rappelé Emmaüs : le soir vient (c'est la même expression), il se fait tard... Jésus se laisse inviter par les deux disciples pour rester avec eux et partager le repas. Ici aussi, Jésus veut rester avec les foules et partager leur repas...

QU'ILS AILLENT S'ACHETER A MANGER. Jésus se rappelle sans doute ce passage d'Isaïe : « Vous n'avez pas d'argent : venez acheter et consommer sans rien payer ! » En ces temps où l'on parle beaucoup du pouvoir d'achat, ça fait rêver ! Mais Jésus sait que les dons de Dieu sont gratuits et il est venu annoncer le Royaume de Dieu où règne l'abondance. En ce temps de vacances, nous faisons nous aussi l'expérience de la gratuité des dons de Dieu : en montagne, nous buvons l'eau des sources qui jaillit en abondance pour tout le monde, sans qu'on n'ait rien à payer, et sur les plages, la mer est à tout le monde sans qu'on ait besoin de payer... Voilà pourquoi Jésus refuse de renvoyer la foule pour que les gens aillent s'acheter à manger.

DONNEZ LEUR VOUS-MEMES A MANGER. Jésus veut impliquer ses disciples, il veut nous impliquer ! Nous sommes responsables ! De la faim dans le monde et de la faim spirituelle des hommes. Mais comment faire pour nourrir les foules ?

APPORTEZ CE QUE VOUS AVEZ. Le peu que vous avez, acceptez de le partager en l'apportant à Jésus, en le mettant en commun. Vous allez voir : le partage, ça fait des miracles ! Nous le savons bien quand nous faisons une collecte pour une famille à qui il est arrivé malheur. Mais il y a aussi la sécurité sociale, un système que beaucoup de pays nous envient car c'est un partage entre tous qui fait des miracles.

IL PRIT, IL BENIT, IL ROMPIT ET IL DONNA. Les mêmes verbes que dans le récit du dernier repas de Jésus, la Cène. On comprend pourquoi les apôtres, dans leur prédication (que Matthieu met par écrit) se sont servis du récit de la multiplication des pains pour faire une catéchèse sur... l'Eucharistie ! Ces quatre verbes correspondent aux quatre temps de la liturgie de l'eucharistie : prendre (les offrandes), bénir (la consécration), rompre (la fraction du pain), donner (la communion). Dieu nourrit son peuple, mais en se donnant lui-même en nourriture. Car cette nourriture, c'est Jésus lui-même, Parole de Dieu, Pain de Dieu, Amour de Dieu.

JESUS DONNE AUX DISCIPLES QUI DONNENT A LA FOULE. Il y a Jésus, il y a les disciples et il y a la foule. Les disciples, ce ne sont pas seulement les apôtres, c'est nous. Et la foule, ce sont les foules qui se pressent sur les autoroutes et sur les plages ou au Centre commercial. Nous recevons Jésus-Christ en nourriture pour le partager avec les foules. C'est Jésus-Christ, en tant qu'il est *l'amour de Dieu qui se donne*, qui nous rassasie et qui peut rassasier les foules. A condition que nous ne le gardions pas pour nous. Ce serait terrible d'être une Eglise refermée sur elle-même, qui oublie les foules qui ont faim de pain et faim de Dieu. Cette nourriture que nous partageons entre nous, l'amour de Dieu, nous sommes appelés à la partager avec « la multitude » en lui manifestant l'amour de Dieu.

18° dimanche A – 3 août 2008

5. LA TEMPETE APAISEE : de la peur à la foi

Mc 4, 35-41

Au départ, il y a cet appel de Jésus : « passons sur l'autre rive ! » C'est d'abord ce passage qui nous fait peur ! Nous sommes invités à passer de la peur à la foi.

Pour les disciples, passer sur l'autre rive, cela voulait dire aller en territoire païen ! Pour l'Eglise primitive, le passage aux païens a été une aventure d'une audace extraordinaire qui a fait peur à beaucoup et qui a provoqué la première crise grave dans l'Eglise.

Nous avons sans cesse à passer sur l'autre rive, et ça nous fait peur ! Parce que nous ne savons pas ce qu'il y a sur l'autre rive : c'est ailleurs, c'est l'inconnu... Il faut sortir de notre cocon, sortir de nous-mêmes, sortir de nos habitudes pour aller vers un ailleurs que nous ne connaissons pas... Comme les hébreux qui sont sortis d'Egypte vers la terre promise...

Nous, il nous a fallu sortir de l'enfance : il y en a qui vont quitter le collège pour passer sur l'autre rive du lycée... d'autres qui vont quitter le lycée pour l'autre rive des études... d'autres qui auront bien du mal à quitter les études pour passer sur l'autre rive de l'emploi ; et puis, quand il s'agit de quitter sa famille pour l'autre rive de la vie adulte ou de la vie de couple... ou quand il s'agit d'engager sa vie... ou de changer de vie, de changer de métier, de changer de pays...

Il y aura forcément des tempêtes pour la barque de nos vies, pour la barque du monde, pour la barque de l'Eglise. Sauf bien sûr si nous refusons de passer sur l'autre rive...

Mais l'autre rive, n'est-ce pas aussi le Royaume de Dieu annoncé par Jésus ? L'autre rive, n'est-ce pas Dieu lui-même que nous ne pouvons rencontrer qu'en passant sur l'autre rive ? Dès aujourd'hui, il s'agit de passer sur l'autre rive en suivant le crucifié ressuscité qui nous fait passer des ténèbres à la lumière, du monde ancien au monde nouveau qui est déjà là... et, un jour, le jour de notre mort, chacun de nous sera appelé à passer sur l'autre rive...

Et Jésus nous dit : « pourquoi avoir peur ? » Eh bien oui, nous avons peur... peur de la nouveauté, peur du changement, peur de l'inconnu, peur de l'autre... même si nous savons que c'est le chemin de la vie. Nous ne jouons pas les fanfarons... Il nous faut regarder nos peurs en face, il nous faut exprimer nos peurs, si nous voulons passer de la peur à la foi.

C'est vrai que, dans la tempête, nous avons parfois l'impression que Jésus dort ! Bien sûr nous sommes croyants, mais quelquefois, nous ne voyons aucun signe, c'est la nuit... Jésus nous a dit : « je suis avec vous tous les jours, jusqu'à la fin des temps », mais sa présence est si discrète... Nous aimerions bien qu'il se manifeste, qu'il intervienne, qu'il nous sauve, comme il l'a fait pour les apôtres !

Car nous sommes comme eux : avec nos angoisses, nos problèmes, nos maladies, nous avons envie de dire au Seigneur : « nous sommes perdus, cela ne te fait rien ? »

Passer de la peur à la foi, c'est croire qu'il est avec nous, dans la tempête et qu'il nous prend par la main. Rappelons-nous le psaume 22 : « si je traverse les ravins de la mort, je ne crains aucun mal car tu es avec moi : ton bâton me guide et me rassure. » La mer, dans la Bible est le symbole de la mort. Le Seigneur est avec nous et il est plus fort que tout puisqu'il est plus fort que la mort. Si nous lui faisons confiance, il nous redonnera le calme, la sérénité, la paix.

Le Christ n'est pas une assurance tout risques, mais c'est le compagnon fidèle de notre marche vers le Père qui nous aime. Passer de la peur à la foi, c'est croire qu'il est avec nous quand nous passons sur l'autre rive.

12° dimanche ordinaire B - 21 juin 2009

6. BARTIMEE : Les cris des hommes sont des appels de Dieu

Mc 10,46-52

Regardez Bartimée : quel contraste, quelle opposition, quel changement entre sa situation au début du récit et ce qu'il est devenu à la fin !

Au début, il est « assis au bord de la route », il est sur la touche. Tous les autres marchent, mais pas lui. Il est exclu. Comme tant de chômeurs... Comme tant de jeunes qui vont de stages en petits boulots... Comme tant de malades ou de personnes âgées isolées... Comme tant de gens qui se sentent seuls et écrasés.

A la fin, il n'est plus assis mais debout. Il n'est plus aveugle, mais il voit. Il n'est plus au bord de la route, mais il suit Jésus sur la route : il est devenu un disciple de Jésus. Que s'est-il passé ? Il a rencontré Jésus.

D'abord, Bartimée se met à crier. C'est très important de crier : tant qu'on crie, on est vivant ! Cela veut dire qu'on veut se faire entendre, qu'on attend quelque chose : on appelle au-secours, on croit que quelqu'un peut nous écouter.

Nous-mêmes, il nous arrive d'être comme Bartimée. On est dans le noir. On n'en peut plus. On a posé nos valises, on s'est assis au bord de la route. Dans ce cas, c'est important de crier – et si on veut nous faire taire, il faut crier encore plus fort pour se faire entendre ! Si les hommes ne nous écoutent pas, Dieu, lui, entend nos cris. Que notre cri devienne prière : « Jésus, aie pitié de moi ! » Ayons la même confiance que Bartimée.

Ensuite, l'évangile nous dit : « Jésus s'arrête ». Tout le monde passe à côté, mais Jésus s'arrête. Et il va entrer en dialogue.

Savons-nous nous arrêter quand nous rencontrons quelqu'un qui crie ? Nous arrêter vraiment, pour l'écouter, pour lui demander : « que veux-tu que je fasse pour toi ? A l'école, au travail, dans la cité, il y a des gens qui souffrent, qui crient... et nous passons souvent à côté, nous sommes si pressés... Si seulement nous pouvions nous arrêter comme Jésus.

Jésus ne se contente pas de s'arrêter, il le fait appeler. C'est formidable d'être appelé. Etre appelé par son nom. Il y a des gens que personne n'appelle... Etre appelé, c'est exister à nouveau pour quelqu'un.

Cela m'a fait penser à cette équipe d'ACO qui a invité des personnes au chômage en leur disant : « on a besoin de vous pour écrire un article sur le chômage ». Quand on est au chômage, on a l'impression que plus personne n'a besoin de nous... Si on nous dit : on a besoin de vous, on est appelé, on existe à nouveau !

« L'aveugle jette son manteau, bondit et court vers Jésus ». Son manteau, c'est la seule chose qu'il possède... et il le jette : ça n'a plus d'importance ! Il a trouvé un trésor, il a trouvé un sauveur.

Nous, quand on est appelé, quand on est invité à une réunion, ou quand on vient à la messe à la rencontre de Jésus, c'est rare qu'on y vienne en courant... Il nous arrive même d'y aller en traînant les pieds... Ce pauvre aveugle mendiant devient le modèle du disciple, celui qui suit Jésus.

Mais il n'y a pas que Bartimée qui a été transformé. Il y a aussi la foule qui suivait Jésus et ses disciples. Au début, ils veulent faire taire l'aveugle mendiant. C'est vrai : c'est désagréable, des gens qui crient, ça dérange... Alors, on veut les faire taire, les écarter, étouffer leur cri. Cela nous arrive à nous aussi, pour être tranquilles.

Pourtant, Jésus ne désespère pas d'eux. Il leur confie une mission : « appelez-le ! » Il aurait pu le faire lui-même, mais non : il veut avoir besoin de ses disciples, de nous tous, pour appeler tous ceux qui sont sur la touche, au bord du chemin.

Il veut que nous leur disions : « Confiance ! Lève-toi ! Il t'appelle ! » C'est cela notre mission. Voilà la bonne nouvelle que nous avons à transmettre à tous ceux qui crient, qui souffrent, qui se sentent exclus : « Confiance ! Lève-toi ! Il t'appelle ! »

C'est ce message là qui transforme l'aveugle. C'est ce message là qui peut transformer la vie de tous ceux qui galèrent. Nous, peut-être…

Retenons ceci : les cris des hommes sont des appels de Dieu :

- appel de Dieu à ne pas étouffer les cris de ceux qui souffrent et à ne pas étouffer nos propres cris,
- appel de Dieu à s'arrêter comme Jésus pour écouter, dialoguer, appeler…
- appel de Dieu à transmettre à tous ceux qui crient le message de l'Evangile : « confiance, lève-toi, il t'appelle ! »
- appel de Dieu à se lever pour suivre Jésus sur la route de l'amour et devenir ses disciples.

30° dimanche B - 26 octobre 2003

7. LE PARALYSE DE CAPHARNAÜM : QUEL SALUT ?

Mc 2,1-12

(Is. 43,18-25 ; 2 Co 1,18-22)

Ce récit de l'Evangile nous permet de découvrir de quoi Jésus nous sauve et de répondre à la question : quel est le salut qui nous est offert par Jésus ?

Ces quatre hommes qui apportent un paralysé à Jésus, qu'est-ce qu'ils espèrent ? Ils espèrent que Jésus va le guérir, bien sûr ! Il en a guéri beaucoup d'autres ! Quelques jours plus tôt, dans cette même ville de Capharnaüm, il avait guéri la belle-mère de Simon et Marc précisait : « il guérit de nombreux malades souffrant de maux de toutes sortes et il chassa de nombreux démons ».

Jésus en effet annonce la venue du Royaume de Dieu, et l'un des signes du Royaume, c'est que les aveugles voient, les sourds entendent, les boiteux marchent… et la Bonne Nouvelle est annoncée aux pauvres…

C'est dire que le salut apporté par Jésus concerne l'homme tout entier, ce n'est pas seulement le « salut des âmes », ce n'est pas seulement un salut spirituel ! C'est un salut qui concerne « tout l'homme et tous les hommes », selon la belle expression de Paul VI.

Mais le salut de Jésus va plus profond : si vraiment, comme le dit Paul, « toutes les promesses de Dieu ont trouvé leur OUI dans sa personne » (2° lecture), si le Royaume annoncé par Jésus réalise « le monde nouveau » qui germait déjà du temps du prophète Isaïe (1° lecture), alors, Jésus est venu réaliser la promesse du Dieu d'Israël : « oui, moi, je pardonne tes révoltes, à cause de moi-même, et je ne veux plus me souvenir de tes péchés. »

« **Tes péchés sont pardonnés** » : cette parole s'adresse au paralysé, bien sûr, mais elle s'adresse aussi à Israël, elle s'adresse à toute l'humanité, elle s'adresse à chacun d'entre nous… Cette parole s'adresse « à l'homme accablé par la honte, humilié par ses faiblesses »... Jésus le relève en lui accordant le pardon de ses péchés. Cet homme « sort devant tout le monde » comme s'il sortait du tombeau, fier et libre, ressuscité !

Les plus religieux des hommes (les pharisiens) crient au « blasphème » ! C'est vrai que Dieu seul peut pardonner les péchés. Jésus n'a jamais dit qu'il était Dieu, mais il faisait ce que Dieu fait, il fait la volonté de son Père qui est une volonté de salut, de miséricorde, de paix.

Ce salut qui vient de Dieu, nous avons bien sûr à le recevoir. Mais cet Evangile insiste sur deux aspects de notre participation à notre propre salut :

- **d'abord, la solidarité entre nous** : « arrivent des gens qui lui amènent un paralysé, porté par quatre hommes », quatre hommes si déterminés qu'ils passent par le toit ! Sans eux, sans ces gens, sans ces quatre hommes, Jésus n'aurait pu ni guérir ni sauver ce paralysé !
- **ensuite, la foi de ces hommes** : « voyant leur foi »…, non pas la foi du paralysé, mais celle de ces hommes… Peut-être que lui n'avait rien demandé, peut-être que lui n'y croyait pas… mais il était entouré, « supporté » par des hommes qui avaient la foi ! quelle foi ? ils croyaient que Jésus pouvait sauver cet homme !

Laissons le Christ nous interpeller sur notre manière de porter ensemble ceux d'entre nous qui en ont le plus besoin : ceux qui n'en peuvent plus, ceux qui n'y croient plus, ceux qui sont au bout du rouleau… Puissions-nous ne pas les abandonner, les supporter comme une équipe de football a des supporters, et les confier au Christ sauveur dans la prière parce que nous croyons qu'il peut les sauver comme il nous pardonne. Amen

7° dimanche (B) – 19 février 2006

8. LA GUERISON D'UN SOURD-MUET : ouvre-toi !

Mc 7, 31-37

Je vous invite à regarder d'abord ce sourd-muet, puis ce que fait Jésus, enfin à quoi ça nous appelle aujourd'hui.

« On lui amène un sourd-muet ».

Nous ne savons pas qui est ce « on », mais des sourds-muets, nous en connaissons tous : des gens qui ne disent jamais rien, qui n'osent pas s'exprimer – parce qu'ils ont peur de dire des bêtises ou de ne pas être compris ou qu'on se moque d'eux –, des gens enfermés dans leur bulle... Nous-mêmes peut-être, quand nous sommes pressés, quand nous sommes absorbés par nos soucis ou notre souffrance, quand nous disons : « je n'ai pas envie de parler », quand nous sommes fermés comme une huître...

Pourtant, parler, être écouté, c'est exister. C'est pour cela que nous avons besoin des autres pour vivre. Celui qui ne dit rien, celui à qui on ne donne jamais la parole, c'est comme s'il n'existait pas. Parler et être écouté, c'est vital. Beaucoup de gens, autour de nous, crèvent de ne pas pouvoir parler, de ne jamais être écoutés.

« Jésus l'emmena à l'écart, loin de la foule » :

Jésus ne veut pas faire la vedette, il s'intéresse à cet homme, il ne veut pas se servir de lui, l'utiliser pour se faire de la publicité. Et là, à l'écart, il pose un geste (toucher les oreilles, mouiller la langue) et il prononce une parole, comme un sacrement, comme un signe visible et efficace de son amour. La parole dit ce que le geste fait : « effata ! Ouvre-toi ! »

Jésus est celui qui vient nous ouvrir : à la tendresse de son Père et à l'amour de nos frères. Mais ça passe par la parole à entendre et à dire. Le Christ est la Parole de Dieu, le Verbe : l'écouter, c'est nous ouvrir à la Parole de Dieu, et cette Parole nous ouvre le cœur pour que nous communiquions les uns avec les autres, en nous écoutant et en parlant.

A chacun de nous, Jésus dit : *effata, ouvre-toi !* C'est-à-dire d'abord, écoute-moi, écoute la Parole inscrite au fond de ton cœur. Mais aussi, ose prendre la parole, ose crier ta soif d'amour, ose une parole, ta parole ! Pour que la Parole de Dieu circule entre nous, pour que le Christ-Parole soit notre communion, il nous faut laisser Jésus nous ouvrir à Dieu et aux autres. Et nous serons sauvés.

« Faire entendre les sourds et parler les muets »

A la suite de Jésus, nous devons nous aussi, avec l'Esprit de Jésus, être une Eglise qui fait « entendre les sourds et parler les muets ». Comment ?

- **En étant « la voix des hommes sans voix »**, comme disait l'abbé Pierre, les porte-parole de ceux qui n'ont pas droit à la parole (les enfants, les petits, les démunis, les étrangers, les malades), mais pas en parlant à leur place, plutôt en nous battant pour qu'ils puissent être entendus et en portant leur parole sur la place publique.
- **En étant une Eglise ouverte**, c'est-à-dire à l'écoute des hommes et des femmes d'aujourd'hui, à l'écoute de leurs questions, à l'écoute de leurs cris, et non pas une Eglise refermée sur elle-même, sur ses problèmes, sur ses rites.
- **En étant une Eglise qui donne la parole** : quand nous réunissons les gens, sachons leur donner la parole pour qu'ils s'expriment, pour qu'ils existent, pour qu'enfin ils soient écoutés. Et cela vaut des enfants d'abord : savoir les écouter. Soyons une Eglise qui fait entendre les sourds et parler muets, multiplions les *lieux de parole* où les gens pourront s'exprimer et où Dieu pourra leur parler dans leur langage.

Que le Seigneur nous ouvre le cœur, les oreilles et les mains pour que nous soyons une Eglise ouverte qui donne la parole à tous, et d'abord à tous ceux qui n'ont pas droit à la parole. Alors ils découvriront Celui qui est la Parole, celui qui « fait entendre les sourds et parler les muets », celui qui les aime et qui vient les sauver en leur disant, comme à nous : Effata ! Ouvre-toi !

23° dimanche B – 9 septembre 2012

9. L'AVEUGLE DE NAISSANCE ET LA PISCINE DE SILOË

Jn 9,1-41

Les aveugles ne sont pas ceux qu'on croit... Il n'y a pas de pire sourd que celui qui ne veut pas entendre, ni de pire aveugle que celui qui ne veut pas voir. Il y a ceux qui n'en croient pas leurs yeux – les voisins, il y a ceux qui refusent d'ouvrir les yeux – les pharisiens, et il y a un aveugle qui, lui, voit de plus en plus clair ! « Serions-nous des aveugles, nous aussi ? » La question mérite d'être posée...

Savons-nous voir ce qui se passe autour de nous ? Nous sommes parfois tellement préoccupés par nos problèmes que nous ne voyons pas... nos frères qui sont mal..., qui aimeraient nous parler... Nous sommes tellement dans nos problèmes que nous ne voyons pas ce qui, autour de nous, est inacceptable...

Savons-nous voir le positif de la vie des autres ? N'est-ce pas être aveugle que de ne voir que le négatif, que les défauts, que les manques, en étant incapables de voir les avancées, les transformations, ou tout simplement ce qui est beau dans la vie de nos frères ?

Savons-nous voir l'action de Dieu dans la vie des autres et dans notre propre vie ? N'avons-nous pas les yeux bouchés ?

Ne faut-il pas que nous allions nous laver à la piscine de Siloë ? Comme nos catéchumènes qui vont être baptisées à Pâques : la piscine de Siloë, pour eux, ce sera la cuve baptismale. Ils seront purifiés de leur péché, ce sera pour eux une renaissance, ils deviendront des créatures nouvelles, comme cet aveugle qui est guéri. Il y aura un avant et un après : « j'étais aveugle et maintenant, je vois ! »

Et nous ? Quelle est notre piscine de Siloë qui va permettre au Christ d'être notre lumière ? Quelle est la piscine de Siloë qui va permettre au Christ de nous ouvrir les yeux ? Quelle est la piscine de Siloë qui va nous permettre de mieux voir la vie avec les yeux de la foi et de regarder les autres comme Dieu les regarde ?

Cette piscine de Siloë, il me semble que c'est le sacrement de la Réconciliation. Car le Baptême nous lave et nous purifie, mais malheureusement, nous restons de pauvres pécheurs qui ont toujours besoin d'être pardonnés. Plus particulièrement en ce temps de Carême, il nous est donné ce sacrement de la Réconciliation pour renaître à la vie nouvelle des enfants de Dieu.

4° dimanche de Carême A -18 mars 2007

10. LA RESURRECTION DE LAZARE

Jn 11, 1-45

La résurrection de Lazare est une belle histoire, mais elle peut nous induire en erreur ! Il y a en effet une énorme différence entre la résurrection de Lazare et la résurrection de Jésus que nous allons fêter à Pâques ! Et pourtant, c'est le même mot !

Quelle différence y a-t-il ? Dans le cas de Lazare, c'est un retour à la vie d'avant la mort, c'est la réanimation d'un cadavre qui redevient ce qu'il était avant : un vivant comme nous. Et Lazare est mort à nouveau, quelques années plus tard, quand son heure fut venue. Dans le cas de Jésus, c'est tout autre chose : c'est une vie nouvelle ! Jésus ne redevient pas vivant comme avant, il devient vivant autrement, d'une vie nouvelle et éternelle qui ne craint plus la mort ; Dieu le relève et l'établit à sa droite ; il est auprès de Dieu en même temps qu'il est auprès de nous. C'est tellement vrai que, lorsqu'il se manifeste à ses disciples, ils commencent par ne pas le reconnaître : c'est bien lui, mais autrement, transfiguré. Il y a un avant et un après. C'est la même personne, mais ce n'est pas la même vie !

Mais alors, pourquoi ce récit de la résurrection de Lazare ? Quels points communs entre la mort de Lazare, celle de Jésus et la nôtre ? Le point commun, c'est la victoire de la vie sur la mort, c'est la révélation que Dieu est le Seigneur de la vie, Celui qui nous fait vivre, aujourd'hui et pour toujours. Il a donné à Jésus d'être la Résurrection et la Vie !

Il n'est pas seulement celui qui nous guérit (de nos aveuglements, de nos péchés), il est aussi celui qui nous sauve de la mort, qui nous donne la vie en abondance et une vie plus forte que la mort de nos corps.

« Celui qui croit en moi, même s'il meurt, vivra ! » Bien sûr, nous allons mourir un jour, comme Lazare, mais nous sommes appelés à la vie avec Dieu. Et cette vie avec Dieu, elle commence sur cette terre. Oui, la vie éternelle, ce n'est pas seulement pour après ! La vie éternelle est déjà commencée chaque fois que nous nous aimons vraiment. Rappelez-vous ce que dit saint Jean : « nous sommes passés de la mort à la vie parce que nous aimons nos frères. »

Voilà pourquoi les paroles de Jésus à propos de Lazare sont aussi valables pour nous, **aujourd'hui**. Bien sûr, Dieu nous ressuscitera comme il a ressuscité Jésus, et ce sera pour une vie nouvelle avec un corps nouveau, spirituel, mais en attendant, le Christ est capable de nous ressusciter dès aujourd'hui, c'est-à-dire de nous relever, de nous réveiller, de nous faire vivre vraiment de la vie même de Dieu.

- « *Enlevez la pierre* » : quelle est la pierre qui nous empêche de nous lever, de nous indigner, de nous révolter contre toutes les injustices autour de nous et dans le monde ?
- « *Viens dehors !* » : sors de chez toi, sors de toi-même, va à la rencontre de tes frères, ouvre les yeux sur le monde, participe à la lutte pour plus de justice dans le monde.
- « *Déliez-le et laisser-le aller !* » : Le Christ veut aujourd'hui nous délier des bandelettes qui font de nous des morts vivants, il veut nous délier de tout ce qui nous empêche d'aimer, il veut nous délier de nos chaînes et que nous soyons libres.

Concrètement, cela correspond à deux appels pour nous : un appel à venir recevoir le pardon de Dieu d'ici Pâques, car notre résurrection d'aujourd'hui passe par notre conversion ; et un appel aussi à participer généreusement à la collecte de carême du CCFD*, en prenant une enveloppe et en y mettant un chèque qui sera notre partage de Carême avec tous ceux qui luttent pour le développement de leur pays.

Oui, le Christ ressuscité nous appelle à être des vivants, des amoureux de la vie, des passionnés de la vie, mais aussi des vivants de l'amour de Dieu qui est plus fort que la mort.

*CCFD = Comité Catholique contre la Faim et pour le Développement / Terre solidaire.

5° dimanche de Carême A – 10 mars 2008

-V-

LES PARABOLES DE JESUS

1. La semence et la graine de moutarde.
2. Le bon samaritain : Dieu notre prochain.
3. Le gérant habile.
4. Lazare et le riche.
5. Le père et les deux fils.
6. Le Royaume, un trésor caché.
7. Les dix jeunes filles.
8. Les ouvriers de la 11° heure.
9. Le riche insensé et le bonheur durable.
10. L'ivraie et le bon grain.

1. LA SEMENCE ET LA GRAINE DE MOUTARDE

Mc 4, 26-34

C'est vrai qu'une parabole aujourd'hui, ça fait plus penser à la télévision qu'au règne de Dieu ! Pourtant, Jésus parlait en paraboles. Il annonçait la Parole avec des paraboles. Il proclamait le Règne de Dieu avec des paraboles.

Dans cette page d'Evangile, il y en a deux qui se ressemblent : l'une parle de la semence qui grandit « on ne sait comment » et l'autre parle de la plus petite des semences qui, une fois en terre, devient la plus grande des plantes potagères. Dans les deux cas, ce qui frappe, c'est que ça pousse, ça grandit, nuit et jour, qu'on dorme ou qu'on se lève. Et le plus petit peut devenir le plus grand. De toute façon, une semence, c'est tout petit et ça fait des grands arbres comme les cèdres du Liban.

Qu'est-ce que ça veut dire pour nos vies ? Qu'est-ce que ça nous dit du Royaume de Dieu ? Ca nous rappelle d'abord que le Royaume ou **le Règne de Dieu, ce n'est pas notre œuvre,** c'est justement l'œuvre d'un autre. On peut l'accueillir, on peut y entrer, mais on ne peut pas le construire ! Il pousse tout seul. Cela nous prend à contre-pieds... On préfère la parabole des talents qui nous dit bien que nous avons des choses à faire ! Là, nous avons davantage à ouvrir les mains, à faire confiance en l'œuvre d'un autre. Nous, nous sommes responsables de notre vie, de notre société, de notre Eglise, c'est déjà pas mal : Dieu nous les a donnés à construire. Mais le Royaume, c'est un cadeau qu'il nous fait, ça vient de lui, il nous faut le reconnaître, l'accueillir et nous laisser transformer par lui, pour devenir enfants de Dieu et frères des hommes.

Quant à la graine de moutarde, elle nous rappelle l'importance des petites choses : c'est comme l'obole de la veuve, avec quelques pièces, elle donne plus que tous les autres. Dieu fait des grandes choses avec les plus petits.

La messe est une parabole du Royaume. Le règne de Dieu est semblable à ce repas que nous prenons chaque dimanche avec les amis de Jésus, un repas au cours duquel nous nous mettons à l'écoute de la Parole et nous lui répondons, un repas au cours duquel nous accueillons le don de Dieu, Jésus, qui se donne à nous, à travers un petit morceau de pain partagé. C'est rien du tout, c'est dérisoire, et pourtant, c'est l'avenir de l'humanité qui se joue là ! Nous apprenons à partager en frères en accueillant la révélation d'un Père commun qui nous donne son fils pour que nous devenions ses enfants.

Allons encore plus loin : **la vraie parabole du Royaume, c'est Jésus lui-même**. Au début, personne ne le voit, il est un homme comme un autre, un charpentier... Et puis, le voilà qui parle de Dieu comme son Père, il se présente comme le Fils, comme la Parole du Père, comme le visage du Père... Il est celui en qui Dieu règne totalement, il est le Règne de Dieu en personne puisque sa nourriture est de faire la volonté de son Père. Et il nous fait découvrir que la volonté du Père, c'est que nous soyons debout, libérés de tout mal, heureux d'être ensemble, vivant comme des frères, sans que personne ne soit exclus. C'est ça le Royaume de Dieu. Il nous est donné à manger.

Et comme la semence qui grandit et qui devient un arbre, le Règne de Dieu grandit en nous si nous laissons Dieu être Dieu en nous et entre nous. Mystérieusement, sans qu'on le voie, notre monde devient, nuit et jour, un peu plus le Royaume de Dieu. Ne le voyez-vous pas ?

11° dimanche B -17 juin 2012

2. LE BON SAMARITAIN : DIEU NOTRE PROCHAIN

Lc 10, 25-37

(Dt 30,10-14)

« Qui donc est mon prochain ? » L'histoire que raconte Jésus se termine par une autre question : « lequel des trois a été le prochain de cet homme ? ». La question n'est donc pas « qui est mon prochain », mais comment être le prochain de tout homme blessé ? Ce n'est pas l'autre qui est mon prochain, c'est moi qui dois me faire le prochain de tout homme blessé.

Car cet homme tombé aux mains des bandits, nous ne savons pas s'il est juif, samaritain ou romain. Il est homme. Mieux : il représente l'humanité toute entière, blessée par tout ce qui l'écrase, que ce soit la maladie, le mépris, la faim, le chômage ou la guerre. Mais ce n'est pas un homme abstrait, un homme avec un grand H, c'est un homme bien concret, comme tous ceux que nous pouvons rencontrer sur nos routes de vacances... par hasard, comme dit l'Evangile.

Le Deutéronome nous disait que la Parole de Dieu est tout près de nous, elle n'est ni dans les nuages, ni au-delà des mers... elle est dans ta bouche et dans ton cœur. On peut donc la mettre en pratique. La Parole de Dieu, c'est le Verbe, c'est le Christ. Et le Christ, Parole de Dieu, s'est fait homme, il s'est fait l'un de nous pour être encore plus proche de nous.

A travers le Christ, Dieu s'est fait notre prochain. Comme le bon samaritain. Par Jésus son fils, il s'est risqué sur nos routes humaines, il y a fait des rencontres... Et il en a rencontré des hommes blessés ! A chaque fois, il ne s'est pas contenté de paroles, il a fait quelque chose, il s'est fait proche en guérissant, en relevant, en pardonnant... Et il continue de se faire proche, par nous qui sommes son Corps, son Eglise.

Plus profondément encore, Dieu s'est fait proche en se faisant l'un de nous. Jésus est l'image visible du Dieu invisible. Il est au milieu de nous, même s'il est le premier d'entre nous. Par lui, Dieu s'est approché de l'humanité au point de l'épouser. Il n'est plus le Dieu lointain qui faisait peur aux hommes, il est notre prochain parce qu'il s'est fait proche de nous, l'un d'entre nous. Il est Dieu au milieu de nous.

Et comme notre humanité est blessée, Jésus n'est pas seulement le bon samaritain qui prend soin de tout homme blessé, qui se fait proche de nous quand nous sommes dans la détresse. Il prend sur lui notre détresse, il nous rejoint dans nos blessures les plus profondes et les plus concrètes, il devient lui-même cet homme tombé aux mains des bandits, il est le Crucifié, le Pauvre, le rejeté, l'exclu. « J'avais faim et vous m'avez nourri. »

Voilà pourquoi, chaque fois que nous nous approchons d'un homme blessé, nous nous approchons de Dieu qui s'est fait proche de nous. Nous ressemblons à Dieu qui se fait notre prochain lorsque nous nous faisons proche de tout homme blessé, mais en même temps que nous lui ressemblons, nous le rencontrons, puisqu'il est devenu notre prochain : c'est lui que nous secourons comme il nous a secouru. C'est de lui que nous nous approchons, tout comme il s'est approché de nous.

L'amour du prochain est inséparable de l'amour de Dieu parce que Dieu s'est fait notre prochain. Dès lors, pour nous, tout homme est sacré car il est signe visible du Dieu invisible ; la communion à l'autel est inséparable de la solidarité avec tout homme : c'est la même proximité de Dieu.

15° dimanche C - 15 juillet 2001

3. LE GERANT HABILE

Lc 16, 1-13

(Am 8,4-7)

S'il y a une page d'Evangile qui nous rappelle que Jésus n'était pas un professeur de morale, c'est bien celle-là ! Bien sûr, Jésus ne fait pas l'éloge de la malhonnêteté, mais il fait l'éloge d'un gérant malhonnête ! « Ce gérant trompeur, le maître fit son éloge ! » Non pas parce qu'il est malhonnête, mais parce qu'il est habile ! Et c'est cette habileté que Jésus nous donne en exemple...

En quoi consiste cette habileté ? Il a su se servir de l'argent trompeur pour se faire des amis qui pourront l'accueillir maintenant qu'il a perdu son travail. Et Jésus nous dit : « Faîtes-vous des amis avec l'argent trompeur, afin que, le jour où il ne sera plus là, ces amis vous accueillent dans les demeures éternelles ».

Pour Jésus, ce qui est important, ce n'est pas l'argent, c'est de « se faire des amis » ! Est-ce que nous savons mettre l'argent au service de l'amitié ? Et pas seulement pour nos amis, ceux que nous avons déjà, mais pour nous faire des amis, c'est-à-dire pour créer des liens avec d'autres... ? Et en particulier avec les plus pauvres ! Dimanche prochain, Jésus nous racontera l'histoire du riche et du pauvre Lazare : ce riche qui a vécu sans voir le pauvre Lazare qui était pourtant à sa porte, il n'a utilisé son argent que pour lui, il ne s'est pas fait un ami du pauvre Lazare...

Les textes d'aujourd'hui soulignent la dimension sociale de notre foi. La foi biblique, la foi chrétienne, a une dimension sociale. Elle ne nous dicte pas ce que nous devons faire, ni comment nous devons voter, mais elle exige que nous combattions les injustices et que nous soyons auprès des plus fragiles, qui sont les préférés de Dieu.

Pourquoi cette exigence ? Parce qu'il n'y a pas d'alliance possible avec Dieu sans une alliance entre nous, entre les hommes. Regardez les Dix commandements : il y en a trois qui concerne Dieu et sept qui concerne nos relations entre nous les humains. Voyez Jésus : aimer Dieu et son prochain comme soi-même...

Les deux sont liés : si l'argent trompeur devient notre Dieu, ce sont les pauvres qui trinquent, comme le dit le prophète Amos (1° lecture). Voilà pourquoi Dieu et les pauvres ont partie liée : si on oublie l'un, on oublie les autres. Nul ne peut servir Dieu et l'Argent, c'est le rappel du Veau d'or : si l'argent est notre Dieu, il n'y a plus de place pour Dieu et en particulier pour le Dieu qui relève le pauvre.

Il ne s'agit pas de mépriser l'argent mais de s'en servir ! Regardez l'habileté des hommes pour gagner de l'argent aujourd'hui ! Tout est bon et on en invente tous les jours : les cartes des magasins, le démarchage au téléphone, le crédit gratuit… Ah si nous étions aussi habiles pour combattre l'injustice, pour que les pauvres ne soient plus pauvres, pour que les inégalités reculent, pour que tous les jeunes aient un travail… Soyons aussi habiles au service de l'amitié entre les hommes et entre les peuples que les fils de ce monde le sont au service de l'argent, et nous serons les fils de la lumière !

25° Dimanche C - 23 septembre 2007

4. LAZARE ET LE RICHE

Lc 16, 19-31

(Am 6, 1a + 4-7)

En méditant cette parabole de Jésus, je me suis posé trois questions :

1. Pourquoi le pauvre a-t-il un nom, Lazare, et pas le riche ?
2. Qu'est-ce que Jésus reproche à ce riche ?
3. A quoi cet Evangile nous appelle aujourd'hui ?

« **Un pauvre nommé Lazare était couché devant le portail, couvert de plaies** ». Ce Lazare est le seul personnage des paraboles de Jésus qui porte un nom. Pourquoi connaissons-nous son nom et pas celui du riche ? Sans doute parce que c'est sa seule richesse, son seul bien propre : il est quelqu'un au moins pour Jésus, et donc pour Dieu représenté par Abraham. C'est une personne, alors que son statut social fait qu'il n'existe pas, qu'il est une non-personne, à qui personne ne parle, donc qui n'est appelée par personne. Ce mendiant était transparent, sauf pour Dieu pour qui il était Lazare. Les prénoms, dans la Bible, ont souvent une signification théologique. Lazare, ça vient de l'hébreu Eléazar qui veut dire « Dieu est secourable ».

Le riche, lui, on ne sait pas comment il s'appelle. Sans doute parce qu'il représente plus que lui-même, une catégorie sociale, celle que dénonce le prophète Amos, « la bande des vautrés » (1° lecture). Et puis, s'il avait un nom, ce serait lui, et pas nous. On ne risquerait pas de se sentir visé.

Qu'est-ce que Jésus reproche à ce riche ? Est-ce que Jésus lui reproche d'être riche, de porter des vêtements de luxe et de faire chaque jour des festins somptueux ? Pas sûr... J'ai relu cette page d'Evangile à travers l'entretien du pape François où il rappelle avec force que l'Eglise doit se comporter comme un hôpital de campagne après la bataille : « Nous devons, dit-il, soigner les blessures. Ensuite, nous pourrons parler de tout le reste. Soigner les blessures, soigner les blessures ». C'est-à-dire agir comme le bon samaritain d'une autre parabole : se faire proche de l'homme blessé et soigner ses blessures, prendre soin de lui. C'est une image, bien sûr, mais il semblerait que Jésus regrette que ce riche n'ait pas invité Lazare à rentrer dans son palais pour « se rassasier de ce qui tombait de la table du riche ».

Or non seulement le riche ne partage pas, mais surtout il ne voit pas Lazare, il ne voit pas le pauvre couché devant son portail. Sa richesse le rend aveugle. Devant l'homme blessé, il ferme les yeux comme il se bouche sans doute les oreilles. Quand il est dans le séjour des morts (Jésus utilise les représentations de son temps), ses yeux s'ouvrent : « il leva les yeux et vit de loin Abraham avec Lazare près de lui ». Là, il le voit. Malgré le grand abîme entre lui et eux. Mais quand il était couché devant sa porte, il ne le voyait pas.

Parfois, on se demande si on ne vit pas dans une société où les pauvres sont invisibles, où les ouvriers comme les femmes de service sont invisibles, où les Roms sont invisibles, où les malades sont invisibles. On les cache. On détourne la tête. On fait comme s'ils n'existaient pas. Comme si c'était des meubles. Pire, on ne les salue pas, on ne leur dit même pas bonjour. Ce qui est une manière de nier leur existence. Mais ils existent pour Dieu, qui les voit, lui, et qui les appelle par leur nom.

A quoi cet Evangile nous appelle ? Comme prêtre, j'ai été formé par la JOC avec sa méthode du voir-juger-agir. Je crois que cet Evangile nous appelle à voir, à juger et à agir. Ou si vous préférez, il nous appelle, selon une formule que j'emprunte à des religieuses, à ouvrir nos yeux, à ouvrir nos cœurs et à ouvrir nos mains.

Ouvrir nos yeux pour voir ce qui se passe autour de nous, pour voir celui ou celle qui souffre autour de nous, pour le regarder face à face et le saluer comme un frère humain. Même si on ne peut rien pour lui. Au moins le saluer, car saluer quelqu'un, c'est le reconnaître comme humain.

Ouvrir nos cœurs pour se laisser toucher. Ne pas traverser la rue, ne pas passer son chemin, mais accepter d'être dérangé, en s'arrêtant pour laisser l'autre exister, devenir quelqu'un. Ouvrir nos cœurs pour écouter une souffrance.

Ouvrir nos mains, c'est-à-dire faire un geste, prendre soin. C'est-à-dire agir, faire quelque chose pour que ça change. Avec d'autres. S'engager, partager, soutenir...

C'est un Evangile qui nous réveille, qui nous invite à l'ouverture. Pas par peur de l'enfer, mais parce que nous sommes des enfants de Dieu et que tous les hommes sont des enfants de Dieu.

26° dimanche C - 29 septembre 2013

5. LE PERE ET LES DEUX FILS

Lc 15, 1-3 + 11-32

Je vois trois manières de lire ou plutôt d'entendre cette belle histoire du père et des deux fils. Il n'est pas inutile d'aller de l'une à l'autre car elles peuvent s'éclairer mutuellement.

La première manière, c'est de chercher le sens littéral de cette parabole, ce que Jésus a voulu dire à l'époque. Comme souvent, les personnages de cette parabole représentent plus qu'eux-mêmes. Tout le monde s'accorde à reconnaître Dieu le Père dans la figure de ce père aimant et pardonnant. Mais chacun des deux fils a une dimension collective : le plus jeune représente « les publicains et les pécheurs » qui venaient tous à Jésus pour l'écouter, ces publicains et ces pécheurs qui étaient mal vus des bons juifs précisément parce qu'ils étaient publicains, collecteurs d'impôts et collaborateurs de l'occupant romain, et pécheurs, c'est-à-dire impurs, infréquentables, exclus à cause de leur inconduite, comme la femme adultère ou comme les prostituées, mais aussi comme le riche Zachée. Jésus est critiqué parce qu'il fait « bon accueil aux pécheurs et il mange avec eux », ce qui – pour un juif – est la pire des compromissions.

Quant au fils aîné de la parabole, celui qui est furieux, il représente précisément ceux qui rejettent les publicains et les pécheurs, ceux qui critiquent Jésus, et l'Evangile de Luc les nomme : ce sont les pharisiens et les scribes, c'est-à-dire les plus religieux des juifs !

Mais il y a une deuxième manière de comprendre cette parabole. Il faut se rappeler que les Evangiles ont été écrits par les premières communautés et souvent en fonction des questions qu'elles se posaient. Or Luc, qui est l'auteur d'un Evangile et des Actes des apôtres, n'est pas juif : c'est un chrétien de culture grecque. Il est particulièrement bien placé pour nous faire comprendre le débat qui a tant marqué la primitive Eglise entre les chrétiens d'origine juive et les chrétiens d'origine grecque donc païenne.

Le plus jeune fils représente les païens qui ont reçu la création en héritage, qui se sont égarés dans une vie de désordre, mais qui sont touchés par l'attitude et les paroles de Jésus : ils se convertissent, ils deviennent disciples de Jésus...

Tandis que le fils aîné représente les bons juifs qui ont observé la Loi depuis toujours et qui sont très choqués par la manière dont le Père traite les ouvriers de la dernière heure. Et naturellement, ce fils aîné peut tout aussi bien représenter les bons chrétiens, ceux qu'on appelle à juste titre les « fidèles », qui sont au service de Dieu depuis toujours sans avoir jamais désobéi à ses ordres... et qui ont du mal à comprendre cet amour privilégié de Jésus pour les pécheurs, pour la brebis perdue, pour les ouvriers de la 11° heure, pour tous ceux qui sont en dehors des clous.

Enfin, il y a une troisième manière d'entendre cette parabole qui consiste à nous reconnaître pécheurs, tous, sans exception, mais sans mauvaise conscience : Jésus nous fait bon accueil, il « fait bon accueil aux pécheurs que nous sommes et il mange avec nous ». Le repas du Seigneur, c'est Jésus ressuscité qui rassemble ses disciples, non pas parce qu'ils sont les meilleurs, mais parce qu'ils se savent pardonnés. Si les pécheurs, ce sont les autres, Jésus ne peut nous accueillir à sa table. Voilà pourquoi l'eucharistie commence par cette démarche dite « pénitentielle » qui consiste à se reconnaître pécheurs : on n'est pas les meilleurs ! Et nous nous reconnaissons dans ces deux fils : l'un qui est pécheur parce qu'il s'éloigne de Dieu qui est notre Père, l'autre qui est pécheur parce qu'il s'éloigne de son frère dont il est jaloux.

Dans un monde qui vit sans Dieu, les croyants sont souvent perçus comme ceux qui savent ce qu'il faut croire, ce qu'il faut faire, comment il faut vivre. Ils se croient les meilleurs. N'est-ce pas cela qui provoque l'indifférence religieuse ? L'Evangile nous invite aujourd'hui à l'humilité. La seule chose que nous savons, c'est que nous ne sommes pas à la hauteur de la Bonne Nouvelle de Jésus : nous sommes tous frères parce que nous avons tous un même Père, un père commun, le père de Jésus.

Nous voulons « servir la fraternité », mais nous sommes comme les autres : souvent, nous vivons comme si Dieu n'existait pas (comme le fils cadet) ou nous excluons les autres en refusant de les reconnaître comme des frères (comme le fils aîné). Dans les deux cas, le père sort à notre rencontre pour nous ouvrir les bras et nous dire : « tout ce qui est à moi est à toi. »

4° dimanche de Carême C - 10 mars 2013

6. LE ROYAUME EST UN TRESOR CACHE

Mt 13,44-52

Jésus parlait du Royaume de Dieu en paraboles : dans le chapitre 13 de Matthieu, on ne trouve pas moins de 6 paraboles qui commencent par « *Le Royaume des cieux est comparable à...* » L'Evangile de Matthieu s'adresse à des juifs devenus chrétiens et les juifs ne prononcent pas le nom de Dieu : Matthieu ne dit donc pas « le Royaume de Dieu » mais « le Royaume des cieux » : c'est la même chose. Mais ça peut être un piège, car ça peut nous faire croire que le Royaume est dans le ciel et pas sur la terre ! Or, le Royaume, c'est le lieu de la rencontre de Dieu avec les hommes. Il n'est pas dans les nuages, il est sur cette terre, dans notre histoire, dans nos vies. Le pape François nous dit dans « la joie de l'Evangile » : « Evangéliser, c'est rendre présent dans le monde le Royaume de Dieu ». Mais ce Royaume, c'est comme un trésor caché ! Qu'est-ce que ça veut dire ?

Cela veut dire que notre vie est une course au trésor ! Mais nous pouvons nous tromper de trésor... Nous pouvons aussi avoir un trésor sans le savoir... Car le Royaume est comme un trésor caché. Il faut donc le chercher. Dans un autre Evangile, Jésus dit : « Cherchez d'abord le Royaume de Dieu et sa justice, et le reste vous sera donné par surcroît ! » Mais qu'est-ce que nous cherchons ? Est-ce vraiment le Royaume de Dieu et sa justice que nous cherchons ?

Ce n'est pas sûr... car, une fois que nous avons trouvé le trésor, une fois que nous avons découvert le Royaume de Dieu caché dans nos vies, il serait logique que nous fassions comme les gens de ces paraboles : ils vendent tout ce qu'ils ont pour acheter le champ ou la perle. Cela ne veut pas dire que le Royaume de Dieu s'achète ! Cela veut dire que le Royaume de Dieu est préférable à tout ce que nous possédons ! Quand on l'a trouvé, le reste ne compte plus !

Quel est notre trésor ? Quelle est la perle de nos vies ? Nous risquons toujours de nous tromper de trésor... Nous risquons toujours de croire que le plus important, c'est ce que nous possédons, c'est-dire ce que nous avons acheté. Nous vivons dans une société qui nous dit ça. Or, le Royaume de Dieu, c'est là où Dieu règne ; c'est là où règnent l'amour, la justice et la paix ; c'est là où les plus petits, les plus faibles, les plus souffrants sont les premiers servis ; c'est là où les humains sont heureux d'être ensemble dans la joie et la fraternité. Partons à la recherche de ces lieux : cela peut être un foyer d'accueil, un camp scout, un monastère, un hôpital, un sanctuaire, une association, une école de prière, un syndicat...

Allons encore plus loin : la vraie parabole du Royaume, c'est Jésus lui-même. Au début, personne ne le voit, il est un homme comme un autre, un charpentier... Et puis, le voilà qui parle de Dieu comme son Père, il se présente comme le Fils, comme la Parole du Père, comme le visage du Père... Il est celui en qui Dieu règne totalement, il est le Règne de Dieu en personne puisque sa nourriture est de faire la volonté de son Père. C'est lui, notre trésor caché, mais nous n'avons pas le droit de le cacher de nouveau. Comme le pain, il est à partager !

17° dimanche A - 27 juillet 2014

7. LES DIX JEUNES FILLES

Mt 25,1-13

« Veillez donc, car vous ne savez ni le jour ni l'heure... » Ni le jour ni l'heure de quoi ? De la venue de Jésus : « Jésus parlait à ses disciples de sa venue... » Et pour en parler, il nous parle du Royaume des cieux « comparable à dix jeunes filles invitées à des noces... »

Des noces un peu bizarres puisqu'on attend l'époux qui ne vient pas et qu'il finit par arriver en pleine nuit... Des noces d'autant plus bizarres qu'on parle de l'époux, mais pas de la mariée ! Mais on comprend mieux si on se rappelle que Jésus a souvent comparé le Royaume de Dieu à un grand festin de noces où Dieu rassemble tous ses enfants dispersés. L'époux, c'est le Christ ressuscité, bien sûr, et l'épouse, c'est l'Eglise, c'est nous ! Nous qui attendons l'époux !

Pour comprendre, il faut aussi se rappeler ce que nous chantons parfois après la consécration : *Christ est venu, Christ est né* – ça, c'est sa première venue, c'est Noël -, *Christ est vivant, Christ reviendra* – ça c'est sa venue à la fin des temps –, *Christ est vivant, Christ est là* – ça c'est sa venue aujourd'hui.

Car le Royaume de Dieu, ce Royaume d'amour, de justice et de paix, il a commencé avec la première venue de Jésus qui annonçait : « Le Royaume de Dieu est parmi vous » ; il a été inauguré par la mort et la résurrection de Jésus – et il nous a été confié jusqu'à son retour... D'ici là, il est comme une graine qui pousse...

Nous savons bien que le Royaume de Dieu n'est pas encore pleinement établi sur cette terre. Nous nous en apercevons tous les jours – et plus particulièrement ces jours ci, alors qu'une partie de notre jeunesse sombre dans la folie du désespoir et de la violence. Mais pour autant, les forces du Royaume sont à l'œuvre dans le monde, y compris dans nos quartiers : l'amour est à l'œuvre, l'Esprit de Jésus travaille le cœur des hommes, le Royaume de Dieu est déjà là, dans tout ce qui se fait pour apprendre à vivre ensemble, pour soutenir les plus faibles, pour accueillir les étrangers.

« Veillez donc, car vous ne savez ni le jour ni l'heure... » Au départ, cette phrase visait sans doute le retour du Seigneur à la fin des temps : les premiers chrétiens pensaient, comme saint Paul au début, qu'il reviendrait établir son Royaume peu de temps après sa résurrection... Et puis, cette phrase a fini par désigner l'heure de notre mort, puisque c'est le moment où nous partons à la rencontre du Seigneur : il s'agissait alors d'être prêt pour le grand voyage... et cet appel demeure bien sûr pour chacun. Nul ne connaît le jour de sa mort... et pourtant, nous savons tous que nous allons mourir : il nous faut donc être prêts.

Mais il nous faut veiller aussi, être vigilant, pour accueillir le Seigneur qui vient aujourd'hui, dans nos vies – sinon, nous allons manquer la rencontre avec lui. L'huile qu'il faut mettre dans nos lampes pour ne pas manquer la rencontre avec Jésus qui vient, c'est la foi en sa présence. Si vraiment nous croyons qu'il est là, au cœur de nos vies, qu'il nous accompagne comme les disciples d'Emmaüs, qu'il est présent au cœur de nos frères – ceux qui souffrent et ceux qui aiment – alors, nous aurons beaucoup d'occasions de rencontrer le Christ vivant et de voir son Royaume grandir dans nos vies. Peut-être alors serions nous moins abattus par les événements du monde : chaque jour, nous pouvons faire l'expérience que Dieu est à l'œuvre.

C'est ce qui s'est passé pour moi, durant cette période d'opération et de convalescence. A côté de moi, dans la chambre, il y avait un monsieur plus âgé qui se faisait mettre une pile pour son cœur. Tous les jours, à la même heure, son épouse venait lui tenir compagnie, avec une fidélité qui m'a frappé. Et moi, tous les jours, j'ai eu plusieurs personnes qui sont venues me voir, mais ce n'était jamais les mêmes ! J'ai trouvé que c'était là deux expériences fortes de la fidélité de Dieu qui s'exprimait, différemment selon nos vocations : la fidélité de l'épouse d'un côté, la fidélité des amis de l'autre. Chaque fois que quelqu'un entrait dans notre chambre pour une visite, c'était, pour moi, la venue du Seigneur.

Soyons vigilants : le Seigneur vient sans cesse dans nos vies et nous risquons de ne pas le voir... Ce matin encore, il vient au milieu de nous pour se donner à nous.

32° dimanche A – 6 novembre 2005

8. LES OUVRIERS DE LA ONZIEME HEURE

Mt 20, 1-16

(Ph 1, 20-24)

Il y a plusieurs manières d'interpréter une page d'Evangile comme celle-ci. C'est normal car c'est une parole vivante qui s'adresse à chacun de nous et qui ne dira pas la même chose selon les préoccupations ou les questions qui sont les nôtres. Mais il y a une interprétation qu'il faut tout de suite écarter, car elle serait un contre-sens et un anachronisme : ce serait de chercher dans cette parabole un cours de morale sociale sur le juste salaire ou sur la réduction du temps de travail. Ce n'est pas le sujet !

La première manière d'entendre cet Evangile, c'est de se rappeler qui l'a écrit et pour qui. C'est l'Evangile de Matthieu, dont c'est la fête aujourd'hui, Matthieu qui partage avec Jean d'avoir été à la fois l'un des Douze et l'un des quatre évangélistes. Matthieu écrivait son Evangile pour des juifs qui s'étaient convertis au Christ et qu'on appelle les « judéo-chrétiens ». Au moment où il met en forme son Evangile, les judéo-chrétiens étaient très secoués par l'accueil de nouveaux chrétiens qui venaient du paganisme : les ouvriers de la onzième heure, ce sont ces païens devenus chrétiens, à qui on ne demandait même pas la circoncision, alors que les juifs devenus chrétiens travaillaient à la vigne du Seigneur depuis le temps d'Abraham. Leurs récriminations rappellent étrangement la colère du fils aîné de la parabole du père et des deux fils : « il y a tant d'années que je suis à ton service sans avoir jamais désobéi à tes ordres et jamais tu ne m'as donné un chevreau pour faire la fête avec mes amis, mais quand ton fils que voilà est arrivé après avoir dépensé ton bien avec des filles, tu as fait tuer pour lui le veau gras ! » (Lc 10, 29-30). Voilà qui nous interroge peut-être sur notre manière d'accueillir les derniers arrivés dans nos communautés ou nos familles : les derniers arrivés, c'est-à-dire les nouveaux... Pensons à l'accueil des catéchumènes dans notre Eglise : quelle place leur faisons-nous vraiment ? Pensons à notre manière d'accueillir un gendre ou une belle-fille..., à notre manière d'accueillir les jeunes prêtres ou les chrétiens qui viennent d'ailleurs... Pensons enfin à la manière dont les jeunes sont accueillis dans notre société ? Est-ce que nous ne nous comportons pas comme si la vigne à laquelle nous travaillons était notre propriété, notre chasse gardée...

Une autre manière d'entendre l'Evangile d'aujourd'hui est d'être attentif à cette parole forte, si l'on s'y arrête : « personne ne nous a embauchés ! » Regardons autour de nous : il y a, dans notre Eglise comme dans la société, des personnes à qui on ne demande jamais rien, des personnes qu'on n'appelle jamais, parce qu'on ne les voit pas, tellement ils sont discrets – ce sont les invisibles – ils ne disent jamais rien, on ne les entend pas, on finit par les oublier... Et pourtant eux aussi sont appelés à travailler à la vigne, c'est-à-dire au Royaume de Dieu ! Rappelons-nous Bartimée : Jésus, en l'entendant crier, dit à ses disciples : « appelez-le ! » Et les disciples vont lui dire : « courage, lève-toi, il t'appelle ! » N'est-ce pas l'appel que nous avons à transmettre à tous ceux qu'on oublie d'appeler ? Pour cela, il faudrait que notre vie soit appelante, c'est-à-dire rayonnante de la joie de croire en l'amour de Dieu. Il faudrait que nous puissions tous dire, comme Paul aux Philippiens : « pour moi, vivre, c'est le Christ ! » (première lecture) et que nous puissions le dire à tous ceux que le Christ appelle par leur nom comme il nous a appelés par notre nom.

Car quelle que soit l'interprétation qui nous parle le plus, il nous faut, dans les deux cas, accueillir le visage de Dieu que Jésus nous révèle dans cette parabole : un Dieu qui est bon (le « bon Dieu » !) et généreux. Un Dieu qui est bon parce qu'il est patient : il ne cesse de nous appeler et, si nous n'entendons pas son appel, il sortira de nouveau pour renouveler son appel. Un Dieu qui est bon parce qu'il donne la même chose à chacun puisqu'il donne tout en nous donnant son Fils. Le don de Dieu, c'est Dieu lui-même qui se donne à nous comme il le refait encore dans cette Eucharistie où nous pourrons l'accueillir entre nos mains et dans notre cœur. Amen.

Abbaye de Jouarre – 25° dimanche A – 21 septembre 2014

9. LE RICHE INSENSÉ ou le bonheur durable

Lc 12, 13-21

(Qo 1,2+2,21-23 ; Col 3,1-5+9-11)

La Parole de Dieu nous rejoint aujourd'hui sur une question fondamentale : quel est le sens de notre vie ? Après quoi courrons-nous ? Qu'est-ce qui nous fait nous dépenser toute la journée et qui parfois nous empêche de dormir ?

On parle beaucoup de *développement durable* aujourd'hui... La question que Dieu nous pose à travers ces textes, c'est celle du *bonheur durable*... « Vanité des vanités, tout est vanité » dit l'Ecclésiaste. Vanité, le mot qui est ainsi traduit signifie « buée », c'est-à-dire éphémère. L'Ecclésiaste dit aussi souvent : « c'est du vent » ! Et le psaume, évoquant notre condition humaine, dit que nous ne sommes qu'un songe, une « herbe changeante »... et prononce cette prière : « apprends-nous la vraie mesure de nos jours ! » N'est-ce pas ce que nous faisons lorsque nous constatons combien notre vie tient à « pas grand-chose », à l'occasion d'un accident par exemple : « on est bien peu de choses ! »

Et pourtant il y a de l'éternel en nous ! Et Jésus nous dit que nous valons plus que tous les oiseaux du ciel... et Cardijn, le fondateur de la JOC, disait qu'un jeune travailleur, un homme, ça vaut plus que tout l'or du monde, parce que c'est un fils de Dieu.

La question, c'est qu'il nous faut choisir : choisir entre l'éphémère et le durable, choisir entre les richesses qu'on amasse pour soi et « être riche en vue de Dieu », choisir entre les réalités d'en bas et les réalités d'en-haut, choisir entre le vieil homme qui est en nous (Adam) et l'homme nouveau (le Christ) qui est aussi en nous, choisir entre la folie de l'homme riche et la sagesse de Job qui disait : « Nu, je suis sorti du ventre de ma mère, et nu, j'y retournerai ». Aujourd'hui encore, c'est cette parole qui est prononcée par nos frères juifs à chaque enterrement.

Que reste-t-il à l'homme qu'on enterre ? Eh bien, il reste tout ce qu'il a donné pendant sa vie ! Tout ce qu'il a amassé pour lui, tout ce qu'il a gardé pour lui, ça va disparaître, mais tout ce qu'il a donné, ça va durer parce que c'est de l'amour ! Et l'amour, c'est la matière première du Royaume de Dieu, c'est la vie même de Dieu en nous, c'est l'éternel qui est en nous. L'amour, c'est le bonheur durable.

C'est tellement le bonheur durable que l'auteur de la lettre aux Colossiens, sans doute un disciple de Paul, Epaphras, qui avait fondé l'Eglise de Colosses, reprenant les termes de la lettre de Paul aux Galates, nous dit : « Vous êtes ressuscités avec le Christ ! » Il nous le dit au présent : non pas « vous ressusciterez ! », mais bien « vous êtes ressuscités avec le Christ ! »

Ah bon ? Eh oui ! Dans la mesure où vous vivez pour les réalités d'en-haut, dans la mesure où c'est le Christ qui vit en vous ! Mais attention, là, il ne faut pas se tromper... Les réalités d'en bas, ce n'est pas le travail, la famille, le sport, la culture, la science, toutes ces réalités humaines que Dieu le Créateur nous donne à vivre... Non, les réalités d'en bas, elles nous sont nommées : la débauche, les passions, la convoitise, la cupidité... Jésus disait « l'âpreté au gain »..., bref, ce sont des conduites, des manières de vivre. Et les réalités d'en-haut, ce sont bien sûr la bienveillance, l'humilité, la douceur, la patience, le pardon... – les béatitudes, en somme – tout ce qui nous fait ressembler à Dieu notre Père, tout ce qui nous fait aimer à la manière de Jésus.

Etre des ressuscités, c'est précisément être nés à une nouvelle manière de vivre, ce n'est pas du tout un mépris pour ce que nous appelons, nous, les choses de la terre. D'ailleurs, un peu plus loin, l'épître aux Colossiens nous dit : « tout ce que vous faîtes (quand vous travaillez, quand vous mangez et buvez, quand vous épluchez les patates, quand vous chantez et dansez), faîtes-le au nom du Seigneur Jésus, en rendant grâce par lui à Dieu le Père ». Si Dieu nous a confié les réalités de notre vie quotidienne, ce n'est pas pour que nous les méprisions, mais si nous sommes ressuscités, c'est pour vivre autrement notre vie quotidienne, comme des hommes nouveaux, comme le Christ – si nous le laissons vivre en nous.

Le bonheur durable, ce n'est pas de vivre une autre vie que la vie ordinaire, c'est de vivre autrement la vie ordinaire, la vivre avec le Christ, par lui, avec lui et en lui, pour la gloire de Dieu et le bonheur des hommes.

18° dimanche C - 5 août 2007

10. L'IVRAIE ET LE BON GRAIN

Mt 13, 24-30

Dans l'Evangile de Matthieu, Jésus parle du Royaume de Dieu avec de nombreuses paraboles tirées de la vie quotidienne des gens de son peuple. Parmi elles, cette parabole de l'ivraie et du bon grain. Comme souvent, il y a plusieurs manières de lire cette parabole.

Une première lecture de sagesse : **le bien et le mal se mêlent dans nos vies,** il n'y a pas d'un côté tout ce qui est bien et de l'autre tout ce qui est noir ! En voulant arracher le mal, on risque de détruire le bien. Ne rêvons pas d'un monde parfait ! Ces jours-ci, je discutais avec un couple qui prépare son mariage et qui me disait combien leur entourage était dégoûté de la politique. On rêverait d'une vie politique au service du bien commun, où le meilleur de nous-mêmes pourrait s'allier au meilleur des autres, mais ce n'est que combines, coups bas et ambitions personnelles... Mais non, ce n'est pas que ça ! Dans la politique, comme dans l'Eglise, comme dans l'entreprise, il y a le pire et le meilleur. S'abstenir parce que la politique est sale, c'est ne voir que l'ivraie alors que du bon grain y est mêlé. La politique, c'est comme tout ce qui est humain, c'est comme la religion, comme la sexualité : le bon grain et l'ivraie y sont mêlés. Rejeter l'un, c'est rejeter l'autre en même temps.

Mais les choses se compliquent quand on affine notre regard : dans notre vie, il n'y a pas le bon d'un côté et le mauvais de l'autre. Ce serait trop simple, trop simpliste. **C'est souvent le meilleur de nous-mêmes qui se pervertit** et qui donc a besoin de se convertir. Regardez la liberté, combien de crimes on a commis en son nom ! Et le combat pour la justice qui débouche sur le totalitarisme ! Et l'amour qui peut devenir une prison ! Et la religion qui peut devenir inquisition ! N'oublions jamais que c'est au nom de Dieu que Jésus a été crucifié... C'est ce qu'il y a de meilleur en l'homme qui a besoin de se purifier, de se convertir, sinon, il se pervertit.

Mais justement, convertir le meilleur de nous-mêmes, ce n'est pas pareil que condamner, arracher, supprimer la politique, la religion, l'amour sous prétexte que de l'ivraie vient se mêler au bon grain...

Le Royaume de Dieu est déjà là, mais il n'est pas encore pleinement réalisé. Le Royaume est **déjà là** parce que Dieu a semé en l'homme, en tous les hommes, du bon grain qui les rend capables d'aimer, de se dépasser, de se donner, de construire de belles choses : aiguisons notre regard, sachons discerner le meilleur de chacun pour nous en émerveiller et en rendre grâce, et nous-mêmes, mettons en œuvre le meilleur de nous-mêmes. Mais ne soyons pas naïfs, le meilleur de nous-mêmes peut être pourri par l'ivraie. Parce que nous ne sommes **pas encore** dans le Royaume de Dieu, le malin a semé de l'ivraie qui se mêle au bon grain. Alors, l'Evangile nous dit de ne pas tout arracher, de laisser pousser les deux ensemble. Pourquoi ?

Parce que ce n'est pas à nous de juger ! **Ne nous prenons pas pour Dieu !** Réservons à Dieu le temps de la moisson, c'est lui qui fera le tri. Soyons humbles : dans notre vie, comme dans celle des autres, le bon grain et l'ivraie sont mêlés, demandons au Seigneur de purifier le meilleur de nous-mêmes, mais ne faisons pas la leçon aux autres, ne les jugeons pas, car nous risquerions de voir la paille qui est dans l'œil de notre voisin sans voir la poutre qui est dans le nôtre.

Enfin, rendons grâce à Dieu pour sa miséricorde et sa patience : il a semé le bon grain, il nous laisse le temps de le cultiver et de le mettre au service des autres, il nous donne du temps pour purifier ce bon grain de l'ivraie qui s'y mêle, c'est le temps de la conversion. Dieu nous donne toute notre vie pour apprendre à aimer… comme lui.

16° dimanche A – 20 juillet 2014

-VI-

PAROLES DE JESUS

1. Nul n'est prophète en son pays.
2. Si ton frère a péché, va le trouver.
3. De quoi discutiez-vous en chemin ?
4. Heureux les pauvres de cœur.
5. Vous ne pouvez servir Dieu et l'argent.
6. Prenez sur vous mon joug.
7. L'amour les uns pour les autres.
8. Aimez vos ennemis.
9. Celui qui mange ma chair demeure en moi.
10. Rendez à César ce qui est à César et à Dieu…
11. Passe derrière moi, Satan !
12. Celui qui n'est pas contre nous est pour nous.
13. Tenez-vous prêts.
14. Aujourd'hui, avec moi, tu seras dans le paradis.

1. NUL N'EST PROPHETE DANS SON PAYS !

Mc 6, 1-6

C'est devenu un proverbe ! Même si ce n'est pas tout à fait le texte de la traduction que nous venons d'entendre : « Un prophète n'est méprisé que dans son pays, sa famille et sa propre maison ». Je voudrais réfléchir avec vous à ce que ça nous apprend sur Jésus et sur nous-mêmes.

Ce texte nous rappelle d'abord que Jésus était bien un homme comme nous ! A force de le considérer comme Fils de Dieu, nous risquerions d'oublier la foi de l'Eglise : Jésus est pleinement homme et pleinement Dieu. Pleinement homme, cela veut dire que, comme nous, il est d'un peuple (il est juif), et même d'un village (Nazareth), il a un métier (charpentier) et une famille (il a des parents, des frères et des sœurs).

Nous mesurons mal que Jésus, le Verbe de Dieu, la Parole de Dieu faite homme, est resté silencieux pendant trente ans... ! Il était tellement un homme comme nous qu'il est passé inaperçu, dans l'anonymat le plus total. Trente ans à se taire avant de parler trois ans ! Trente ans à partager notre vie, trente ans pour devenir humain comme nous, trente ans de silence et d'écoute pour avoir le droit de nous adresser une parole crédible venant de Dieu.

C'est justement pour cela qu'il a profondément choqué les siens quand il s'est mis à faire le prophète : il a formé un groupe de disciples qui le suivaient (et même que, dans ce groupe, il y avait des femmes, ce qui ne se faisait pas !), il s'est mis à parler avec sagesse et autorité dans les synagogues et même à faire des miracles. C'est tout du moins la réputation qu'il avait acquise en Galilée durant les premiers mois de son activité publique, avant qu'il ne revienne chez lui, dans son pays, c'est-à-dire dans son village de Nazareth.

Et voilà que Jésus va faire une expérience humaine fondamentale : il fait l'expérience que les autres nous résistent ! Pire que cela : il fait l'expérience d'être méprisé par les siens ! Rappelez-vous St Jean : « il est venu chez les siens et les siens ne l'ont pas reçu ». Jésus accepte de ne pas être tout-puissant ! Il ne peut pas faire de miracles car, comme Dieu, il accepte de dépendre de la foi des hommes.

Mais que pouvons-nous retenir de ce texte pour nous ? Quelle parole Dieu m'adresse-t-il aujourd'hui à travers ce texte ? que nous dit-il sur nous ?

- Il nous dit peut-être d'abord qu'il ne faut pas nous étonner si, nous aussi, nous avons du mal à être « prophète » dans notre entourage, dans notre famille… C'est en tout cas mon expérience. C'est l'expérience de beaucoup de parents qui voient leurs enfants s'éloigner de la foi et de l'Eglise… Nous ne devons pas nous étonner d'être incompris ou méprisé puisque Jésus l'a été aussi.
- Cette épreuve est un peu comme « l'écharde dans la chair » qui faisait souffrir Paul. C'est une faiblesse que Jésus lui-même a connue et acceptée. Cette faiblesse, cette pauvreté, vécue dans la mission, elle est le lieu où le Christ nous rejoint pour que nous apprenions à ne nous appuyer que sur Dieu : « ma grâce te suffit ! »
- L'Evangile nous dit : « Ses disciples le suivent ». Nous avons, comme Paul, à suivre le Christ sur ce chemin qu'il a choisi. Nous mettons notre confiance dans un Dieu qui a manifesté la toute puissance de son amour dans l'extrême faiblesse de la croix !

Nous sommes donc appelés à regarder autrement nos faiblesses : nous aimerions bien changer le monde ou, au moins, changer nos proches. Nous devons renoncer à cette toute-puissance puisque Dieu lui-même y a renoncé.

Nous sommes appelés à vivre nos faiblesses comme Jésus a vécu sa croix : en faire une manière d'aimer Dieu et d'aimer les autres. Quand nous sommes faibles, que ce soit à cause de la maladie, de l'âge ou de notre ignorance, nous faisons l'expérience que nous avons besoin et de Dieu et des autres : c'est alors que nous apprenons à être fils et à être frères, à devenir humain comme Jésus. Car Jésus nous apprend ce que c'est qu'être humain pour Dieu : être humain, c'est être fils de Dieu et frère des hommes, c'est se recevoir d'un Autre et se donner aux autres.

14° dimanche B – 9 juillet 2006

2. SI TON FRERE A PECHE, VA LUI PARLER

Mt 18, 15-20

(Ez 33, 7-9 ; Ro 13, 8-10)

Il me faut d'abord vous dire combien cet Evangile me met mal à l'aise...

- De quel droit me permettre d'intervenir dans la vie de mon frère pour lui montrer sa faute ? Qui suis-je pour me permettre ça ? Le péché a quelque chose d'objectif, c'est vrai : je peux dire que telle attitude est inacceptable. Mais le péché a aussi quelque chose de subjectif : pour qu'il y ait péché, il faut que ce soit sa faute. Et comment en juger ? Dieu seul peut en juger !
- D'ailleurs, l'Evangile ne cesse de me mettre en garde contre cette attitude : « regarde la poutre qui est dans ton œil au lieu de regarder la paille qui est dans l'œil de ton voisin ! » C'est bien dans l'Evangile ! Et l'attitude de Jésus me dit la même chose : quand il rencontre quelqu'un, il ne lui montre jamais son péché, mais au contraire, il appelle le meilleur qui est en lui. Regardez la femme adultère : « que celui qui n'a jamais péché lui jette la première pierre ! » Regardez Zachée : Jésus s'invite chez lui, mais ne lui fait aucun reproche. C'est parce qu'il est aimé qu'il change de vie, pas parce que Jésus lui a fait la morale !
- Enfin, mon expérience de curé, de responsable de communauté, me fait dire que si on applique ce texte à la lettre, on met le feu à une communauté !

Bref, j'ai été tenté de ne retenir que la dernière phrase de cet Evangile, que j'aime beaucoup et qui est au cœur de ma foi : « Quand deux ou trois sont réunis en mon nom, je suis là, au milieu d'eux ». Là, pas de problème : j'aurais des tas de choses à dire !

Mais c'est justement quand la Parole de Dieu nous choque, nous scandalise, nous prend à rebrousse-poil – qu'il nous faut chercher ce qu'elle veut nous dire ! C'est trop facile de ne retenir que les paroles de Jésus qu'on aime bien, que celles qui vont dans notre sens, que celles qui disent la même chose que nous ! Mais à quoi ça sert ? Quand l'Evangile nous choque, il a peut être quelque chose de neuf à nous dire. En tout cas, c'est une Parole qui vient vraiment d'ailleurs, c'est la Parole d'un autre, et je dois commencer par l'écouter et ensuite essayer de la comprendre.

Pour accueillir une page d'Evangile qu'on ne comprend pas, il faut se mettre à l'école de l'Eglise : l'Evangile se lit toujours en Eglise. Et l'Eglise nous propose aujourd'hui trois lectures, et pas seulement un Evangile. J'ai relu les deux premières lectures que l'Eglise propose pour ce dimanche et j'y ai trouvé une clé pour comprendre cet Evangile.

Saint Paul nous rappelle la Loi de Dieu, les commandements de Dieu. Il ne dit pas que Jésus les a supprimés, mais il dit que Jésus les a résumés en un seul : tu aimeras ! Ce que saint Augustin avait merveilleusement traduit par : « aimes et fais ce que tu veux », parce que, si tu aimes vraiment, tu ne peux faire que du bien ! « L'amour ne fait rien de mal au prochain »

C'est l'amour fraternel et lui seul qui peut faire comprendre le « va trouver ton frère ». C'est vrai que lorsque notre frère nous scandalise, c'est plus facile de ne rien dire ou de le critiquer par derrière. Alors, oui, « va trouver ton frère », va lui parler.

Mais attention : si tu vas lui parler, cette démarche doit être inspirée par l'amour mutuel dont parle Paul. Ce n'est pas pour te faire plaisir, pour avoir bonne conscience, ce n'est pas pour toi, mais pour lui que tu fais cette démarche. Il s'agit de l'aimer, et de l'interpeller parce que tu l'aimes et en lui manifestant qu'il est aimé. Attention donc de ne pas l'enfoncer : il s'agit au contraire de l'aider à grandir. Il faut trouver les mots qu'il peut entendre. Il faut beaucoup de délicatesse pour faire ce que Jésus demande là. C'est d'ailleurs cette délicatesse qui explique que Jésus demande que l'interpellation se fasse d'abord seul à seul, pour ne pas humilier l'autre. Jésus nous apprend à distinguer le péché qu'il dénonce et le pécheur qu'il aime.

Cet évangile remet en cause la mentalité individualiste et libérale de notre époque, l'idéologie du « c'est mon choix » ou du « c'est ton problème ! » : c'est bien d'être tolérant, mais tout n'est pas tolérable ! Le texte d'Ezéchiel rappelait la fonction du prophète : être un guetteur qui avertit ses frères, un veilleur pour son peuple. Ce n'est pas seulement bon pour l'abbé Pierre

C'est vrai pour chaque baptisé qui est appelé à participer à la fonction prophétique du Christ.

Durant toute ma vie de prêtre, j'ai accompagné – et j'accompagne toujours – des jeunes et des adultes qui se retrouvent chaque mois pour faire « révision de vie », que ce soit en JOC, en ACI ou en ACO*. Qu'est-ce que c'est si ce n'est mettre notre vie devant nos frères pour les autoriser à nous poser des questions au nom de l'Evangile ? Mais cela n'est possible que parce que chacun sait qu'il est aimé, accueilli, et jamais jugé ; chacun sait que l'autre ne va pas en profiter pour le « descendre ». On est là pour s'aider à être fidèle à l'Evangile.

C'est possible puisque Jésus nous dit : « quand deux ou trois sont réunis en mon nom, je suis là au milieu d'eux ». Quand Jésus est là, l'amour de Dieu est au milieu de nous et on peut s'interpeller les uns les autres, être responsables les uns des autres. Rendons grâce à Dieu : Jésus est au milieu de nous puisque nous sommes réunis en son nom. Qu'il nous permette d'être un peuple de veilleurs, de prophètes et de frères !

*JOC = Jeunesse Ouvrière Chrétienne, ACI = Action Catholique des milieux Indépendants, ACO = Action Catholique Ouvrière.

23° dimanche A - 4 septembre 2005

3. DE QUOI DISCUTIEZ-VOUS EN CHEMIN ?

Mc 9, 30-37

Cette question de Jésus vous rappelle quelque chose : c'est la même question qu'il pose aux disciples d'Emmaüs quand il les rejoint sur la route... J'ai envie de m'arrêter à cette question de Jésus : *de quoi discutiez-vous en chemin ?*

Jésus s'intéresse aux discussions de ses disciples en chemin. Quand il traversait la Galilée, l'Evangile nous dit qu'il les instruisait... Il leur disait des choses difficiles : « le Fils de l'homme est livré aux mains des hommes... » Les disciples ne comprennent pas, mais « ils avaient peur de l'interroger ». Une fois rendu à la maison, Jésus, lui, les interroge : « de quoi discutiez-vous en chemin ? » Il leur donne la parole.

Jésus va continuer de les instruire, mais à partir de leurs préoccupations, à partir de leurs questions, à partir de leurs discussions. Ils discutaient de qui est le plus grand parmi eux ? Ils en ont un peu honte... Mais Jésus ne les critique pas, il ne les condamne pas. Mais il va évangéliser leurs préoccupations. *Il s'assoit, il appelle les Douze et il leur dit : si quelqu'un veut être le premier, qu'il soit le dernier de tous et le serviteur de tous !*

Nous tous qui sommes ici, nous sommes les disciples de Jésus. Quand Jésus instruit ses disciples, c'est nous qu'il instruit. S'il s'intéresse à leurs discussions en chemin, cela veut dire qu'il s'intéresse aussi à nos discussions entre nous. En venant à l'église ce matin, de quoi avons-nous discuté ? Sans doute de quelque chose qui nous préoccupait, qui nous tenait à cœur, qui était important pour nous... Mais justement, qu'est-ce qui est important pour nous ? D'être le premier, le plus fort, le plus chrétien ? Jésus veut évangéliser ce dont nous discutons en chemin, il veut évangéliser nos préoccupations. Ici, nous l'avons remarqué, évangéliser, cela veut dire retourner...inverser... convertir ! « Si quelqu'un veut être le premier, qu'il soit le dernier et le serviteur de tous ». Jésus ne leur reproche pas de vouloir être le premier, Jésus ne nous reproche pas de vouloir être le premier, mais il nous dit : attention, ce n'est pas ce que vous croyez !

J'aime ce Jésus qui s'intéresse à nos vies, à nos envies, à nos désirs. Il s'intéresse à nos discussions, à nos partages, à nos débats, à nos échanges entre nous. Il nous rejoint dans ce que nous avons de plus profond : cette envie d'être le plus grand, le premier, le meilleur... Il ne nous le reproche pas. Mais à partir de là, il va nous ouvrir un chemin de vie : se faire le plus petit, prendre la dernière place, être le serviteur de tous, c'est sa manière à lui d'être le plus grand.

Nous voyons bien qu'il n'y a rien de religieux en tout cela. Jésus évangélise nos vies et nos envies. Il nous invite à être ses disciples, c'est-à-dire à le suivre, lui qui va prendre la dernière place en étant livré aux mains des hommes. Et pour que nous comprenions bien, *il prend un enfant, il le place au milieu d'eux, il l'embrasse et leur dit : celui qui accueille en mon nom un enfant comme celui-ci, c'est moi qu'il accueille...* Un enfant ! Mais un enfant, ce n'était rien du temps de Jésus, c'était la dernière roue du carrosse... et voilà que ça devient le centre. Accueillir le plus petit, c'est accueillir Jésus lui-même puisque Jésus s'est fait le plus petit ! Et celui qui accueille le plus petit, qui accueille Jésus, il accueille Dieu lui-même ! Normal : non seulement Dieu s'est fait homme en Jésus, mais, en Jésus, nous le rappelons chaque année à Noël, Dieu s'est fait petit enfant.

Cette pédagogie de Jésus, qui part de nos préoccupations les plus humaines pour nous parler de lui et de son Père, elle nous dit comment nous devons nous y prendre pour annoncer la Bonne Nouvelle. Nous aussi, nous devons partir des préoccupations de nos contemporains, de ce dont ils discutent en chemin, de ce qui les motive, de ce qui les fait courir. Sans leur faire la leçon, sans leur faire la morale, mais peut-être en renversant les données du problème, à la manière de Jésus. La religion ne les intéresse pas ? Mais il ne s'agit pas de religion. Il s'agit de notre vie, de nos envies, d'être le premier ou le dernier, le plus grand ou le plus petit... Il s'agit de ce dont nous discutons en chemin...

25° dimanche B - 23 septembre 2012

4. HEUREUX LES PAUVRES DE COEUR

Mt 5, 1-12

Les béatitudes, c'est pour moi à la fois une déclaration d'amour, un portrait de Jésus et un programme de vie.

Une déclaration d'amour parce que Jésus nous révèle à travers ces paroles que les privilégiés de Dieu, ce sont les pauvres, les affamés, ceux qui pleurent et ceux qui sont rejetés. Dieu est de leur côté et il ne les abandonnera pas, comme il n'a pas abandonné Jésus au pouvoir de la mort. Le grand signe que Dieu est du côté des pauvres, des affamés, des souffrants, des rejetés, c'est la résurrection de Jésus. Heureux sont-ils parce que Dieu les aime, Dieu est avec eux, Dieu les ressuscitera comme il a ressuscité Jésus.

Un portrait de Jésus parce qu'il est pauvre, il s'est dépouillé de tout, il est né pauvre à la crèche, il est mort nu sur la croix : c'est quand il n'avait plus rien qu'il a tout donné... Il a eu faim au désert et a crié « j'ai soif » sur sa croix... Il a souffert sa passion dans les larmes et l'angoisse, rejoignant tous ceux qui souffrent. Enfin, il a été rejeté, méprisé, haï... Et pourtant, nous savons qu'il nous a montré le chemin du vrai bonheur car tout cela, il l'a vécu dans l'amour. Heureux est-il, car Dieu l'a ressuscité d'entre les morts. Sans la résurrection, les béatitudes n'ont pas de sens.

Un programme de vie : comme Jésus et à sa suite, nous devons tout faire, dès ici bas, pour que soient heureux les pauvres, c'est-à-dire pour qu'ils soient libérés de la misère ; pour que soient heureux les affamés, c'est-à-dire pour qu'ils mangent à leur faim ; pour que soient heureux les affligés, c'est-à-dire pour qu'ils soient consolés et entourés ; pour que soient heureux les rejetés, les exclus de toute sorte.

Comment ne pas penser à l'abbé Pierre : il a vécu les béatitudes parce qu'il a lutté pour le bonheur des pauvres, des affamés, des affligés et des exclus, il a été heureux de ce combat et nous sommes sûr qu'il partage la béatitude de Celui qui fut, parmi les morts, le premier des ressuscités.

6° dimanche C – 10 février 2007

5. VOUS NE POUVEZ SERVIR A LA FOIS DIEU ET L'ARGENT

Lc 16, 1-13

(Am 8,4-7 ; 1 Tm 2,1-8)

Il n'y a pas que des dieux religieux, il y a aussi des dieux profanes. La Bible appelle « idoles » tous les faux dieux : les dieux faits de mains d'homme, les dieux des païens (les Baals), mais aussi les dieux profanes. La grande idole profane, du temps d'Amos, du temps de Jésus, et aujourd'hui plus encore, c'est l'Argent. Idole, faux dieu, auquel on est prêt à tout sacrifier. Entre Dieu et l'argent, il y a non seulement concurrence, mais il y a aussi contradiction.

Il y a d'abord concurrence car, comme le dit Paul aujourd'hui, « il n'y a qu'un seul Dieu ». Si je mets l'argent à la place de Dieu, si c'est l'argent qui est le maître de ma vie, il n'y a plus de place pour Dieu... ni d'ailleurs pour les autres. Choisir l'un, c'est exclure l'autre puisqu'il n'y a qu'un seul Dieu. Mais il n'y a pas seulement concurrence, il y a aussi contradiction entre Dieu et l'argent : l'argent est un faux dieu qui est le contraire de Dieu. L'argent écrase les hommes. Le culte de l'argent sacrifie les pauvres. En ce sens, les sacrifices humains, ça existe toujours. L'argent est trompeur car il promet le bonheur. L'argent rend les hommes esclaves, il asservit les hommes quand il est une fin en soi.

Dieu est le contraire de l'argent. Dieu élève les humbles, il ne réclame pas des sacrifices ; au contraire, c'est lui qui se sacrifie pour tous les hommes, il se donne à nous pour notre bonheur. Dieu nous libère de tout esclavage, et d'abord de l'esclavage de l'argent. Dieu nous rend frères de tous les hommes car « Dieu veut que tous les hommes soient sauvés ». Dieu est le contraire de l'argent car Jésus nous révèle un Dieu pauvre qui veut nous enrichir de sa seule richesse : son amour.

Jésus nous interpelle sur la place de l'argent dans notre vie : est-il une fin en soi ou un moyen ? est-il le but de ma vie, ce après quoi je cours, ou est-il un moyen au service de la fraternité ? est-il un maître qui m'asservit, qui me possède, ou un bien dont je me sers ? Servir l'argent, qui est une petite affaire, ou se servir de l'argent pour le mettre au service du Royaume, qui est la grande affaire ?

Que faisons-nous de notre argent, si nous avons la chance d'en avoir ? Nous nous en servons pour vivre – et c'est bien – mais nous pouvons aussi nous en servir pour « se faire des amis », comme dit Jésus, c'est-à-dire pour partager, pour vivre la solidarité avec ceux qui ont moins. Quelle part de mon budget sert à la solidarité ? Il y a les impôts, à condition de ne pas tricher, mais il y a aussi ce qui n'est pas imposé, ce qui est volontaire : les cotisations, les dons aux associations et aussi l'entraide fraternelle.

Le sens de la quête, au cœur de l'eucharistie, c'est le rappel que l'argent est un bien nécessaire à la communion entre nous et entre les hommes, pour vivre le partage et lutter contre les inégalités. Soyons habiles pour le Royaume comme nous savons être habiles pour gagner de l'argent pour vivre.

Notre vraie richesse, c'est Jésus qui fait de nous des frères et des fils de Dieu, des sœurs et des filles de Dieu. Notre vraie richesse, c'est l'Amour de Dieu, à partager avec « tous les hommes » et d'abord avec ceux d'entre nous qui n'ont rien.

25° dimanche C – 22 septembre 2013

6. PRENEZ SUR VOUS MON JOUG

Mt 11,25-30

Voilà un Evangile qui est vraiment une « bonne nouvelle » pour nous. Nous l'aimons, cette page d'Evangile, parce qu'elle nous parle de bonté, de douceur, d'humilité, de repos, de légèreté – autant de réalités qui nous font du bien, en particulier en ce temps de vacances, même pour ceux qui ne partent pas.

« Venez à moi, vous tous qui peinez sous le poids du fardeau et moi, je vous procurerai le repos ». Vous tous qui êtes-là ce matin, vous peinez sous le poids d'un fardeau que Jésus connaît. C'est le fardeau de la vie quotidienne : le travail, le transport, les courses, les enfants, les tensions dans la famille ou au bureau, ou l'absence de travail, ou la maladie, ou la solitude... Oui, Jésus connaît votre fardeau, vous pouvez le déposer aux pieds de la croix et il vous donnera le repos, c'est-à-dire la paix, la sérénité, le calme qu'on trouve dans un monastère ou dans une église. Le repos qui permet de se re-poser, de se poser à nouveau, de se recueillir et de se tenir debout.

Mais alors, pourquoi Jésus nous parle-t-il de son joug ? Pourquoi nous dit-il : **« Prenez sur moi mon joug, mon joug est facile à porter et mon fardeau léger »** ? Pourquoi faut-il en rajouter, même s'il est léger ?

C'est là qu'il faut se rappeler ce qu'est un « joug » : c'est une pièce qui a pour fonction de joindre deux animaux appelés à tirer ensemble la même charge. Vous connaissez la parole de l'Evangile : « ce que Dieu a uni, que l'homme ne le sépare pas » ? Eh bien, dans le texte grec, c'est le même mot que Jésus utilise : « ce que Dieu a mis sous le même joug, qu'un humain ne le sépare pas ! » Le joug, c'est ce qui unit, ce qui conjoint, ce qui relie. Le joug, c'est un lien de communion qui permet de porter ensemble le poids de la vie.

Le joug que Jésus nous propose, c'est le lien de communion qui l'unit à son Père. Et le lien qui unit Jésus à son Père et qu'il veut nous partager, les chrétiens l'appellent « l'Esprit-Saint », l'Esprit d'amour qui unit le Père et le Fils, qui unit chacun de nous à Jésus et qui nous relie les uns aux autres. Jésus nous propose de devenir ses disciples, et nous savons que ça veut dire ses amis. Il nous donne son Esprit pour que nous soyons reliés à lui et reliés aux autres. Le joug de Jésus qui est léger, c'est l'Esprit-Saint, l'Esprit d'amour. Notre fardeau est plus léger parce qu'il est partagé avec le Christ et avec nos frères. On le porte ensemble, on se porte les uns les autres.

Rendons grâces au Père avec Jésus de nous donner la force de l'Esprit-Saint qui fait de nous des enfants de Dieu, des frères et des sœurs, en nous reliant à lui et aux autres.

14° dimanche ordinaire A – 6 juillet 2014

7. L'AMOUR LES UNS POUR LES AUTRES

Jn 13, 34-35

« Ce qui montrera à tous les hommes que vous êtes mes disciples, c'est l'amour que vous aurez les uns pour les autres. » Cette parole de Jésus est son testament. C'est l'une des dernières paroles qu'il a laissées à ses disciples et qu'ils nous ont transmises.

Quand j'étais étudiant en fac (dans une autre vie...), les *cathos*, on les appelait les « talas » parce qu'ils allaient *t'à la messe*... Jésus n'est pas d'accord. Ce qui montrera que nous sommes ses disciples, ce n'est pas que nous allions à la messe, c'est l'amour que nous avons les uns pour les autres... même s'il est important que nous venions recevoir cet amour à la table de l'eucharistie.

On se demande souvent comment annoncer la Bonne Nouvelle... Jésus nous donne la réponse : en nous aimant les uns les autres comme il nous a aimés. Si nous nous aimons les uns les autres, nous montrons à tous les hommes, en particulier à tous les habitants de notre cité, que nous sommes les disciples de Jésus, et donc qu'il est vivant, qu'il est ressuscité puisqu'il est vivant en nous, puisqu'il nous fait vivre !

A huit jours de notre kermesse, je crois important de méditer cette parole pour notre paroisse. La kermesse paroissiale, c'est quelque chose que nous sommes appelés à faire ensemble, au milieu du quartier. C'est toujours difficile de faire quelque chose ensemble, surtout quand on est d'origines différentes, d'âges différents, de sensibilités différentes. C'est pourquoi je voudrais d'abord rendre hommage à tous ceux qui préparent cette kermesse depuis des semaines. La première manière de s'aimer les uns les autres, c'est d'accepter de faire quelque chose et de le faire avec d'autres. C'est vrai que si on ne fait rien, on ne risque pas de se disputer... Il y en a peut-être parmi vous qui ont l'impression de ne rien faire : la kermesse, c'est vraiment un moment où tout le monde peut faire quelque chose ! Il n'est pas trop tard...

Mais il ne suffit pas de faire quelque chose, encore faut-il le faire avec d'autres... et c'est là que ça se complique. Qu'est-ce que ça veut dire

« s'aimer les uns les autres » quand on a quelque chose d'important à faire ensemble ? Cela peut être une kermesse, mais aussi une célébration, une action collective, un spectacle ou n'importe quelle manifestation. Je vous propose trois exigences de cet amour mutuel :

- Prendre toute sa place, mais rien que sa place, pour laisser de la place aux autres.
- Respecter le travail et la responsabilité des autres.
- Se mettre au service de la réussite des autres.

Prendre toute sa place, mais rien que sa place, pour laisser de la place aux autres. Regardez comment Jésus s'y est pris : il n'a rien fait tout seul, il a appelé des disciples et, quand il multiplie les pains, il les donne aux disciples pour qu'ils les donnent à la foule. Quand on fait quelque chose ensemble, c'est important que chacun puisse apporter sa participation : s'il y en a un qui fait tout, les autres sont démobilisés, ils ont l'impression de ne compter pour rien. Quant on fait quelque chose ensemble, il faut vérifier que tout le monde ait sa place, en particulier les plus petits, les plus timides, les moins organisés ou encore les nouveaux. S'aimer les uns les autres, c'est permettre à chacun de prendre sa place. On se répartit le travail, on se répartit les responsabilités, on se répartit les places.

Respecter le travail et la responsabilité de chacun. Bien sûr qu'on a le droit de débattre ! On a même le droit, entre chrétiens, de ne pas être d'accord sur tout ! Surtout quand il faut se mettre d'accord sur le prix d'un coca-cola... Mais une fois qu'on a donné son avis, c'est important de jouer le jeu, de ne pas faire de mauvais esprit en racontant que ça ne marchera jamais. On n'est pas obligé de critiquer ce que font les autres, de leur savonner la planche... pour montrer qu'on avait raison. S'aimer les uns les autres, c'est se faire confiance les uns aux autres, c'est croire les uns dans les autres. Même si on n'aurait pas fait de la même manière si cela avait été notre responsabilité.

Se mettre au service de la réussite des autres. On veut tous que la kermesse réussisse, mais elle ne réussira que si chacun réussit à bien faire ce qu'il s'est engagé à faire avec d'autres. Il ne suffit pas de ne pas se mettre des bâtons dans les roues... encore faut-il veiller à ce que chacun réussisse son stand, son animation, son installation : tu as besoin de quelque chose ? Mais oui, il a besoin que tu l'encourages, que tu lui dises : super ce que vous avez fait là ! Oui, s'aimer les uns les autres, c'est s'encourager les uns les autres, se féliciter les uns les autres, se supporter les uns les autres au sens d'être les « supporters » les uns des autres.

Nos fêtes humaines peuvent être des paraboles du Royaume de Dieu, de ce monde nouveau, cette terre nouvelle dont nous rêvons tous, où chacun et chacune aura sa place, même le plus petit, où chacun se sentira responsable de tous et où nous réussirons les uns par les autres.

5° dimanche de Pâques C - 2007

8. AIMEZ VOS ENNEMIS !

Lc 6, 27-35

L'expression revient deux fois. Elle est choquante tellement elle va contre le sens commun. Et si en plus, on y ajoute l'histoire de l'autre joue, c'est complet ! Nous, les chrétiens, on passe vraiment pour des naïfs. Et pourtant... Si vous aimez Jésus, si vous aimez l'Évangile, vous ne pouvez pas ne pas avoir été séduits par cette parole de feu... Ce qui est difficile, c'est de rendre compte de ce qu'elle veut dire pour nous, c'est de nous expliquer avec les autres sur cet évangile et sur cet amour des ennemis qui est l'une des grandes originalités de notre foi chrétienne. Je vous propose de retenir trois points.

1. **Jésus est plus réaliste qu'on ne croit : s'il nous dit d'aimer nos ennemis, c'est qu'il sait que nous avons des ennemis !**

Jésus ne nous dit pas : n'ayez pas d'ennemis, mais : aimez vos ennemis - ce qui n'est pas pareil. Il sait de quoi il parle. Dès sa naissance, on veut le faire mourir et le roi Hérode fait assassiner tous les nouveau-nés de Bethléem. Dans son propre village, il a failli se faire lapider et, très vite, les chefs du peuple vont chercher à l'arrêter et à le supprimer. Des ennemis, il en a eu !

Des quantités, comme tous les prophètes que Dieu avait envoyés avant lui. Et le plus étonnant, c'est que ses ennemis se prétendent le plus souvent des adorateurs de Dieu ! C'est un comble ! Plus nous vivrons l'Évangile, plus nous risquons de nous faire des ennemis. Plus nous suivrons Jésus, plus nous risquons d'avoir des ennemis, ou au moins des ennuis.

Jésus nous a prévenu : "on portera la main sur vous et on vous persécutera, on vous mettra en prison, on vous traînera devant des rois et des gouverneurs à cause de mon nom." (Lc 21,12). Nous en avons tous fait l'expérience : quand on veut séparer deux personnes qui se battent, on risque de prendre des coups. Et on entend après de braves gens dire : "on ne m'y reprendra plus à m'occuper des autres"... Tous ceux qui font quelque chose se font critiquer : il n'y a que ceux qui ne font rien à qui on ne fait pas de reproche, d'où la tentation du repli chez soi. Mais ce n'est pas comme ça qu'on répond à l'appel de Jésus qui nous appelle à construire un monde fraternel.

2. **Pour Jésus, aimer, ce n'est pas une affaire de sentiment.**
Aimer, ce n'est pas être amoureux. Jésus ne nous demande pas d'être amoureux de nos ennemis ! Pour le coup, cela n'aurait pas de sens. Quand on parle d'amour, il faut savoir de quoi l'on parle. Bien sûr, l'amour sentiment, cela existe et c'est très beau : qu'il s'agisse d'amour ou d'amitié, de tendresse, d'affection, ou même de sympathie, il s'agit d'un penchant pour quelqu'un, on est attiré, c'est quelque chose que l'on ressent, qui ne se commande pas, et plus le sentiment est fort, plus on dit : c'est plus fort que moi. Cela peut aller jusqu'à la passion. Ce sentiment-là, ça nous tombe dessus, on n'y peut rien. On dit bien "tomber amoureux". On est passif, on est pris dedans. Tout le problème, c'est ce qu'on va en faire.

Mais il existe un autre amour que l'amour sentiment. Il s'agit de l'amour dont parle Jésus quand il nous dit : "aimez vous les uns les autres" ou "aimez vos ennemis". Pour Jésus, aimer, c'est aussi une question de volonté et d'action, c'est vouloir du bien et surtout faire du bien aux autres : "ce que vous voulez que les autres fassent pour vous, faites-le aussi pour eux." Tu veux être respecté ? Respecte les autres. Tu veux être écouté ? Écoute les autres. Tu veux être reconnu ? Reconnais les autres. Tu veux qu'on te fasse confiance ? Fais confiance aux autres. Aimer, c'est cela... et c'est aussi pardonner. Alors, bien sûr, le sentiment, ça aide. Et c'est plus facile de respecter un ami qu'un ennemi. Mais lorsque nous sommes pris dans les conflits, les tensions, les ruptures, les bagarres qui marquent nos vies de familles, nos vies de travail ou nos vies de voisinage, essayons d'aimer en ce sens là ceux qui sont nos ennemis : essayons de les respecter, de les écouter, de les reconnaître, soyons prêts à leur pardonner. C'est la seule manière de créer du neuf dans une situation bloquée. Ne disons pas trop vite que ce serait de la faiblesse, car il faut être fort pour faire le premier pas. Mais c'est la force de l'amour.

3. Enfin, quand il s'agit d'amour, n'oublions jamais que c'est Dieu qui nous aime le premier et qu'il nous appelle à aimer comme il nous aime.

Cette manière d'aimer qui va plus loin que le sentiment, c'est l'amour qui vient de Dieu, c'est l'amour que Jésus nous a manifesté, c'est "l'amour de Dieu qui a été répandu dans nos cœurs par l'Esprit Saint qui nous a été donné", comme dit Paul (Ro 5,5). Si nous aimons ainsi, comme nous sommes aimés, nous serons "les fils du Dieu très haut, car il est bon lui pour tout le monde, même les ingrats et les méchants". Il est même bon avec nous. Il nous aime, même quand nous ne sommes pas aimables.

Que notre eucharistie soit un grand merci pour cet amour que Dieu nous porte et qu'il nous donne pour que nous le portions à nos frères humains afin de construire avec lui et avec eux une civilisation de l'amour où les hommes sauront toujours plus se respecter et s'entraider.

7° Dimanche ordinaire C - 22 février 1998

9. CELUI QUI MANGE MA CHAIR DEMEURE EN MOI
L'amour veut la présence

Jn 6, 51-58

« Celui qui mange ma chair et boit mon sang demeure en moi et moi je demeure en lui ». Demeurer en l'autre... c'est le désir de tout être aimé, c'est le désir de tout amoureux... L'amour veut la présence, l'amoureux veut demeurer avec l'aimé, et même en lui. Voilà pourquoi toute séparation est douloureuse : quand le bébé doit se séparer de sa mère, quand l'enfant doit se séparer de ses parents, quand les parents voient leur enfant quitter la maison, quand les amoureux se séparent, quand les époux sont éloignés, quand l'être aimé s'en va ...

L'amour veut la présence. Et quand la présence n'est plus là, l'amour invente un signe, un symbole, qui rappelle la présence de l'absent : c'est l'alliance que beaucoup d'entre vous portent au doigt et qui leur rappelle qu'ils ne sont pas seuls, qu'ils ont un allié, un conjoint ; c'est la gourmette, le bracelet ou le collier, offert pour témoigner l'affection ou la tendresse. C'est la présence cadeau qui rend présent un absent. Voilà pourquoi le cadeau s'appelle aussi un « présent ». Je pense au père Jean : la dernière année de sa vie, il a distribué à tous ceux qu'il aimait des objets qui lui étaient chers, même s'ils ne valaient pas grand chose ; à cette époque, j'étais aumônier diocésain de la JOC et il m'avait donné une statue de la Vierge, « Notre Dame de la JOC », qui est dans mon séjour et qui me fait penser à lui. Tout comme ces objets de nos parents qui ne sont plus là mais qui nous signifient leur présence. L'amour veut la présence, surtout quand l'autre est absent.

Jésus nous aime tellement qu'il veut être toujours avec nous : « Je suis avec vous tous les jours, dit-il à ses amis, jusqu'à la fin des temps ». Et pour être avec nous, il nous a fait le don de son Esprit. Mais nous ne sommes pas de purs esprits ! Nous sommes aussi un corps et c'est notre corps qui nous rend présents aux autres ! Voilà pourquoi Jésus nous a laissé un « présent » extraordinaire, une présence cadeau : le signe de son propre corps, c'est-à-dire le signe de sa présence, alors même que nous attendons son retour et que nos yeux ne peuvent plus le voir. L'amour veut la présence.

« L'homme ne vit pas seulement de pain », dit l'Ecriture. Il a besoin de nourriture spirituelle, bien sûr, et la Parole de Dieu peut combler cette faim. Mais il a surtout besoin d'amour : voilà pourquoi la Parole de Dieu s'est faite chair, pour être présente au milieu de nous – et c'est le Christ Parole de Dieu faite homme ; voilà pourquoi le Christ se fait chair à nouveau, se fait nourriture pour être toujours avec nous, chaque jour – et c'est le Christ qui nous donne son Corps et son Sang pour demeurer en nous. L'amour veut la présence de l'être aimé, la présence de l'absent.

Et l'amour veut plus que la présence, il veut l'union, la communion, le corps à corps. C'est la grandeur de la sexualité humaine que d'exprimer, dans ce corps à corps, ce don de soi qui permet la communion et qui fait vivre. Car c'est un corps livré, c'est un sang versé, que nous recevons dans l'Eucharistie : nous communions à l'amour du Christ sur la Croix, nous communions à ce don de soi qui fait vivre. Et cette présence du Christ en nous, cette communion au don de sa vie, c'est une présence qui nous transforme, qui nous rend capables peu à peu de donner notre vie à notre tour.

L'amour veut la présence... mais le Christ n'aime pas que nous... Il aime aussi tout ceux et celles qui habitent cette cité, ce quartier. Il veut aussi être présent auprès d'eux, il veut aussi demeurer avec eux. Et pour cela, il n'a que son corps... Et son Corps, ce n'est pas seulement le pain consacré, c'est aussi nous, son Eglise. Nous sommes le Corps du Christ qui veut se rendre présent dans cette cité, qui veut y demeurer. A la messe, nous recevons le Corps du Christ pour devenir le Corps du Christ, présence amoureuse de Dieu auprès des hommes qu'il aime. Devenons ce que nous recevons ! « Puisqu'il y a un seul pain, la multitude que nous sommes est un seul corps, car nous avons tous part à un seul pain. » Devenons ce que nous recevons – le Corps du Christ – pour être la présence cadeau de Dieu au milieu des hommes, nos frères et sœurs, pour être la présence amoureuse de Dieu auprès d'eux. Amen.

Fête du Corps et Sang du Christ A – 13 juin 2009

10. RENDEZ A CESAR CE QUI EST A CESAR ET A DIEU CE QUI EST A DIEU

Mt 22,15-21

Pas facile de prêcher sur cet Evangile... Au niveau des idées, il y a plein de choses à dire, mais quelle parole vivante Dieu nous adresse-t-il aujourd'hui, à nous qui vivons dans cette cité ? Je me suis dit qu'il y en avait peut-être plusieurs : Dieu ne nous dit pas la même chose selon notre histoire, notre âge, ce qui nous marque en ce moment... Je voyais au moins trois paroles, trois messages, trois lectures de ce texte. Pourquoi choisir l'une plutôt que l'autre ? Surtout qu'à la fin, j'ai fait une découverte...

Il y a d'abord une lecture plus politique :

En cette journée mondiale du refus de la misère, elle ne peut nous laisser indifférents. « Rendez à César ce qui est à César et à Dieu ce qui est à Dieu », cela veut d'abord dire que... César n'est pas Dieu ! Au moment où l'Evangile est écrit, les premiers chrétiens se faisaient manger par des lions parce qu'ils refusaient de rendre un culte à l'empereur. Quand Rome est devenu un empire, César a été divinisé. César, c'est l'homme qui se fait Dieu. Jésus, c'est Dieu qui se fait homme et qui nous révèle que Dieu n'est pas un César. Ce n'est pas de l'histoire ancienne : le 20° siècle qui s'achève a vu de nombreux dictateurs que leurs peuples ont adoré ou adorent toujours comme des dieux. Jésus désacralise le politique. Il n'y a qu'un seul Dieu. César n'est pas Dieu.

Il y a ensuite une lecture plus morale :

Qu'est-ce qu'il faut faire ? « Est-il permis ou défendu de faire cela ? » Il nous arrive à nous aussi de demander une réponse toute faite à nos questions. Cela nous dispense de réfléchir. On s'en remet à un autre. Mais l'Évangile n'est pas le livre rouge qui va nous dire ce qu'il faut faire ou ne pas faire. Le christianisme n'est pas une religion de la prescription, c'est une religion de l'inspiration. En dehors des dix commandements qui nous évitent de vivre n'importe quoi, il n'y a qu'un seul commandement, celui de l'amour. Nous sommes libres, nous sommes renvoyés à notre conscience, éclairée par l'Esprit de Dieu, par ceux que nous voulons consulter, par les responsables de l'Eglise. Mais ce sera toujours à nous de prendre la décision. « Aime et fais ce que tu veux », disait Augustin. Si tu aimes, vraiment, tu ne peux faire le mal.

Il y a enfin une lecture plus spirituelle :

« Rendez à Dieu ce qui est à Dieu ». Qu'est-ce qui est à Dieu ? C'est vous, c'est moi, c'est nous qui sommes à Dieu. Nous lui appartenons parce que c'est en lui que nous mettons notre foi. Rendre à Dieu ce qui est à Dieu, c'est se rendre à Dieu, s'en remettre à Dieu, s'abandonner en toute confiance à Dieu. C'est lui offrir ce qu'il nous a donné : notre vie. C'est nous offrir à Dieu comme il s'offre à nous-mêmes en nous donnant son Fils, Jésus.

Et voilà ma découverte, au terme de ces trois lectures : c'est Jésus qui fait l'unité des trois, c'est Jésus qu'il nous faut contempler. Sur la pièce de monnaie, il y a l'image de César, mais en face de nous, il y a le Christ, « image visible du Dieu invisible ». Et le Christ en croix nous révèle un Dieu qui n'est pas un César, qui n'est pas un empereur, mais un Dieu qui se donne tout entier sans s'imposer.

Le Christ en croix nous révèle un Dieu qui ne vient pas nous dire ce qu'il faut faire ou ne pas faire, mais un Dieu qui nous appelle à aimer en donnant notre vie comme Jésus a donné la sienne. Et le Christ en croix nous révèle un Dieu qui est Père et qu'être homme, à la suite de Jésus, c'est être Fils, c'est-à-dire se recevoir de Dieu et s'en remettre totalement à Lui : « Père, entre tes mains, je te remets ma vie ».

Rendre à Dieu ce qui est à Dieu, c'est lui rendre grâce pour le Christ qu'il nous donne. C'est lui rendre ce qu'il nous a donné : son Fils, notre vie, notre monde... que nous essayons de rendre plus humain. C'est cela l'eucharistie, la messe. C'est ce que nous allons faire maintenant.

29° Dimanche ordinaire A – 17 octobre 1999

11. PASSE DERRIERE MOI, SATAN !

Mc 8, 27-35

« Passe derrière moi, Satan ! » Que s'est-il donc passé pour que Jésus interpelle Pierre, le premier de ses apôtres, d'une manière aussi violente ? Que veut dire cette parole ? S'adresse-t-elle aussi à nous aujourd'hui ?

Satan : il y a dans ce mot une référence très claire aux combats de Jésus au désert au lendemain de son baptême, une référence aux fameuses tentations de Jésus, c'est-à-dire ce moment où Jésus a fait le choix de vivre sa mission non pas selon le schéma de la puissance mais selon le schéma du serviteur, non pas selon les pensées de hommes mais selon la volonté de son Père.

Jésus vient d'annoncer à ses disciples qu'il va souffrir et mourir, alors même que Pierre vient de proclamer qu'il est le messie. Mais un messie ne meurt pas ! Pierre lui fait donc de vifs reproches : si Jésus le veut, il ne tient qu'à lui de ne pas souffrir, de ne pas être rejeté, de ne pas être tué. Il lui suffit de se cacher, de ne pas monter à Jérusalem et, si jamais il est pris, de faire appel à ses partisans.

Si Pierre se fait traiter de Satan, c'est parce qu'il reprend les tentations auxquelles Jésus a déjà dit non une fois pour toutes : non pour être un messie de puissance ; non pour utiliser à son profit la puissance de Dieu qui est en lui et qui lui a déjà permis de guérir les malades, de nourrir la foule et de calmer la tempête ; non à la violence dont les hommes se servent pour écarter leurs adversaires. Sa seule arme sera la puissance de l'amour de Dieu.

« Passe derrière moi ! » C'est la bonne traduction. Et non pas « arrière, Satan » comme si Jésus lui disait : recule, écarte toi de mon chemin ! Il s'agit bien de passer derrière Jésus. Vous avez l'explication un peu plus loin : « Si quelqu'un veut marcher derrière moi... », c'est-à-dire « si quelqu'un veut être mon disciple »... « Passe derrière moi », cela veut dire : sois mon disciple ! C'est ce qu'on appelle « la suite de Jésus » : on marche derrière lui parce qu'on se met à son école et on le suit sur le chemin qu'il nous trace. Chemin de vie, chemin de croix, chemin d'amour.

« Si quelqu'un veut marcher derrière moi, qu'il renonce à lui-même, qu'il prenne sa croix et qu'il me suive »… C'est la définition du disciple !

- Renoncer à moi-même, cela veut dire renoncer à ne vivre que pour moi, renoncer à être le centre de ma vie… pour être capable de me donner.
- Prendre ma croix, pas celle de Jésus, mais la mienne : chacun a sa croix à porter, nous n'avons pas à en chercher une autre que celle que la vie ou les autres nous font vivre.
- Suivre Jésus pour faire de cette croix un chemin d'amour.

Ce dialogue de Jésus avec ses disciples a été mis par écrit à un moment où les premiers chrétiens étaient persécutés : ils étaient tentés d'oublier la croix de Jésus et surtout de sauver leur vie pour échapper à la mort… Et voilà que Jésus leur rappelle que le disciple, c'est celui qui suit son maître. Et quand il ajoute : « celui qui perdra sa vie pour moi et pour l'Evangile la sauvera », ce n'est pas une clause de style. Pierre, comme Paul, comme des milliers de chrétiens, perdra sa vie pour Jésus et pour l'Evangile !

Et nous ? Nous qui ne sommes pas persécutés… que sommes-nous prêts à subir à cause de Jésus et de l'Evangile, pour être son disciple et passer derrière lui… ? Quelle est la croix que je suis appelé à porter ? Non pas la croix que Dieu m'envoie, mais la croix de ma vie, ce qui est pesant dans ma vie, ce qui me fait souffrir… comment en faire un chemin d'amour, un moyen d'aimer à la suite de Jésus.

24° dimanche B – 13 septembre 2009

12. CELUI QUI N'EST PAS CONTRE NOUS EST POUR NOUS

Mc 9, 38-41

(Nb 11, 25-29)

L'Eglise nous propose aujourd'hui deux récits qui vont dans le même sens : nous ne sommes pas les seuls à avoir reçu l'Esprit-Saint, ni les seuls à vivre l'Evangile, ni les seuls à croire en Dieu.

Nous n'avons pas le monopole de l'Esprit-Saint : l'Esprit-Saint est donné à tous ! L'esprit qui reposait sur Moïse a été distribué aux 70 anciens du peuple de Dieu. Mais Moïse aurait bien aimé qu'il soit distribué à tout le peuple ! « Ah ! si le Seigneur pouvait mettre son esprit sur eux, pour faire de tout son peuple un peuple de prophètes ! »

Les prêtres doivent se rappeler qu'ils n'ont pas le monopole de l'Esprit-Saint : l'Esprit Saint repose aussi sur tous les baptisés, et il s'exprime donc par tous les baptisés. D'où l'importance de leur donner la parole, de les écouter. Ce qui s'est fait hier lors de l'assemblée paroissiale.

Mais les chrétiens eux-mêmes doivent se rappeler qu'ils n'ont pas le monopole de l'Esprit-Saint : « l'Esprit souffle où il veut ! » Oui, l'Esprit agit en tout homme et c'est pour cela qu'il y a du bon en tout homme, quelle que soit son âge, sa religion, son origine. L'an dernier, nous avons réunis tous les cathos qui étaient engagés dans la solidarité. Cette année, nous voudrions inviter tous les acteurs de la solidarité qui sont protestants, juifs, musulmans, laïques, les travailleurs sociaux et les élus, pour partager avec eux nos expériences et nos questions. Les chrétiens n'ont pas le monopole de la solidarité car l'Esprit d'amour agit en tout homme.

Nous n'avons pas non plus le monopole de l'Evangile : l'Evangile est vécu par beaucoup ! Il est vécu d'abord par les autres chrétiens, bien sûr. « Celui qui fait un miracle en mon nom ne peut pas, aussitôt après, mal parler de moi. » Il y a bien d'autres chrétiens qui ne sont pas de ceux qui nous suivent : sur Créteil, il y a les chrétiens réformés du 113, il y a les chrétiens évangélistes du Mont Mesly et du Lac, il y a les adventistes de la rue Déménitroux. Tous ceux là se réclament de Jésus le Christ et de son Evangile : ils ne peuvent pas le prier, agir en son nom et mal parler de lui. Bien sûr, nous ne sommes pas d'accord sur tout, mais Jésus nous invite à la tolérance entre chrétiens : « celui qui n'est pas contre nous est pour nous ». Comment regardons-nous les autres chrétiens qui ne sont pas catholiques mais qui sont chrétiens ?

Nous n'avons pas le monopole de la foi : nous ne sommes pas les seuls croyants ! Nos frères juifs viennent de célébrer Roch Hachana, le nouvel an juif, et ils célébreront lundi le Yom Kippour, le grand pardon. Grâce au groupe local de l'Amitié Judéo-Chrétienne, j'ai un peu mieux compris le sens de ces deux fêtes. Le jour du Grand Pardon, nos frères juifs avouent leurs fautes et demandent à Dieu de leur pardonner. Pour cela, ils font un jeûne de 25 heures pendant lesquelles ils s'abstiennent d'activités professionnelles pour prier.

Jésus était juif, les apôtres aussi... En apprenant à mieux connaître la religion juive, nous apprenons non seulement à mieux comprendre nos amis juifs pratiquants, mais nous apprenons aussi à mieux nous comprendre nous-mêmes.

Quant à nos amis musulmans, ils sont en plein Ramadan, ils vont poser la première pierre de la grande mosquée mercredi prochain et nous pourrons leur souhaiter une bonne fête à la fin du ramadan avec une carte signée par notre évêque que nous recevrons bientôt.

Œcuménisme avec les chrétiens, dialogue avec les autres croyants, collaboration avec les hommes de bonne volonté : telles sont aujourd'hui les exigences de l'amour universel que le Christ nous invite à vivre, lui qui a donné sa vie pour la multitude, pour toute l'humanité.

26° dimanche B - 26 septembre 2009

13. TENEZ-VOUS PRÊTS... pour la rencontre !

Mt 24, 37-44

« Tenez-vous prêts », cela me renvoie à ma jeunesse, quand je faisais du scoutisme et qu'on avait pour devise « toujours prêts ! » A l'époque, cela voulait dire, pour moi, être toujours prêt à rendre service... Ce n'est déjà pas si mal... Puis, cela a signifié au moment de l'ordination : être prêt à servir dans le ministère.

Plus tard, cela a revêtu une autre signification. J'avais découvert la fragilité de nos vies, j'avais fait l'expérience de la mort et j'avais entendu cette parole de Charles de Foucauld : « vivre chaque heure de ma vie comme si c'était la dernière ». Ce qui voulait dire : être toujours prêt pour le grand voyage, prêt pour rencontrer ton Seigneur, mais ce qui voulait dire aussi :

vivre intensément chaque heure de sa vie, ne pas gâcher cette heure qui m'est donnée et qui pourrait être la dernière...

En ce premier jour de l'Avent, c'est-à-dire de ce temps où on se tourne vers l'à-venir, vers Celui qui vient, vers son « avènement », qu'est-ce que ça veut dire pour nous « tenez-vous prêts » ? J'ai envie de répondre : soyons prêts pour la rencontre !

Le Christ est venu, le Christ vient, le Christ reviendra. Mais ce qui nous intéresse, c'est que « le Seigneur vient ! », il est en train de venir. Il est venu, c'est entendu, mais c'est du passé... Il reviendra, je veux bien l'espérer, mais c'est à la fin des temps, ce n'est pas pour tout de suite. Mais si l'Avent, c'est « le Seigneur qui vient », alors c'est pour aujourd'hui, c'est pour nous ! Il nous faut être prêt pour la rencontre, sinon, nous allons le manquer !

Etre prêt pour la rencontre, c'est d'abord « veiller », « sortir de notre sommeil » : être des veilleurs du Seigneur qui vient. Etre attentifs à tous les signes de sa venue. Attacher du prix à ce que nous vivons ensemble, dans le quotidien des jours, dans la vie ordinaire parce que c'est là qu'il vient. Si je dors, je vais le manquer, comme on manque un rendez-vous. Soyons des veilleurs pour être capables de le reconnaître et de le rencontrer à travers les rencontres que je vais vivre.

Etre prêt pour la rencontre, c'est aussi nous préparer à cette rencontre, comme on se prépare à retrouver quelqu'un qu'on aime. Si le Seigneur vient, il s'agit de l'accueillir correctement, il s'agit de lui faire de la place, il s'agit de me vider un peu de tout ce qui me remplit de moi-même pour me laisser remplir par son Esprit. C'est comme un couple qui se prépare à accueillir un enfant : il lui prépare sa petite chambre, son lit, tout ce qui lui faut ; ils se préparent en parlant de lui et même en lui parlant alors qu'il est encore dans le ventre de sa mère.

Etre prêt pour la rencontre, c'est enfin préparer notre terre à accueillir le Seigneur qui vient. Je veux dire que ce n'est pas seulement une affaire individuelle et spirituelle : le règne de Dieu qui est tout proche, qui vient, a une dimension sociale, collective, j'allais dire politique, au sens où ça concerna la cité. Préparer sa venue, c'est – comme le dit le prophète –

redresser les chemins tortueux, aplanir les montagnes, retirer tous les obstacles qui empêchent la paix et la justice de régner.

Nous tenir prêts pour rencontrer le Seigneur qui vient, c'est tout cela : veiller pour être attentif à tous les signes de sa venue dans nos vies, nous préparer intérieurement à l'accueillir, préparer notre société à sa venue.

C'est vrai que le salut, il vient d'un autre, il ne vient pas de nous, mais encore faut-il que nous fassions notre part du travail : que nous soyons prêts à l'accueillir, ce salut de Dieu qui vient à notre rencontre.

1° dimanche de l'Avent A – 28 novembre 2004

14. AUJOURD'HUI, AVEC MOI, TU SERAS DANS LE PARADIS

Lc 23, 35-43

Christ-Roi, c'est un pléonasme, une tautologie… car *Christ*, c'est la traduction grecque du mot juif *messie*. Or, le messie attendu était un roi, c'est pour cela qu'on l'appelait Fils de David et qu'il devait naître à Bethléem. D'ailleurs, « messie », cela veut dire « l'oint », « celui qui a reçu l'onction »… comme David. Ce roi messianique était bien sûr le Sauveur de son peuple. D'où les insultes adressées à Jésus crucifié (« sauve-toi toi-même ! »). D'où aussi cette inscription sur la croix de Jésus : « Celui-ci est le roi des juifs » résumée par les premières lettres INRI (Jésus le Nazaréen, Roi des Juifs) que nous pouvons voir sur de nombreux tableaux.

Par ailleurs, Jésus est venu annoncer la venue du Royaume de Dieu. C'est vrai qu'il a refusé d'être roi, mais il n'a cessé de parler, à travers des paraboles, du Royaume de Dieu qui était tout proche, qui était mystérieusement présent au milieu de nous. Au point que ce Royaume, il pouvait s'identifier à Jésus lui-même.

Et pourtant, Jésus a refusé qu'on le fasse Roi, il n'aimait pas qu'on dise qu'il était le Messie, le Christ : il recommandait le silence à ceux qui parlaient ainsi. Il ne voulait pas qu'on se trompe de messie… Alors, pourquoi cette fête du Christ Roi aujourd'hui ?

« Jésus, souviens-toi de moi quand tu viendras inaugurer ton Règne. »

Dans l'Evangile d'aujourd'hui, le seul homme qui comprend qui est Jésus, c'est le deuxième malfaiteur, celui que la tradition a appelé « le bon larron ». Il est crucifié comme Jésus, il souffre et pourtant, il prend sa défense : contre l'autre malfaiteur, contre les chefs du peuple et les soldats romains qui se moquent. Dans le procès fait à Jésus, il prend position pour Jésus dont il proclame l'innocence, alors qu'il reconnaît : « après ce que nous avons fait, nous avons ce que nous méritons ».

Mais surtout, il adresse à Jésus une prière qui est un acte de foi extraordinaire : ce Jésus qui est crucifié à côté de lui, il n'est pas le roi des juifs au sens mondain du terme, il n'est pas le concurrent d'Hérode, ni de l'Empereur, il est le roi qui doit venir ! La mort de Jésus n'est donc pas la fin de Jésus. Ce Messie crucifié a un avenir ! Quelle espérance... alors qu'ils sont pendus sur une croix... ! Espérance en la résurrection : Dieu ne peut pas abandonner son Messie !

Et la réponse de Jésus est une promesse qu'il fait à chacun de nous si nous lui adressons la prière du bon larron : « Aujourd'hui, avec moi, tu seras dans le paradis ». Ce qui signifie au moins deux choses :

- le paradis, c'est d'être avec Jésus, dans son Royaume,
- ce Royaume, c'est aujourd'hui que Jésus l'inaugure, en donnant sa vie sur la Croix, car c'est le Règne de l'amour absolu de Dieu qui commence.

Jésus est notre Roi quand il meurt, pour nous, sur la croix. C'est là qu'il inaugure son règne ! La croix est son trône, sa couronne est faite d'épines, il est le Messie crucifié qui révèle l'amour de Dieu pour toute l'humanité et c'est cet amour qui nous sauve tous. Pourvu que, comme le bon larron, nous prenions position pour lui, le crucifié, et pour tous les crucifiés du monde.

Fête du Christ-Roi C – 25 novembre 2005

-VII-

QUELQUES MOTS CLES

1. Conversion.
2. Croire.
3. Demeurez.
4. Miséricorde.
5. Mort.
6. Pardonner.
7. Pratiquant.
8. Prière.
9. Reconnaissance.
10. Résurrection.
11. Salutation.
12. Servir.
13. Témoignage.

1. CONVERSION

Mc 1, 12-15

Ce temps de Carême n'est pas d'abord un temps triste ou un temps de privation. C'est d'abord un temps de conversion : « convertissez-vous et croyez à la Bonne Nouvelle ! » Mais qu'est-ce que ça veut dire se convertir ?

Dans le langage courant, se convertir, c'est changer de religion. Dans le langage de l'Evangile, se convertir, c'est changer sa vie. Ou changer son cœur. Ou changer son regard. Et on n'a jamais fini de changer pour essayer de mieux ressembler à Jésus. Le chrétien, c'est l'homme de la conversion permanente. Car Dieu nous appelle sans cesse à changer, pour mieux lui ressembler. La conversion, ce n'est donc pas une fois pour toutes.

Au début de ce Carême, la question n'est pas « de quoi je vais me priver ? » mais qu'est-ce que le Christ me demande de changer dans ma vie, quand il me dit : convertis-toi et crois à la bonne nouvelle ?

Peut-être est-ce ma manière d'aimer, parce que je suis trop possessif ? Peut-être est-ce ma manière d'animer, parce que je suis trop directif ? Peut-être est-ce ma manière de prier, parce que je suis trop bavard ? Peut-être est-ce ma manière de servir, parce que je fais trop « à la place de »... Ou peut-être que c'est ma manière de faire par moi-même au lieu de me laisser faire par Dieu...

Quelquefois, on se demande comment nous pouvons, à notre tour, annoncer la Bonne Nouvelle... Nous ne pouvons pas faire comme lui... Mais ce que nous pouvons toujours faire, c'est raconter nos conversions, raconter la conversion que je suis en train de vivre, à cause de Jésus-Christ, ou raconter la conversion que Jésus me demande de vivre... pour pouvoir ressusciter avec Lui à Pâques.

1° dimanche de Carême B – 26 février 2012

2. CROIRE

Jn 21, 1-14

Cette belle page de saint Jean nous fait comprendre que pour rencontrer le Ressuscité, il faut croire, il faut faire un acte de foi – même pour les Apôtres ! Au début, on nous dit : *« Jésus était là sur le rivage, mais les disciples ne savaient pas que c'était lui. »* Et, à la fin du récit, on nous dit : *« Aucun disciple n'osait lui demander qui es-tu ? ils savaient que c'était le Seigneur ».* Entre les deux, il s'est passé quelque chose. Que s'est-il passé ? Eh bien, les apôtres ont fait un acte de foi. C'est Jésus qui, en se manifestant à eux, les fait passer de l'ignorance à la foi, mais en même temps, il ne s'impose pas à eux : seuls ceux qui croient rencontrent le Ressuscité. Sans la foi, ils n'auraient pas su que c'était lui...

Et en quoi consiste cet acte de foi ? Il me semble que cet Evangile nous décrit bien les trois dimensions de l'acte de foi dans le Ressuscité : c'est d'abord une confiance, c'est ensuite une reconnaissance, c'est enfin un engagement.

Croire, c'est faire confiance :

Ils ont passé toute la nuit sans rien prendre et voilà qu'un individu, un inconnu, les appelle et leur demande du poisson... mais ils n'en ont pas. Alors cet inconnu les invite à jeter leurs filets à droite de leur barque... et ils le font ! Pour rencontrer le Ressuscité, il faut commencer par faire confiance à celui qui nous appelle à jeter les filets... même si on n'a rien pris de la nuit. Chaque fois que nous faisons confiance à la vie, chaque fois que nous faisons confiance à quelqu'un qui nous appelle, qui nous demande quelque chose, qui nous invite à agir, nous sommes sur le chemin de la rencontre avec le Ressuscité. Si au contraire, nous sommes toujours méfiants, si nous ne répondons jamais à quelqu'un qui nous appelle ou qui nous demande quelque chose, nous ne risquons pas de rencontrer le ressuscité : nous passerons à côté de lui ! Croire, c'est faire confiance.

Croire, c'est reconnaître :

« Le disciple que Jésus aimait dit à Pierre : c'est le Seigneur ! » Il le reconnaît ! Ce n'était pas évident, puisqu'il ne savait pas que c'était lui.

Dire « c'est le Seigneur ! », c'est faire une profession de foi, c'est reconnaître dans un inconnu celui qui s'est révélé à eux comme étant le Seigneur. Il n'est plus tout à fait le même (sinon, il n'aurait pas eu besoin de le reconnaître), mais c'est bien Jésus, c'est le Crucifié qui est ressuscité. Mais qu'est-ce qui fait que Jean a reconnu le Seigneur ? Il a dû se rappeler la pêche miraculeuse que Jésus leur avait permis de faire. Jean a reconnu la manière de faire de Jésus. C'est qu'il connaissait bien : pour reconnaître quelqu'un, il faut d'abord bien le connaître ! C'est dans la mesure où nous connaissons bien le Jésus des évangiles que nous reconnaîtrons le Ressuscité dans nos vies. Croire au Ressuscité, c'est faire confiance et c'est le reconnaître. Mais pas seulement...

Croire, c'est s'engager

ou plutôt, c'est « se jeter à l'eau » comme le fait saint Pierre. Mais justement, s'engager, c'est se jeter à l'eau, c'est se mouiller ! C'est tout le sens du baptême : baptiser, cela veut dire plonger. Cela dit bien l'engagement de la personne pour suivre Jésus. Croire au Ressuscité, ce n'est pas seulement le reconnaître, c'est aussi se jeter à l'eau, engager sa vie à la suite de Jésus. Mais cela n'est possible que si on le reconnaît. Nous pouvons nous poser la question : quand est-ce que nous nous sommes jetés à l'eau à cause de Jésus ?

Croire au Ressuscité, c'est lui faire confiance, c'est le reconnaître et c'est engager sa vie à sa suite. La foi est confiance, reconnaissance et engagement. Alors le Seigneur nous dit : « *venez déjeuner* ». Tout à l'heure, nous entendrons « *Heureux les invités au repas du Seigneur !* » Et quand on nous dira « *le Corps du Christ* », nous répondrons : « *amen !* » Cet *amen* est une profession de foi qui veut dire : « c'est le Seigneur ! » C'est une façon de le reconnaître, mais ce sera pour mieux le rencontrer, au cœur de notre vie quotidienne, comme Pierre et ses compagnons l'ont rencontré en exerçant leur métier de pêcheurs.

3° dimanche de Pâques C – 14 avril 2013

3. DEMEUREZ

Jn 15, 1-8

(1 Jn 3, 18-24)

J'ai compté : le mot « demeurer » revient dix fois dans les textes de Jean de ce jour. Souvent, Jésus nous dit : lève-toi, marche, va... Mais ici, au moment de passer de ce monde à son Père, il nous dit : « demeurez ». Qu'est-ce que ça veut dire ?

Demeurer, c'est habiter :

« Maître, où demeures-tu ? » Quelle est la demeure de Dieu ? Où habite-t-il ? Il habite en nous, « puisqu'il nous a donné son Esprit ». L'Esprit de Dieu, c'est Dieu-en-nous, même si « Dieu est plus grand que notre cœur » et dépasse infiniment notre demeure. Oui, c'est vrai, à travers Jésus, Dieu est venu habiter chez nous : « Le Verbe s'est fait chair et il a habité parmi nous ». Comment nous laissons-nous habiter par Dieu ? Quelle place lui laissons-nous dans notre maison, dans notre demeure – je veux dire : en nous ? Est-ce qu'en nous, Dieu peut respirer ou est-ce qu'il étouffe ? Est-ce que nous faisons le ménage de temps en temps pour que Dieu se sente bien chez nous ? Mais le demeurer est réciproque : si Jésus vient demeurer chez nous, il nous demande de demeurer en lui : « demeurez en moi comme moi en vous. » Habiter en Christ, c'est vivre par lui, avec lui et en Lui. Voilà qui nous interroge sur notre relation personnelle au Christ, en particulier dans la prière. Quel temps je passe avec lui pour demeurer en lui ?

Demeurer, c'est rester, c'est durer :

Comme les disciples d'Emmaüs qui disent à l'inconnu : « reste avec nous, Seigneur, il se fait tard ». Reste avec nous, ne pars pas. Demeurer, c'est rester, c'est tenir dans la fidélité. Et cette fidélité s'éprouve dans la nuit. C'est facile de demeurer, de rester fidèle, quand tout va bien, mais quand vient la tempête, quand viennent les épreuves, quand la souffrance nous submerge ? Lui, Jésus, il est l'ami fidèle qui est toujours là, qui demeure à mes côtés. Mais moi ? Comment suis-je fidèle aux sarments de sa vigne ? Car on ne peut demeurer en Christ, la vigne, si on ne demeure pas branché sur les autres sarments. Comment je dure dans la fidélité aux liens avec ceux qui souffrent, ceux qui galèrent, ceux qui sont dans la nuit ? Comment suis-je auprès d'eux le signe, le sacrement du Christ qui reste auprès d'eux ?

Demeurer, c'est être présent :

Finalement, demeurer, cela nous ramène au nom de Dieu révélé à Moïse au « buisson ardent », ce buisson qui brûle sans se consumer, qui demeure brûlant et ardent. Je suis Yahvé, dit Dieu, je suis celui qui suis, celui qui demeure – et il y a une promesse dans ce Nom : je suis celui qui sera toujours là, celui qui demeure éternellement auprès de toi, auprès de vous. Je suis donc celui qui ne vous abandonnera jamais. Je suis le vigneron. Exactement ce que le ressuscité dit à ses disciples au moment même de les quitter : « Je suis avec vous tous les jours, jusqu'à la fin des temps ».

Demeurer, donc, c'est habiter, c'est rester, c'est être présent. Autrement dit, **demeurer, c'est aimer** et il n'y a que l'amour qui donne du fruit. Si l'on reste seul, on ne peut ni aimer, ni donner du fruit. Si on demeure en Christ, on est rattaché à tous les sarments de la vigne, on est relié les uns aux autres et c'est seulement ainsi que la vie de Dieu circule en nous comme la sève et qu'elle nous permet de donner du fruit. Alors, notre vie devient féconde, comme celle du Christ. Pour la gloire du Père et pour le bonheur des hommes. Amen.

5° dimanche de Pâques B - 6 mai 2012

4. MISERICORDE

Jn 20, 19-31

(Ac 4,32-35)

C'est le Pape Jean-Paul II qui a voulu faire du 2° dimanche de Pâques le « dimanche de la divine miséricorde ». L'évangile de ce jour est tellement riche que la tentation est grande de parler d'autre chose : du dimanche qui est le « premier jour de la semaine » quand Jésus vient et se tient au milieu de nous, ou encore de Thomas et de la difficulté de croire sans avoir vu, ou encore de la mission que Jésus nous confie : *« Comme le Père m'a envoyé, moi aussi je vous envoie ! »* Quel lien avec la divine miséricorde ?

D'abord le mot « miséricorde » : il est composé de deux mots latins : misère et cœur... La miséricorde, c'est le cœur touché par la misère. La miséricorde divine, c'est le cœur de Dieu touché par la misère de l'homme. C'est la compassion de Dieu pour nous. Mais ces mots latins traduisent un hébreu qui est beaucoup plus fort : ce n'est pas seulement le cœur de Dieu qui est touché, ce sont ses entrailles qui sont retournées par la misère des hommes. Dans notre langage on dirait que la miséricorde de Dieu, c'est quand Dieu a mal aux tripes en voyant notre misère...

Il y a d'abord **la misère sociale**, celle dont parle la première lecture de ce jour : *« aucun d'entre eux n'était dans la misère ! »* Nous comprenons tous ce que ça veut dire : la première communauté chrétienne était une vraie fraternité où *« on mettait tout en commun »* et où on redistribuait à chacun selon ses besoins. C'était des partageux ! Cela veut dire que la rencontre de Jésus-Christ transforme les relations sociales. Cela se vit encore dans les monastères, mais si vous regardez bien, c'est aussi ce qui se vit un peu, dans notre société, à travers les impôts et la sécurité sociale... Le Dieu de Jésus est aussi le Dieu de Moïse qui entend les cris de son peuple qui subit les misères de l'esclavage : si Dieu sauve, c'est parce qu'il est miséricordieux, c'est parce qu'il est bouleversé de voir la misère de son peuple et s'il nous envoie son fils, c'est pour nous apprendre à aimer, à partager. *« L'amour de Dieu, c'est cela : garder ses commandements »*, c'est-à-dire aimer, partager. La misère des hommes, celle des peuples pauvres, celle des exclus, des sans papiers et des chômeurs, crie vers Dieu qui en a les tripes à l'envers et qui nous appelle à aimer, à partager, à être solidaires.

Mais il y a aussi **la misère morale**, celle dont parle l'Evangile : *« Recevez l'Esprit-Saint : tout homme à qui vous remettrez ses péchés, ils lui seront remis. »* On ne peut pas changer le monde si on ne se change pas soi-même... Je sais, le péché n'a pas bonne presse, et pourtant, nous faisons sans cesse l'expérience du mal qui est en l'homme et donc en chacun d'entre nous, ce mal qui nous empêche d'aimer, ce mal qui nous rend parfois inhumains. Eh bien, la miséricorde de Dieu, c'est le pardon : pas le pardon qui efface tout, mais le pardon qui redonne la confiance, celui dont Pierre a bénéficié après avoir trahi Jésus, celui dont tous les hommes ont bénéficié quand Jésus a dit sur la croix : *« Père, pardonne-leur, ils ne savent pas ce qu'ils font ! »* Mais cette miséricorde de Dieu nous appelle nous même au pardon et à la miséricorde : *« Soyez miséricordieux comme votre Père est miséricordieux »*...

Misère sociale, misère morale... peut-être faut-il maintenant en revenir à Thomas qui contemple son Seigneur... avec ses mains et son côté transpercés – ce côté transpercé dont Jean nous a dit qu'il en était sorti de l'eau et du sang, c'est-à-dire le baptême et l'eucharistie ! Là voilà, **la divine miséricorde** ! Si Jésus le ressuscité se manifeste avec ses blessures aux mains et au côté, c'est parce que ce sont nos blessures qu'il a prises sur lui, c'est notre misère qu'il a endossée, et sa résurrection n'a pas effacé ses blessures qui sont les nôtres. C'est avec nos blessures qu'il est ressuscité, c'est avec note misère qu'il est auprès du Père, car c'est bien le Dieu crucifié qui est ressuscité. Les blessures du Ressuscité sont les blessures de tous les hommes qui souffrent – les nôtres peut-être – : *« Avance ton doigt ici et vois mes mains »*, ce sont les blessures de son corps, de son Eglise, de son humanité qu'il a transformées en source de l'Esprit : *« Recevez l'Esprit Saint ! »* Telle est la divine miséricorde : non seulement Dieu prend sur lui nos blessures mais il en fait une source d'eau vive, le lieu d'une espérance où il nous communique son Esprit, c'est-à-dire sa vie... en abondance !

2° dimanche de Pâques B - 23 avril 06

5. LA MORT

Jn 14,1-16

(Sg 2,1-4a.22-23 ; 3,1-9 ; Ro 8, 18-23)

Puisque le 2 Novembre tombe un dimanche, nous sommes invités à méditer sur la mort et je crois que c'est une bonne chose. Nous vivons dans une société qui refuse de parler de la mort, qui la cache, qui essaie de l'oublier. La mort est un tabou. Mais plus on la cache, plus on la nie, plus elle nous traumatise car nous ne sommes plus préparés à la mort... Voilà pourquoi il est important d'en parler. Je voudrais vous proposer trois pistes de réflexion sur la mort, sur notre mort, et je crois que cela nous aidera à prier pour nos défunts dans la confiance et l'espérance.

1. La mort fait partie de la vie :

La différence entre les animaux et les humains, c'est que les hommes savent qu'ils vont mourir. C'est leur grandeur, c'est aussi leur angoisse. Nous avons tous l'expérience que le vivant, sur cette terre, ça naît, ça grandit et ça meurt. Rien n'est éternel, sinon Dieu que les croyants appellent justement « l'Eternel ».

La mort semble donc quelque chose de normal, et pourtant, elle nous scandalise. Pas seulement quand elle fauche une vie de jeune ou, pire encore, une vie d'enfant. La mort nous scandalise toujours, même au terme d'une longue vie, parce que nous avons plus ou moins conscience d'être faits pour l'éternité, d'être faits pour Dieu. Nous sommes des êtres finis qui aspirent à l'infini. *« Dieu a créé l'homme pour une existence impérissable, il a fait de lui une image de ce qu'il est en lui-même »* dit la Sagesse.

Mais si nous réfléchissons bien, la mort est vraiment naturelle : quand notre corps est usé, quand nos facultés déclinent, quand nous sommes fatigués par la route de nos vies, nous aspirons au repos. La mort, c'est d'abord cela : le repos au terme de la route. Certes, notre dignité d'homme demeure intacte, mais comment nier que la mort soit souvent une délivrance ? Oui, la mort fait partie de la vie.

Voilà pourquoi elle ne justifie pas qu'on s'acharne à faire vivre une personne par tous les moyens, comme si la mort était toujours un échec. Il y a un moment où il est bon de se préparer à mourir et, alors, il est bon d'être entouré de ceux qu'on aime, il est bon de pouvoir relire sa vie, de pouvoir y mettre de l'ordre, de laisser tel ou tel message de pardon ou d'encouragement pour ceux qui restent.

Oui, la mort fait partie de la vie et, à ce titre, il est bon d'en parler, d'apprendre à en parler, justement pour s'y préparer. Et pour parler de la mort, il y a des récits, des gestes, des rites, comme ceux que nous accomplissons aujourd'hui : c'est important, car cela donne du sens à nos vies. Pour autant, la mort est toujours douloureuse car elle est séparation, rupture, arrachement. Jésus a pleuré devant le tombeau de son ami Lazare. Mais dans nos vies, il y a souvent des séparations, des ruptures, des arrachements. D'où cette 2° piste...

2. C'est toute notre vie qui prépare notre mort :
Notre vie est une succession de morts et de résurrections, mais nous n'en avons pas forcément conscience, et c'est dommage. Toute notre vie, nous apprenons à faire notre deuil pour renaître à une vie nouvelle. Cela commence quand nous sortons du ventre de notre mère : nous avons à faire le deuil de ce nid douillet où nous avons passé neuf mois bien au chaud. C'est pour cela que nous poussons un cri à notre naissance. Puis nous avons à faire le deuil d'une relation fusionnelle avec notre mère : nous la voulons tout pour nous, mais il va falloir la quitter, apprendre à devenir « je », couper le cordon... Il faut beaucoup de larmes pour construire un homme, mais ça vaut le coup ! C'est comme ça qu'on grandit...

Au fur et à mesure qu'on grandit, justement, on apprend à faire le deuil de ses illusions, de certains projets irréalisables, de certaines relations qui comptaient beaucoup. Quand on quitte son pays, comme Abraham, ou quand on déménage, on fait son deuil, on vit une rupture, des séparations. C'est pareil quand on quitte sa famille ou quand on « enterre sa vie de garçon », Ce sont des arrachements mais pour une vie nouvelle.

Et puis, il y a les vrais deuils : la rupture d'une relation amoureuse, la séparation d'un couple, la perte d'un être cher... A chaque fois, on est déchiré, désemparé, on déprime, on n'a plus goût à rien... Et c'est tout un travail de deuil qui est à faire, non pas pour oublier – on n'oublie jamais ceux qu'on aime – mais pour vivre avec cette absence, avec cette blessure, avec cette partie de nous-mêmes qui nous manque. Oui, on apprend à vivre avec, parce qu'on a pu en parler à des personnes qui nous ont écoutés, parce qu'on a pu exprimer ce qu'on ressentait, raconter ce qu'on a vécu. Et on a fait l'expérience que ce sont les autres qui nous ont remis debout. On en sort plus fort,... mais ça, on ne peut le dire qu'après...

Finalement, la vie nous apprend à nous laisser aimer et à aimer à notre tour. Elle nous apprend à nous abandonner dans les bras des autres et dans les bras de Dieu, et elle nous apprend aussi à nous décentrer, à ne pas vivre que pour nous, à porter la souffrance des autres comme ils portent la nôtre. Qu'est-ce que mourir sinon s'abandonner dans les bras d'un autre sans se crisper sur sa vie et accepter de remettre notre vie au Père parce que, tout au long de notre vie, nous avons appris à la donner. Si chaque soir, nous nous endormions en disant la parole de Jésus : « Père, entre tes mains, je remets mon esprit, entre tes mains, je te remets ma vie », nous serions prêts pour le grand passage. Car... - troisième piste :

3. La mort, c'est le passage vers le Père :
Jésus a vécu sa mort comme un passage vers son Père. Cela ne l'a pas empêché d'avoir peur de la mort, mais sa confiance en son Père lui a permis d'affronter son destin, d'aller jusqu'au bout du don de sa vie. Il disait à ses amis : « je m'en vais vous préparer une place, et il y a beaucoup de places dans la maison de mon Père. » C'est là qu'il nous attend, au terme de notre route, avec tous ceux qui nous ont précédés. Car notre route aura un terme et ce terme, c'est Dieu et son amour infini.

Et si nous apprenions à faire ce passage vers le Père tout au long de nos vies, pour mieux vivre le grand passage quand l'heure sera venue ? Ce passage, nous le vivons chaque fois que nous nous abandonnons entre les mains de Dieu et chaque fois que nous nous donnons à nos frères : « Nous sommes passés de la mort à la vie parce que nous aimons nos frères », dit saint Jean. Ce passage-là, nous avons toute la vie pour le faire, à la suite de Jésus, et avec la force de son Esprit. C'est lui, Jésus, qui nous dit : « Je suis la résurrection et la vie. Celui qui croit en moi, même s'il meurt (et il mourra...), vivra ! »

Commémoration de tous les fidèles défunts A - 2 novembre 2014

6. PARDONNER parce que nous sommes pardonnés

Mt 18,21-35

(Ro 14,7-9)

La Parole de Dieu nous parle aujourd'hui de pardon, une expérience que nous avons tous faite, dans un sens ou dans un autre : il nous est arrivé à tous de demander pardon à quelqu'un ou d'avoir à pardonner à quelqu'un. Entre humains, entre frères, le pardon est forcément mutuel : il n'y a pas ceux qui pardonnent toujours d'un côté et ceux qui sont toujours pardonnés de l'autre. Nous sommes tour à tour ceux qui pardonnent et ceux qui demandent pardon. Le « aimez-vous les uns les autres » devient « pardonnez-vous les uns aux autres ».

Cette semaine, j'ai rencontré un confrère sur le diocèse qui me parlait de ses relations avec un autre prêtre : « au début, cela a été difficile, on s'est accroché plusieurs fois, et puis, un jour, on s'est demandé pardon, et depuis, c'est vraiment fraternel. » Voilà comment le pardon mutuel change la vie ! Peut-être avons-nous fait nous mêmes cette expérience d'une amitié qui s'est construite sur le roc d'un pardon mutuel, ou d'une vie de couple qui s'est renouvelée dans le pardon mutuel.

Mais ce pardon mutuel s'enracine dans un autre pardon, que nous avons tous reçus, les uns et les autres. Saint Paul nous dit : « dans notre vie comme dans notre mort, nous appartenons au Seigneur ». Pourquoi ? Parce qu'il nous a rachetés, il a « remis nos dettes », il a remboursé en notre nom la dette que nous avons tous envers le Créateur.

Dans *Prions en Eglise*, la présentation de ce dimanche porte en titre : « pardonner pour être pardonné ». L'Evangile va dans ce sens, ainsi que la prière du Notre Père : « pardonne nous nos offenses comme nous pardonnons aussi à ceux qui nous ont offensés. » La mesure dont nous nous servons pour pardonner sera celle dont Dieu se servira pour nous pardonner. Mais, à y regarder de plus près, je préfère dire : pardonner, parce que nous sommes tous pardonnés... par Dieu.

Car le pardon de Dieu nous précède et c'est parce que Dieu nous a pardonnés que nous sommes appelés à nous pardonner mutuellement. Ce serviteur est odieux parce que son maître lui a remis sa dette et qu'il n'en fait pas autant avec son compagnon. Nous sommes pareils quand nous refusons de pardonner à nos frères alors que Dieu nous a pardonné en Jésus.

Bien sûr, il est parfois très difficile de pardonner le mal qu'on nous a fait ou qu'on a fait à l'un de nos proches, nos enfants par exemple. Quand nous n'arrivons pas à pardonner, nous ne pouvons que demander au Christ de nous apprendre à pardonner comme lui l'a fait sur la Croix : « Père, pardonne-leur, ils ne savent pas ce qu'ils font ! ». Seul le Christ peut nous donner la force et le courage de pardonner qui nous apportera à nous aussi la paix, car nous serons libérés de cette rancune ou de cette haine qui nous empêche de vivre. Le pardon libère aussi celui qui pardonne !

Le Christ en a inspiré d'autres : Jean-Paul II visitant en prison celui qui a failli le tuer, les moines de Tibhérinne pardonnant à l'avance à leurs bourreaux, les frères de Taizé priant Dieu de soutenir celle qui a assassiné le frère Roger... C'est l'expérience d'être des pécheurs pardonnés par Dieu qui leur a permis de pardonner à leur tour : ils se sont laissé traverser par la puissance de réconciliation de Jésus sur la Croix.

Le pardon de Dieu nous a été donné une fois pour toutes par l'amour de Jésus sur la Croix qui a réconcilié le monde avec Dieu et les hommes entre eux. Encore faut-il que ce pardon, nous le recevions dans notre cœur et dans notre vie. Nous le recevons dans les sacrements du Baptême et de la Réconciliation, mais aussi chaque fois qu'au début de la messe, nous nous reconnaissons pêcheurs pardonnés. Plus nous aurons conscience d'être tous des pêcheurs pardonnés, plus nous saurons nous pardonner les uns aux autres comme Dieu nous a pardonnés. Alors, nous serons en communion avec Dieu et avec nos frères.

24° dimanche A - 11 septembre 2005

7. PRATIQUANT

Mc 7, 1-23

(Dt 4,1-2+6-8 ; Jc 1,17-27)

Les trois lectures d'aujourd'hui parlent toutes les trois de la Parole de Dieu et de sa mise en pratique. Il me semble que cela remet totalement en question ce qu'on appelle un « chrétien pratiquant » !

Si vous êtes là, il est probable que vous vous considérez comme des chrétiens « pratiquants » et vous avez sûrement entendu souvent des amis ou des proches qui se présentent comme « croyants mais non pratiquants ». Comme s'il était évident que la pratique religieuse, c'est le culte. Eh bien non : pour Jésus comme pour la Bible, la pratique religieuse, c'est d'abord la mise en pratique de la Parole de Dieu.

Ecoutons la Parole de Dieu d'aujourd'hui !

- C'est d'abord Moïse qui disait au Peuple : « *Maintenant, Israël, écoute les commandements et les décrets que je vous enseigne pour que vous les mettiez en pratique.* » *(Dt 4,1)*
- C'est ensuite Jacques qui écrit dans sa lettre : « *Mettez la Parole en application, ne vous contentez pas de l'écouter, ce serait vous faire illusion.* » *(Jc 1,22)*
- C'est enfin Jésus qui dit aux Pharisiens : « *Vous laissez de côté le commandement de Dieu pour vous attacher à la tradition des hommes.* » *(Mc 7,8)*

Pour nous, la Parole de Dieu, ce n'est pas un livre, c'est quelqu'un : Jésus le Christ. Ecouter la Parole de Dieu et la mettre en pratique, c'est écouter le Christ et le suivre. Car l'écouter ne suffit pas : la Parole de Dieu, il faut la mettre en pratique ! « *Ce n'est pas celui qui dit Seigneur, Seigneur, qui entrera dans le Royaume des cieux, c'est celui qui fait la volonté de mon Père* » (Mt 7,21s) ou encore cette béatitude à propos de Marie : « *Heureux ceux qui écoutent la Parole de Dieu et la mettent en pratique.* »

La Traduction Œcuménique de la Bible traduit : « *soyez les réalisateurs de la Parole et pas seulement des auditeurs qui s'abuseraient eux-mêmes* »

(Jc 1,22). La Parole de Dieu, nous avons à la « réaliser », à la mettre dans le réel de nos vies, pour qu'elle prenne chair comme elle a pris chair en Jésus de Nazareth. Etre pratiquant, c'est vivre l'Evangile.

Saint Jacques écrit encore : *« La manière pure et irréprochable de pratiquer la religion, c'est de venir en aide aux orphelins et aux veuves dans le malheur, et de se garder propre au milieu du monde. »* Pour Jacques, la première pratique religieuse, c'est la solidarité avec ceux et celles qui sont dans le malheur. Quand les gens disent qu'ils ne sont « pas pratiquants », de quelle pratique parlent-ils ? Pratiquer la religion, c'est d'abord être le bon samaritain. C'est la tradition prophétique, qui ne sépare pas le culte et la justice : *« Quel est donc le jeûne qui me plaît ?* – dit le Seigneur – *n'est-ce pas faire tomber les chaînes injustes, rendre la liberté aux opprimés, partager ton pain avec celui qui a faim, recueillir chez toi le malheureux sans abri, couvrir celui que tu verras sans vêtement, ne pas te dérober à ton semblable ? »* (Isaïe 58).

Hier, j'ai reçu ce mail : *« Lundi, ce sera la rentrée des classes. Le Réseau Education Sans Frontière s'adresse aux enseignants et à leurs organisations syndicales, aux parents d'élèves et à leurs fédérations, aux particuliers et aux organisations attachées à la défense des droits de l'homme pour que, dans tous les établissements, les familles et les élèves menacés d'expulsion soient connus et placés sous la protection des écoles. »*

Je ne sais pas si les gens d'*Education Sans Frontières*, qui se sont battus tout l'été pour empêcher l'expulsion d'élèves sans papiers, sont croyants, mais je crois qu'ils sont pratiquants. Et je demande pour nous tous au Seigneur la grâce que la communion à son Corps nous rende toujours plus « pratiquant » de son amour pour les hommes. Nous ne sommes pas des bons pratiquants parce que nous venons à la messe chaque dimanche, mais nous venons à la messe chaque dimanche pour être de bons pratiquants de l'Evangile, pour écouter la Parole de Dieu et la mettre en pratique dans toute notre vie. Amen.

22° dimanche B – 3 septembre 2006.

8. LA PRIERE

Lc 18, 1-8

(Ex 17,8-13 ; 2 Tim 3,14 – 4,2)

La Parole de Dieu nous invite à la prière, à prier sans nous décourager. Mais en même temps, elle nous livre trois enseignements importants sur la prière.

D'abord, la prière ne s'oppose pas à l'action.

Quand les Amalécites attaquent son peuple par derrière, que fait Moïse ? Il envoie Josué se battre et il monte sur la colline pour prier. Le combattant et le priant se complètent. Il faut à la fois agir et prier. Si Moïse baisse les bras, le peuple recule, mais s'il prie, les combattants reprennent le dessus.

Le Dieu de la bible est le Dieu de l'Alliance : il est l'allié de son peuple, il agit avec lui, il combat avec lui, mais pas à sa place ! Dieu n'est pas notre concurrent, il est notre allié : son action ne retire rien à la nôtre, car il agit en nous et avec nous, mais pas à notre place.

Comme le dit saint Ignace de Loyola, il nous faut agir comme si tout dépendait de nous et prier comme si tout dépendait de Dieu. Car en réalité, tout dépend de Dieu et de nous. Pas Dieu sans nous et pas nous sans Dieu. Dieu avec nous.

Ensuite, la prière c'est aussi écouter.

Si la prière, c'est se mettre en présence de Dieu qui est toujours avec nous, ce n'est pas d'abord pour lui parler de nous, c'est d'abord pour le laisser parler de lui. D'une certaine manière, c'est Dieu qui nous prie de l'écouter.

Si souvent, nous lui faisons la leçon : « écoute-nous ! » Mais en réalité, il nous écoute toujours et c'est lui qui nous prie : écoutez-moi ! Et la seule manière de l'entendre, c'est celle qu'indique saint Paul : il s'agit d'ouvrir les Ecritures et de se demander quelle parole vivante il m'adresse aujourd'hui : « parle, Seigneur, ton serviteur écoute ! »

Enfin, la prière nous met en présence de Dieu qui est avec nous.

Nous avons parfois le sentiment que Dieu est sourd, qu'il ne nous entend pas, qu'il ne nous répond pas... mais que lui demandons-nous ?

Dieu n'est pas un distributeur de bienfaits, à notre service. Dieu est d'abord une présence. Quand il a appelé Moïse, il lui a révélé son nom : *Yahvé*, je suis celui qui est là et qui sera toujours là. Je suis avec toi, dit Dieu. Je suis présent, je te fais cadeau de ma présence. Tu peux compter sur moi pour affronter toutes les épreuves.

Dieu ne donne rien, il se donne, il se communique. Pour être avec nous, comme une présence, une force, une lumière. C'est ce qu'il fait dans l'Eucharistie : en nous donnant son Fils, il donne tout, il se donne à nous et en nous donnant son Esprit, il vit en nous.

Prier, c'est se mettre en présence de Dieu, c'est s'ouvrir à cette présence, et c'est cela qui nous donne la paix. Mais attention, nous dit Jésus : si tu oublies de prier, tu oublieras que je suis avec toi. Dieu est toujours avec nous, mais nous, nous ne sommes pas toujours avec lui. Donne-nous, Seigneur, de savoir te prier simplement en nous ouvrant à ta présence, sans baisser les bras et en écoutant ta parole. Amen.

29° dimanche C - 21 octobre 2007

9. RECONNAISSANCE

Lc 17, 11-19

Pour être reconnaissant envers quelqu'un, il faut d'abord reconnaître ce que nous avons reçu de lui. Ici, il s'agit pour ces lépreux de reconnaître que c'est Jésus, et à travers Jésus, que c'est Dieu qui les a guéris, purifiés et donc sauvés. C'est ce que fait celui qui est « revenu sur ses pas » pour rendre grâce à Jésus et rendre gloire à Dieu.

J'aime bien cette expression : « il revint sur ses pas ». Il n'y a pas de reconnaissance possible si on ne revient pas sur ses pas. Le général syrien « retourna chez l'homme de Dieu ». Qu'est-ce que cela veut dire ? Cela veut dire s'arrêter (les neuf autres avaient sûrement beaucoup de choses à faire après être allé se présenter aux prêtres), revenir sur ce qu'on a vécu, refaire le chemin pour mesurer ce qui s'est transformé : il était lépreux et il est purifié. Opérer un retour sur ce qui nous est arrivé pour mesurer et goûter ce que nous avons reçu. C'est ce que nous appelons aujourd'hui la « relecture ». Prendre le temps, seul et avec d'autres, de relire sa vie ou de relire un événement, pour y discerner tout ce qu'on a reçu des autres, tout ce qu'on a reçu de Dieu.

C'est exactement ce que j'ai vécu hier soir avec une équipe d'ACI* qui démarrait l'enquête d'année sur « le lien social », nos liens avec les autres. Celui qui avait préparé avait relu toute sa vie, toutes les relations qui l'ont construit, et tout naturellement, cela lui a donné envie de rendre grâce pour ce qu'il avait reçu de sa famille (« je me suis senti aimé »), ce qu'il avait reçu de son épouse, ce qu'il avait reçu de ses collègues, ce qu'il avait reçu des prêtres qui avaient traversé sa vie, ce qu'il avait reçu de son équipe et de ses amis... Il y avait aussi ses voisins, et en particulier un vieux monsieur de 82 ans qui s'occupe de sa femme atteinte de la maladie d'Alhzeimer. Il disait : « nous avons fêté ses 80 ans et nous avons pu dire ce qu'il nous apportait. »

Dire à quelqu'un ce qu'il nous apporte... Dire à son conjoint, à un collègue, à un ami, à ses parents, ou à ses enfants... ce qu'on reçoit d'eux, c'est leur montrer que leur vie est féconde, qu'ils ne sont pas inutiles puisqu'ils nous apportent quelque chose... C'est reconnaître que nous nous ne construisons pas tout seuls mais avec l'apport des uns et des autres. Et c'est ça qui crée des liens entre nous.

Savons-nous saisir les occasions (un anniversaire, par exemple) pour reconnaître ce que nous recevons de nos compagnons d'humanité, pour le leur dire et pour leur manifester notre reconnaissance ?

Si nous le faisons, notre reconnaissance se fera naturellement « action de grâce » envers Dieu qui nous comble les uns par les autres. C'est lui la source de tout don, c'est lui la source du salut. Le Samaritain « se jeta la face contre terre aux pieds de Jésus en lui rendant grâce », mais Jésus sait bien que c'est une manière pour le samaritain de « rendre gloire à Dieu » (« on ne les a pas vu revenir pour rendre gloire à Dieu »).

« Eucharistie » veut dire « action de grâce ». A chaque messe, nous rendons grâce à Dieu, nous lui rendons la grâce, le don, le cadeau qu'il nous a fait en nous donnant le Christ, son Fils. Rendre grâce, c'est rendre à quelqu'un ce qu'on lui doit (au sens où on dit : c'est à toi que je le dois). Rendre grâce, c'est rendre ce qu'on a reçu à celui qui nous l'a donné, lui exprimer notre « gratitude » ou notre reconnaissance.

- Appel pour nous à relire notre histoire pour contempler ce que nous avons reçu des autres (au lieu parfois de nous plaindre de ce qui nous manque), y compris et surtout dans les périodes difficiles de notre vie.
- Appel pour nous à manifester notre reconnaissance à tous ceux qui nous ont apporté quelque chose, qui nous ont construits, en leur révélant ce que nous avons reçu d'eux.
- Appel enfin à rendre grâce au Père qui est la source de tout don car il nous a tout donné : en nous donnant son Fils, il s'est donné lui-même à nous pour être toujours avec nous. De cela nous pouvons sans cesse lui rendre grâces.

28° Dimanche C - 14 octobre 2007

10. RESURRECTION

Jn 20, 19-31

Cette page d'Evangile me donne envie de vous partager pourquoi je crois en la résurrection de Jésus.

Je crois en la Résurrection de Jésus à cause de la résurrection des Apôtres ! Regardez-les : ils ont peur des juifs et se barricadent en verrouillant les portes du lieu où ils étaient. On les voit passer lentement, grâce à leur rencontre avec le Ressuscité, de la peur à la joie. Mais huit jours après, le dimanche suivant, les portes sont toujours verrouillées. Entre la première Pentecôte, celle que nous raconte Jean, le jour même de Pâques (« Recevez l'Esprit-Saint ») et celle que nous raconte Luc, où ils vont enfin sortir de la maison, poussés par le souffle de l'Esprit, il se passera 50 jours ! Oui, ils ont mis 50 jours à ressusciter ! Et cette résurrection des apôtres est pour moi le signe éclatant de la résurrection du crucifié.

Sinon, comment expliquer que ces hommes de Galilée, dispersés par la mort de Jésus, anéantis par son exécution qui représentait l'échec le plus définitif de leur maître, celui en qui ils avaient mis tous leurs espoirs... comment expliquer que ces hommes accablés se rassemblent à nouveau, se relèvent de cette tragédie et osent affronter les pouvoirs qui ont crucifié Jésus en annonçant qu'il est vivant ?

Il n'y a qu'une seule explication : c'est le Crucifié lui-même qui les a rassemblés à nouveau, qui les a relevés de la peur et qui les a envoyés (« Comme le Père m'a envoyé, moi aussi je vous envoie... ») en leur faisant le don de l'Esprit. Sans la résurrection de Jésus, cette résurrection des apôtres et la naissance de l'Eglise (que nous décrit le livre des Actes) seraient totalement incompréhensibles. Je crois en la Résurrection de Jésus car, après sa mort, son histoire a continué, autrement : il n'est pas revenu comme avant, il est bien mort, mais son Père ne l'a pas abandonné au pouvoir de la mort et il lui a donné une Vie nouvelle sur laquelle la mort n'a plus aucun pouvoir, une vie nouvelle qui lui permet d'être présent, par son Esprit, dans le cœur de ses disciples.

Je crois en la Résurrection de Jésus parce que j'ai rencontré Jésus Ressuscité... Je vous rassure : je ne l'ai pas rencontré comme Marie-Madeleine, ni comme Thomas, ni comme les disciples d'Emmaüs... « Heureux ceux qui croient sans avoir vu ! » Mais on peut rencontrer le Christ sans le voir ! Oui, je peux dire que j'ai rencontré le Christ vivant dans le cœur des chrétiens qui vivent par lui, avec lui et en lui, et dans le cœur des hommes et des femmes qui aiment. Je crois que Paul a raison quand il nous dit : « vous êtes le Corps du Christ ».

J'ai rencontré le Christ à travers son corps qu'est l'Eglise, un corps bien humain, trop humain peut-être, mais en chair et en os, un corps qui se démène pour les autres, qui se met au service des hommes, et qui permet au Christ de continuer à dire l'amour de son Père et à le manifester en relevant les petits, les malades et les pécheurs, un corps qui permet au Christ de continuer à sauver le monde en l'aimant. Oui, d'une certaine manière, je crois au Christ ressuscité parce que je vous ai rencontrés, vous et beaucoup d'autres avant vous dont la foi m'a émerveillé car elle illuminait toute leur vie !

Et tous ces adultes qui ont été baptisés à Pâques ? c'est parce qu'ils ont rencontré le Christ vivant en nous, le Christ vivant dans son Eglise, le Christ vivant qui les a accueillis, qui les a aimés et qui a donné un nouveau sens à leur vie. Ils ont répondu à l'appel du Christ : Ouvre-toi ! Il a commencé de les ressusciter comme il a ressuscité ses apôtres, comme il nous a ressuscités nous-mêmes, en nous faisant passer, jours après jour, à la vie nouvelle des enfants de Dieu.

2° dimanche de Pâques A – 30 mars 2008

11. SALUTATION

Lc 1, 26-38

(2 Sam 7, 5-16)

Juste avant Noël, l'Eglise nous donne à méditer ce merveilleux Evangile de l'annonciation selon Saint Luc – que je préfère appeler l'Evangile de la *salutation* de l'ange à Marie : « je te salue, comblée de grâces, le Seigneur est avec toi ! »

Luc est un grand théologien qui nous permet de mesurer ce qui se passe dans cette bourgade de Galilée appelée Nazareth. Les deux personnages de la salutation représentent plus qu'eux-mêmes : l'ange, c'est le *messager* de Dieu (c'est le sens mot grec *angelos*) ; et Marie, c'est la représentante de son peuple, Israël, et au-delà, la représentante de l'humanité entière. Nous assistons au mariage de Dieu avec l'humanité, mariage qui donnera un enfant : Jésus, l'homme nouveau, l'homme tel que Dieu l'avait créé à son image.

Mais il n'y a pas de mariage sans rencontre, et il n'y a pas de rencontre sans salutation. Ici, la salutation de l'ange à Marie, c'est Dieu qui salue l'humanité toute entière : « Je te salue, Comblée de grâce, le Seigneur est avec toi ». Et parce qu'elle s'adresse à l'humanité entière, cette salutation s'adresse aussi à chacun, chacune d'entre nous, aujourd'hui. Il vaut donc la peine d'en goûter chaque terme : je te salue / comblée de grâce / le Seigneur est avec toi.

JE TE SALUE

En grec, cela se dit « réjouis-toi ! » parce que les grecs se saluent en se souhaitant la joie ! Les latins disent « ave » (ave Maria), qui veut dire : porte-toi bien ! Ils se souhaitent la santé. Les juifs et les arabes se saluent en se souhaitant la paix : shalom ! salam alecum ! Chaque peuple a son idée du bonheur...

Nous, quand on se salue, on se dit aussi « salut ! », on se souhaite le salut, c'est-à-dire la joie, la santé, la paix... Eh bien, quand Dieu salue l'humanité, il lui souhaite le salut, c'est-à-dire la joie, la santé, la paix. L'Ange Gabriel nous envoie la carte de vœux de Dieu pour l'humanité : joie, santé, paix ! Il est le Dieu qui sauve. C'est le sens du mot « Jésus » qui signifie *Dieu sauve* ! Car Dieu sait bien que « c'est pas toujours la joie », que la santé de nos proches (ou la nôtre) peut nous angoisser, que c'est parfois la guerre sinon dans nos vies, du moins sur notre planète. Mais la volonté de Dieu, ce n'est pas tout ce qui nous arrive (que ta volonté soit faite !), la volonté de Dieu, c'est : Joie, Santé et Paix pour tous.

COMBLEE DE GRACES

C'est Marie qui est « comblée de grâces », bien sûr, mais c'est aussi, à travers elle, l'humanité entière qui est comblée de grâces, et donc chacun et chacune d'entre nous. Comblée de grâces... La TOB* traduit : « tu as la faveur de Dieu ». D'autres traduisent mot à mot : « tu es aimée et favorisée ». C'est une déclaration d'amour ! Tu es aimée de Dieu qui te comble, qui te remplit de son amour ! Le mariage de Dieu avec l'humanité ne peut être qu'une histoire d'amour ! Et c'est cet amour qui est pour chacun de nous : nous sommes tous aimés de Dieu ! Rappelez-vous Paul qui nous dit : « l'Amour de Dieu a été répandu dans nos cœurs par l'Esprit-Saint qui nous a été donné » (Ro 5,5).

LE SEIGNEUR EST AVEC TOI

C'est devenu le salut chrétien, tout du moins le salut liturgique : « le Seigneur soit avec vous ! » Mais dans la bouche de Gabriel, ce n'est pas un souhait, c'est une affirmation : le Seigneur *est* avec toi ! Cette expression fait penser au buisson ardent, quand Dieu révèle son nom à Moïse... il lui dit : je suis Yahvé, c'est-à-dire « je suis celui qui suis, celui qui sera toujours là, avec toi ». Dieu, c'est une présence, ou plutôt, c'est la promesse d'une présence.

Dans la première lecture de ce jour, Nathan répond au roi : « tout ce que tu as l'intention de faire, fais-le, car *le Seigneur est avec toi !* » Et Jésus, quittant ses disciples, leur dit : « je suis avec vous tous les jours, jusqu'à la fin des temps ». Il est *Dieu-avec-nous*, l'Emmanuel.

Oui, au-delà même de la joie, de la santé et de la paix, souhaitons-nous les uns aux autres que le Seigneur soit avec nous tout au long de nos jours, tout au long de cette nouvelle année. Que le Seigneur soit avec nous pour nous combler de son amour. Et que nous puissions tous répondre à cette salutation comme Marie : « Je suis la servante du Seigneur, qu'il me soit fait selon ta parole ! » Amen.

*TOB : Traduction Œcuménique de la Bible.

4° dimanche de l'Avent B – 21 décembre 2014

12. SERVIR

Mc 10,35-45

« Celui qui veut devenir grand sera votre serviteur... Le Fils de l'homme est venu, non pour être servi, mais pour servir et donner sa vie pour la multitude. »

Cette page d'Evangile s'adresse d'abord à tous ceux qui, dans l'Eglise, ont pris une responsabilité ou plutôt ont reçu une charge. Pas seulement le pape et les évêques, les prêtres et les religieuses, mais tous les chrétiens qui font quelque chose : ceux qui font l'accueil et ceux qui animent nos liturgies, ceux qui font le catéchisme ou qui accompagnent des jeunes, ceux qui reçoivent les familles en deuil et ceux qui cheminent avec des catéchumènes, ceux qui animent la préparation au baptême ou au mariage, ceux qui sont responsables des affaires économiques ou de la solidarité avec les plus démunis, ceux qui visitent les malades et ceux qui animent un mouvement...

Tous, nous avons à nous poser la question : cette responsabilité, cette charge, est-ce que je l'exerce comme un pouvoir ou comme un service ? Est-ce une manière de me mettre en avant, de me faire voir, d'imposer mes idées, de faire partie des grands – ou est-ce une manière de servir, comme Marie l'humble servante, ou comme Marthe qui fait le service ? C'est aujourd'hui le dimanche des missions et, à Rome, des évêques du monde entier sont réunis en Synode pour réfléchir à la nouvelle évangélisation.

Retenons qu'ici, dans cet Evangile, évangéliser, cela veut dire inverser : celui qui veut être le premier, qu'il prenne la dernière place ! C'est Paul VI qui aimait s'appeler « le serviteur des serviteurs de Dieu ». Avec le Concile dont nous fêtons les 50 ans, les prêtres sont descendus de leur piédestal et sont redevenus des frères qui exercent certes un service particulier, mais qui ne les met pas au dessus des chrétiens. Malheureusement, on recommence à appeler les évêques « monseigneur » ! Car c'est dans la manière d'exercer nos responsabilités que nous devons nous distinguer du monde où les grands font sentir leur pouvoir. Parmi nous, il ne doit pas en être ainsi !

Mais cette page d'Evangile s'adresse aussi à tous les baptisés qui ne font rien ! A tous les chrétiens qui se contentent de venir à la messe, de consommer sans rien donner... sauf à la quête ! Car cet Evangile est aussi un appel à servir et à donner sa vie à la suite de Jésus ! Etre serviteur, ce n'est pas seulement le contraire d'être chef, c'est se mettre effectivement au service des autres, au service de la communauté, au service des hommes, et d'abord des plus petits. Alors, si de fait, nous ne faisons rien, gardons-nous de critiquer ceux qui essayent de faire quelque chose et posons-nous la question : qu'est-ce que je peux faire pour que mon Eglise soit plus vivante ? Cela dépend de chacun de nous.

Tous, nous sommes appelés à être disciples de Jésus, c'est-à-dire à le suivre dans sa manière d'être humain. C'est lui le maître, et il s'est fait le serviteur. Il s'est mis à genoux aux pieds de ses disciples pour que nous fassions de même en nous mettant au service les uns des autres. Lui, le Seigneur, il s'est fait serviteur. Lui, le premier, il a pris la dernière place. Et il a donné sa vie pour la multitude. Tout à l'heure, quand nous allons communier, demandons-lui de nous apprendre à nous faire petits comme lui, humbles serviteurs de la vie en tout homme. Amen.

29° dimanche B - 21 octobre 2012

13. TEMOIGNAGE : LA PAROLE ET LE STYLE

Lc 21, 5-19

Ce passage d'Evangile évoque la fin du monde, ou la fin d'un monde. On ne peut qu'être frappé par son actualité. Un typhon qui fait des milliers de morts aux Philippines, des états en banqueroute, et chez nous des protestations en tout genre, les enlèvements et le racisme intolérable... la drogue et l'alcool qui font des ravages jusque dans nos universités... Et la parole de Jésus qui nous dit : « ne vous effrayez pas ! » Invitation à garder son sang-froid, à ne pas suivre les prophètes de malheur mais à lui faire confiance et à tenir dans la persévérance.

Pourtant, Jésus ne cache pas ce qui attend ses disciples : « on portera la main sur vous et on vous persécutera »... C'est d'ailleurs ce qui se passe au moment où saint Luc rédige son Evangile en cherchant à répondre aux besoins d'une communauté ébranlée, secouée, persécutée. Certes, nous ne sommes pas des martyrs. Nous n'avons pas à nous poser en permanence comme les victimes des méchants dans cette société qui n'est plus la chrétienté de nos pères. Mais c'est vrai, nous vivons dans un monde qui se passe fort bien de Dieu et qui nous regarde parfois, nous les cathos, comme des ringards qui croient encore à toutes ces fariboles ! C'est parfois difficile, en classe ou au bureau, ou dans les diners entre amis, voir même dans nos familles, d'exprimer notre foi. Pourtant, Jésus nous dit, à propos des persécutions, « **ce sera pour vous l'occasion de rendre témoignage** ». Autrement dit, si on vous fait un procès, ne restez pas l'accusé, soyez témoin. Mais témoin de quoi ? Rendre témoignage comment ?

Il me semble que, dans notre situation d'aujourd'hui, nous avons deux manières de « rendre témoignage ». La première, c'est **la parole**. Elle est importante. Surtout dans un monde qui ne repose plus sur la foi. La foi ne va pas sans dire. C'est comme l'amour. Une foi qui ne s'exprime plus est menacée de disparaître. Il y a des occasions où il faut laisser parler son cœur, non pas pour argumenter, ou chercher à convaincre, mais pour parler de quelqu'un qu'on aime et qui vit en nous. C'est là que Jésus nous dit aujourd'hui : « vous n'avez pas à vous soucier de votre défense, moi-même, je vous inspirerai ». C'est l'action de l'Esprit-Saint, l'Esprit de

Jésus, dans nos vies. N'avez-vous jamais fait cette expérience d'être surpris de vos propres paroles, dans telle ou telle circonstances difficiles ? « C'est moi qui ai dit cela ? » - Et oui, c'est toi, mais inspiré par un autre qui est toujours avec toi. En tout cas, c'est bien par la parole des autres que nous-mêmes nous avons reçu la foi en Christ !

Mais la parole n'est pas tout. Il me semble que, dans la société d'aujourd'hui, rendre témoignage passe par autre chose que la parole et qui est très important, comme ça l'était d'ailleurs du temps de Jésus. Notre expérience de croyant dans un monde postchrétien, tout comme la réflexion des pasteurs et des théologiens qui réfléchissent à l'évangélisation, nous orientent vers une manière de rendre témoignage par ce qu'on pourrait appeler un « **style de vie** ». Quand la parole ne passe pas, quand on n'est plus écouté, ou quand on ne peut pas parler, il reste notre manière de vivre ou plutôt notre manière d'être au monde, ce qu'on appelle le style de vie. Trois exemples : le pape François, le père Georges et un futur diacre rencontré cette semaine.

- Le pape François a radicalement changé l'image de l'Eglise dans le monde d'aujourd'hui, non pas tant par ses discours mais par son style. Tous les observateurs le disent : sur le fond, il ne dit rien de nouveau, et pourtant tout a changé car le style a changé. Quand le pape refuse d'habiter le palais pontifical et s'installe dans une maison de session, quand on le voit monter dans sa petite voiture ou quand on voit ses photos dans le métro de Buenos-Aires, quand il va à Lampedusa là où des centaines de migrants perdent la vie en se noyant devant la frontière de l'Europe ou quand il écrit au directeur d'un journal pour répondre à un article, on voit bien que le style a changé et que c'est un style qui parle aux foules, bien au-delà des frontières de l'Eglise. Pour rendre témoignage, il y a un autre langage que celui de la parole, c'est le style de vie.

- Ce prêtre qui a été enlevé au Cameroun, le Père Georges, parle sûrement très bien, mais le portrait que la presse a fait de lui insiste sur son style de vie et « ça » parle. Voilà un curé qui réussissait dans sa paroisse, mais qui avait voulu partir pour ne pas s'installer dans l'habitude d'un ministère qu'il jugeait confortable, dans l'une des villes les plus bourgeoises du département le plus riche de notre pays. Et comme les moines de Thibérine, il n'a pas voulu abandonné le peuple qui lui était confié alors que la situation était menaçante.

- Je pense enfin à ce futur diacre rencontré cette semaine avec l'évêque et l'équipe qui l'accompagne vers le diaconat. Il est professeur dans un collège de l'Education Nationale, en ZEP*. C'est sûr que ce n'est pas d'abord par la parole qu'il peut « rendre témoignage » dans un établissement où la laïcité l'oblige à un devoir de réserve auquel il tient lui-même. Mais sa qualité de relations avec ses jeunes collègues, son engagement syndical, sa présence au conseil d'administration, son enseignement à la prison de Fresnes, sa réputation de chrétien connu et reconnu, entre autre au service de la JOC**, tout cela explique que l'annonce de son ordination à ses collègues suscite un accueil et un intérêt de la part de personnes très loin de l'Eglise mais dont lui s'est fait proche.

Que le Seigneur, par son Esprit Saint, nous inspire les paroles pour lui rendre témoignage, mais qu'il nous inspire aussi le style de vie qui parlera à nos contemporains tout simplement parce qu'il serait inexplicable si nous n'étions pas les disciples de Jésus.

*ZEP = Zone d'Education Prioritaire.   **JOC = Jeunesse Ouvrière Chrétienne.

33° dimanche C – 17 novembre 2013

-VIII-

LE REPAS DU SEIGNEUR

1. Le premier jour de la semaine.
2. Heureux les invités au repas du Seigneur !.
3. La paix du Christ.
4. Le sang du Christ.
5. L'Eucharistie est partage.

1. LE PREMIER JOUR DE LA SEMAINE

Jn 20, 19-31

Cet Evangile du 2° Dimanche de Pâques nous aide à comprendre ce que nous faisons chaque dimanche quand nous venons à la messe. Il nous raconte les deux premiers dimanches de l'ère chrétienne : le premier dimanche après sa mort, c'est-à-dire le soir de la Résurrection, et huit jours plus tard.

A la différence des juifs, les chrétiens se rassemblent, non pas le 7° jour, le jour du sabbat, mais « le 1° jour de la Semaine », le jour de la Résurrection du Christ. Le « jour du Seigneur », le dimanche, c'est le jour de la Résurrection. Chaque dimanche, nous célébrons la résurrection du Seigneur, son passage de la mort à la vie. Même pendant le Carême !

Voilà pourquoi chaque dimanche, on peut dire : « Jésus vient, et il est là au milieu de nous ». Jésus prend l'initiative de venir au milieu de ses disciples rassemblés en son nom. C'est le crucifié qui est au milieu de nous. Voilà pourquoi il montre ses mains et son côté à ses disciples. La résurrection ne fait pas oublier la mort. C'est son corps livré que nous partageons, c'est son sang versé... C'est aussi la raison pour laquelle on célèbre toujours l'eucharistie en présence d'une Croix : on fête la résurrection, mais ça ne gomme pas la mort de Jésus. C'est le crucifié qui est ressuscité et qui est là au milieu de nous.

La présence du Ressuscité au milieu de ses disciples provoque une grande joie : « les disciples furent remplis de joie en voyant le Seigneur ». Voilà pourquoi chaque messe devrait être une fête. Nous fêtons la résurrection et, surtout, nous sommes heureux car le Seigneur est avec nous. Voilà pourquoi la messe s'appelle eucharistie : cela veut dire action de grâce.

Mais chaque dimanche, c'est aussi l'occasion d'exprimer notre foi. Nous sommes de ceux qui sont heureux de croire sans avoir vu... Nous croyons que le Ressuscité est présent au milieu de nous, et pourtant nous ne le voyons pas. Comme Thomas, nous disons : « mon Seigneur et mon Dieu » devant le Christ. Vous avez remarqué que l'Evangile ne nous dit pas que Thomas a mis son doigt dans les mains de Jésus ou dans son côté, comme Jésus l'y invite. Thomas fait un acte de foi, il renonce à faire ce geste de vérification, parce que c'est un croyant.

Enfin, chaque dimanche, nous sommes non seulement rassemblés par Jésus, mais nous sommes envoyés par lui en mission : « comme le Père m'a envoyé, moi aussi je vous envoie ». Cette Paix que Jésus nous donne, nous sommes invités à la partager avec tous nos compagnons de vie. Cet Evangile que nous écoutons, nous sommes envoyés pour le vivre au milieu du monde. Nous sommes envoyés pour poursuivre la mission de Jésus. Mais nous ne sommes pas seuls : l'Esprit de Jésus est avec nous. « Recevez l'Esprit Saint » !

2° dimanche de Pâques – 15 avril 2007

2. HEUREUX LES INVITES AU REPAS DU SEIGNEUR !

Mt 22, 1-14

(Isaïe 25, 6-9)

« Heureux les invités au repas du Seigneur ! » Nous entendons cette béatitude à chaque eucharistie. J'ai eu envie de m'arrêter avec vous sur cette parole de la liturgie qui me semble directement inspirée des textes de la Parole de Dieu d'aujourd'hui.

Le prophète Isaïe exprime avec force l'espérance d'Israël qui est aussi la nôtre : le salut, le Royaume de Dieu, il est annoncé comme un festin, un repas de fête, où seront conviés tous les peuples de la terre. Et c'est le Seigneur qui le préparera pour nous. Nous y sommes tous invités.

L'Evangile reprend la même idée. Jésus veut faire comprendre le Royaume de Dieu qu'il est venu inaugurer. Et il le compare à un repas de noces. Pas seulement un repas de fête, mais un repas de noces. Les noces de son fils.

Avec qui ? Il s'agit bien sûr des noces de son fils avec l'humanité tout entière : c'est le repas de l'Alliance nouvelle et éternelle.

Les invités ne venant pas, le roi fait inviter n'importe qui, c'est-à-dire tout le monde ! C'est un peu curieux : les invités n'étant pas dignes, on invite tout le monde. Autant dire que personne n'est digne... « Seigneur, je ne suis pas digne... » Si on est invité, ce n'est pas à cause de nos mérites, c'est par amour.

Premier point à méditer : **tous sont invités.** Ce n'est pas un privilège. Il n'y a même pas besoin de faire partie du peuple de Dieu. Tout le monde est invité au salut. Tout le monde est invité au Royaume. Il n'y a pas d'exclus pour la fête ! Il n'y a pas d'exclus de l'amour de Dieu. Quand le prêtre dit : « Heureux les invités au repas du Seigneur », il ne s'adresse pas qu'à ceux qui sont là, il ne dit pas : « heureux vous qui êtes invités »... Tous les hommes sont heureux d'être invités au repas du Seigneur : car le repas de la messe est l'anticipation, l'annonce, du festin éternel où Dieu rassemblera les humains de toutes nations et de toutes cultures. Mais qui va les inviter ? N'est-ce pas nous qui sommes les serviteurs chargés d'aller aux croisées des chemins pour inviter tous nos compagnons d'humanité ?

Bien sûr, cela ne veut pas dire qu'on va aller dire aux gens qu'on croise dans la rue : venez à la messe ! C'est un peu plus complexe... Nous devons être une Eglise invitante, nous devons former des communautés tournées vers l'extérieur et invitant nos amis, nos compagnons de vie, pour leur dire : « viens et vois ». On ne va pas tout de suite les inviter à la messe, on va commencer par les inviter à partager, à parler ensemble. Même si l'on peut profiter des grands moments de notre vie pour les inviter aussi à des célébrations : un anniversaire de mariage peut être l'occasion d'un formidable témoignage si on sait exprimer notre action de grâce devant des amis. C'est la première question que nous pose cet Evangile : est-ce que nous savons inviter les autres à faire Eglise avec nous, est-ce que nous sommes une Eglise invitante ?

Si nous sommes tous invités, **nous ne répondons pas toujours** aux invitations : nous avons beaucoup d'occupations... qui nous empêchent de répondre aux invitations des autres, et donc aux invitations de Dieu. Bien sûr, si nous sommes ici aujourd'hui, c'est parce que nous avons répondu à l'invitation du Seigneur. Mais sommes-nous sûrs de n'avoir pas oublié, négligé, perdu, telle autre invitation qui aurait été l'occasion d'une rencontre, d'un partage. C'est la deuxième question que nous pose l'Evangile : est-ce que nous sommes disponibles pour répondre aux invitations de Dieu à travers celle des autres, au cœur de nos vies ?

Enfin quand on est invité, comme nous le sommes tous, **il y a des exigences**. Par exemple, quand on est invité, on n'arrive pas en retard, on n'arrive pas les mains vides, on n'arrive pas habillés n'importe comment. C'est la troisième question de l'Evangile d'aujourd'hui : est-ce que nous mettons « le vêtement de noce » quand nous répondons à l'invitation de Dieu ? On est tous invités, mais on est prié de s'habiller le cœur. Vous noterez qu'il n'y en avait qu'un seul qui pensait pouvoir participer à la fête n'importe comment : tous les autres avaient revêtu le vêtement de noce. Cela veut dire quoi ? Cela veut sans doute exprimer le vêtement blanc de notre baptême... qui n'exprime pas la pureté, mais la résurrection, la vie nouvelle en Christ que nous sommes appelés à vivre, la vie d'enfant de Dieu et de frères des hommes.

« Heureux les invités au repas du Seigneur ! » Heureux ceux qui savent qu'ils sont invités... grâce à nous, si nous savons les inviter. Heureux ceux qui savent répondre aux invitations que Dieu nous adresse chaque jour. Heureux ceux qui n'oublient pas de revêtir le Christ pour participer au repas du Seigneur qui annonce le festin du Royaume de Dieu. Amen.

28° Dimanche ordinaire A – 10 octobre 1999

3. LA PAIX DU CHRIST

Jn 14, 23-29

(Ac 15,1-2 + 22-29)

« C'est la paix que je vous laisse, c'est ma paix que je vous donne ». L'Évangile d'aujourd'hui nous fait entendre une parole de Jésus que nous entendons chaque dimanche à la messe avant de communier. Je voudrais vous parler de la Paix du Christ car elle éclaire les deux événements que nous vivons aujourd'hui : la première communion de plusieurs enfants de notre communauté et la kermesse de notre paroisse.

Il y a d'abord un rapport profond entre la paix du Christ et la communion. C'est tellement vrai que le geste de paix se fait justement avant la communion. C'est l'occasion d'expliquer ce geste... Le prêtre vient de prononcer cette prière qui s'adresse non plus au Père, mais au Christ : « Seigneur Jésus Christ, tu as dit à tes Apôtres 'je vous laisse la paix, je vous donne ma paix', ne regarde pas nos péchés mais la foi de ton Église : donne-lui toujours cette paix et conduis-là vers l'unité parfaite ». Puis il s'adresse à l'assemblée : « Que la paix du Seigneur soit toujours avec vous ». Enfin, c'est le diacre qui nous invite : « Frères et sœurs, dans la charité du Christ (dans l'amour du Christ), donnez-vous la paix ». Cette paix que nous nous donnons, c'est « la paix du Christ » et nous nous la donnons « dans l'amour du Christ ».

On ne se souhaite pas seulement la paix, on se donne la paix du Christ les uns aux autres. La paix est un don du Christ : « je vous donne ma paix ». Ce n'est pas la paix comme le monde la donne : « foutez moi la paix, laissez moi tranquille ». La paix du Christ, c'est la communion fraternelle : vivre en paix, c'est vivre en communion les uns avec les autres, et ça n'est possible qu'en recevant chacun et chacune le Christ en nous dans la communion. La communion au Christ est en même temps communion fraternelle entre nous.

Voilà pourquoi le geste de paix, il se fait avec nos voisins, ceux qui sont à côté, derrière et devant nous dans l'assemblée. Ce n'est pas le moment d'aller dire bonjour à nos meilleurs amis... Il s'agit de donner et de recevoir la paix du Christ, il s'agit d'échanger la paix du Christ avec les frères et les sœurs que le Christ nous donne aujourd'hui, ceux qui sont là à côté de nous. Car c'est le Christ qui fait de nous des frères et des sœurs.

Rappelons-nous la première lecture qui parle sans cesse des « frères » : l'Eglise est d'abord une fraternité, et dans une fraternité, on vit en communion les uns avec les autres, dans la paix du Christ. On porte les joies et les peines des uns et des autres.

Mais cette paix du Christ que nous recevons les uns des autres, elle n'est pas seulement pour nous, elle est pour le monde ! Et c'est tout le sens de notre kermesse paroissiale qui n'est pas seulement une kermesse pour la paroisse mais une fête du quartier, une kermesse de l'amitié entre tous les peuples qui vivent dans cette cité.

Que notre prière monte vers Dieu, par le Christ qui est le prince de la paix, pour tous les habitants de notre cité, de tout peuple et de toute culture, afin que nous vivions en paix dans ce quartier, riches de toutes nos différences, mais aussi de notre commune humanité, apprenant à donner et à recevoir les uns des autres. A nous de partager la joie et la paix du Christ. C'est tout le sens de la formule d'envoi du prêtre : « allez dans la paix du Christ ! » Cela veut dire : allez porter la paix du Christ à tous vos compagnons d'humanité en étant artisans de paix, acteurs de fraternité dans ce quartier et tout particulièrement aujourd'hui.

6° dimanche de Pâques C – 9 mai 2010

4. LE SANG DU CHRIST

Mc 14, 12-16 + 22-26

(Ex 24,3-8)

Les textes de la Parole de Dieu d'aujourd'hui peuvent peut-être nous aider à comprendre ce que veut dire le « sang du Christ ». Pourquoi, à la messe, il n'est pas seulement question du pain et du Corps du Christ – pourquoi est-il question aussi du sang du Christ ? Pourquoi parle-t-on du « sang de l'alliance » ?

L'Evangile nous parle de la fête des pains sans levain : il s'agit de la Pâque, *Pesah* qui veut dire passage. Au cours du repas pascal, on relit l'histoire de la sortie d'Egypte, terre d'esclavage, et plus spécialement l'histoire de la nuit où le Seigneur a frappé les premier-nés de l'Egypte en épargnant les maisons des hébreux marquées du sang de l'agneau pascal offert en sacrifice juste avant de prendre la route de l'exode.

Le sang dans la Bible, est symbole de vie : quand on perd son sang, on perd sa vie. Donner son sang, c'est donner la vie – c'est vrai encore aujourd'hui. S'il n'y avait que le pain, on oublierait que le corps du Christ est un Corps livré. Le sang nous rappelle la mort de Jésus : c'est le sang « versé pour la multitude » parce qu'il a donné sa vie pour nous.

Communier au Corps et au Sang du Christ, c'est communier à l'acte d'amour par lequel il a donné sa vie : cela nous engage à donner notre vie les uns pour les autres. Le seul sacrifie qui plait à Dieu, c'est de donner sa vie par amour, comme Jésus l'a fait sur la croix – et c'est ce sacrifice d'amour que nous célébrons dans la messe en mémoire de lui.

C'est une tentation pour nous : communier au Christ en oubliant sa mort, en oubliant qu'il a donné sa vie, qu'il a versé son sang. *Seigneur Jésus, je suis heureux de te recevoir chez moi, je suis content que tu sois avec moi...* mais en oubliant que c'est au Christ livrant sa vie et versant son sang que nous communions... Quand Jésus dit « *faites ceci en mémoire de moi* », il ne nous dit pas seulement : *faîtes ce repas en mémoire de moi*, il nous dit : *donnez votre vie, les uns pour les autres, en mémoire de moi !*

Le sang du Christ est sang de l'Alliance nouvelle. La première lecture nous a rappelé ce qu'a été le rite de la première alliance : on offrait des animaux à Dieu et on aspergeait *l'autel et le peuple* avec le sang de la victime offert pour signifier l'alliance de Dieu avec son peuple. Quand on mélange son sang, c'est à la vie à la mort. Le sang assure la communion.

Mais vous avez remarqué que ce rite de l'alliance est inséparable de la Parole de Dieu : « il prit le livre de l'Alliance et en fit la lecture au peuple ; celui-ci répondit : tout ce que le Seigneur a dit (= sa Parole), nous le mettrons en pratique ». Voilà une deuxième tentation pour nous : aller à la table de l'eucharistie sans être passé par la table de la Parole… qui nous nourrit, nous bouscule, nous interpelle parce que c'est la Parole d'un Autre.

Le « sang de l'alliance » nous rappelle que nous ne pouvons pas communier au Christ sans communier à sa mort par amour pour les hommes et que la communion est inséparable du Livre de l'Alliance, c'est-à-dire de la Parole de Dieu que nous avons à mettre en pratique, Parole en actes.

Fête du Corps et du Sang du Christ B – 10 juin 2012

5. L'EUCHARISTIE EST PARTAGE

Mt 14, 13-21

Le récit de la multiplication des pains met en scène trois séries de personnages : le Christ, la foule et, entre les deux, les disciples.

Jésus n'est pas seul avec ses disciples ; ici, il y a la foule – cette foule que Jésus aime, qu'il accueille, qu'il enseigne, qu'il guérit et qu'il va nourrir. Cela doit nous faire comprendre que notre rendez-vous dominical, notre messe du dimanche, ne concerne pas seulement Jésus et ses disciples : il concerne aussi les foules qui habitent notre quartier, notre ville, notre pays et l'humanité entière. Afin qu'elle devienne un peuple, le peuple de Dieu constitué de tous les peuples de la terre. Une foule qui s'assoit par groupe de cinquante, une foule qui commence à s'organiser, une foule qui devient un peuple.

L'eucharistie que nous célébrons n'a pas seulement une dimension spirituelle (la rencontre avec le Christ qui me nourrit de sa vie donnée), mais elle a aussi une dimension sociale et une dimension missionnaire.

La **dimension sociale** de l'Eucharistie est évidente : la foule a faim. Et Jésus dit à ses disciples, c'est-à-dire à nous : « donnez-leur vous-mêmes à manger ! » Cet impératif nous commande de nous mobiliser pour que tous les humains mangent à leur faim – et c'est tout le sens de l'existence même du CCFD (Comité Catholique contre la Faim et pour le Développement) – Terre solidaire. A travers le récit de la multiplication des pains, nous comprenons mieux que l'Eucharistie est un partage. Si Jésus a pu nourrir la foule, c'est parce que quelqu'un a accepté de partager les cinq pains et les deux poissons qu'il avait (un autre évangile nous dit que c'est un garçon qui les avait et qui les a offert) : la multiplication des pains est d'abord le miracle du partage ! Quand on partage, il y en a pour tout le monde ! Impossible donc de partager le Corps du Christ à la messe si nous ne sommes pas prêts à partager dans notre vie quotidienne : partager nos biens – nos jouets, notre voiture, notre maison, notre ordinateur..., en les mettant à la disposition des autres ; partager notre temps, notre argent, notre joie... et cela va jusqu'à partager notre pays !

Mais il y a aussi une **dimension missionnaire** de l'Eucharistie : les foules n'ont pas seulement faim de pain... Si ce pain, c'est le Corps du Christ livré pour nous, si c'est l'amour de Dieu que nous partageons entre nous, nous ne pouvons pas le garder pour nous, il est pour les foules, il est « pour la multitude », il est pour ceux qui ne sont pas là, à commencer par nos frères et sœurs malades, mais au-delà, il est pour tous ceux qui souffrent à l'hôpital, tous ceux qui vivent à la maison de retraite, tous ceux qui travaillent au centre commercial ou sur le marché, tous ceux qui, chaque matin, sortent du métro. Et au-delà encore, il est pour les foules des pays du sud qui sont représentés dans notre assemblée.

C'est tout le sens des « douze paniers » qui restent à la fin de ce repas : douze paniers pour les douze apôtres qui vont évangéliser les différents peuples du monde. Ces douze paniers, c'est pour tous ceux qui ne sont pas là ! C'est pour tous ceux dont nous partageons la vie, c'est pour tous ceux vers qui nous sommes envoyés.

Nous avons dans notre liturgie quelques signes que l'Eucharistie est faite non seulement pour nous, mais pour les foules :

- la prière universelle, où nous prions pour tous les hommes, et pas seulement pour les chrétiens,
- la prière sur les offrandes : « au moment où nous offrons le sacrifice de toute l'Eglise pour la gloire de Dieu et le salut du monde »,
- le texte même de la consécration : « ceci est mon corps livré pour vous et pour la multitude »,
- l'envoi : « allez dans la paix du Christ » sous-entendu : pour partager avec tous ce que vous avez reçu.

L'Eucharistie nous appelle à partager : partager notre pain et partager notre foi. Parce qu'elle est rencontre du Christ qui est venu « apporter la vie au monde ». Que chacun prenne son panier pour partager la vie de Dieu qu'il a reçue dans cette eucharistie que nous avons partagé ensemble.

18° dimanche A – 31 juillet 2011

-IX-

SAINTS ET SAINTES DE DIEU

1. Marie.
2. Le oui de Joseph.
3. Jean le baptiste, figure du prêtre.
4. Pierre et le Ressuscité.
5. La conversion de Paul.
6. Sœur Emmanuelle : tu aimeras.
7. L'abbé Pierre, un prophète.

1. MARIE

Lc 1, 39-56

Je voudrais vous parler de Marie, Marie dans la foi des chrétiens, mais aussi la Marie que j'aime. Au début de la semaine, nous avions une rencontre œcuménique avec le Conseil de la paroisse réformée et quelqu'un évoquait les idées fausses qu'on avait les uns sur les autres, entre catholiques et protestants. Quelqu'un a dit : « il y en a qui pensent que les protestants ne croient pas en Marie ». Et quelqu'un d'autre a ajouté : « et pourtant, elle a bien existé ! » Si croire en Marie, c'est croire qu'elle a bien existé, les protestants y croient autant que nous !

Mais si croire en Marie, c'est croire en elle comme on croit en Dieu, et bien c'est vrai qu'ils n'y croient pas… et ils ont raison ! Une autre histoire : au cours d'un voyage en Egypte, la guide nous explique que dans chaque ville égyptienne, il y avait autrefois une triade, « comme la Trinité chez vous, les chrétiens » : il y avait un dieu, une déesse et un fils, « comme chez vous, il y a le Père, la vierge Marie et le Christ » ! Eh bien non, Marie n'est pas une déesse ! Elle est la servante du Seigneur, elle est la mère de Jésus et elle est le symbole de l'Eglise, c'est déjà pas si mal !

Marie, la servante du Seigneur :

Marie, c'est d'abord « la servante du Seigneur ». C'est comme ça qu'elle se nomme : « je suis la servante du Seigneur, qu'il me soit fait selon sa Parole ». Elle ne dit pas grand chose dans l'Evangile, Marie, alors, prenons au sérieux le peu qu'elle dit. Et d'abord, sa manière de se situer comme servante. Au service de la Parole de Dieu faite chair, c'est-à-dire au service de la mission de son Fils : « faites tout ce qu'il vous dira ». Marie ne demande jamais rien pour elle, elle est totalement décentrée vers son Fils.

En ce sens-là, Marie est la première diaconesse de l'Eglise : diacre, cela veut dire serviteur. Quel dommage que les femmes diacres qui ont existé dans les premiers siècles ne nous rappellent plus que Marie est la première à avoir suivi le chemin du Christ serviteur. Il y a beaucoup de femmes, dans l'Eglise, religieuses ou laïques, qui aiment Marie et qui sont d'humbles servantes comme Marie. Généralement d'ailleurs, elles disent : je suis plus Marthe que Marie, mais ce n'est pas la même Marie…

La servante du Seigneur, c'est la Marie du Magnificat : « le Seigneur a fait pour moi des merveilles, il s'est penché sur son humble servante ». Quel mauvais tour on a fait à Marie, l'humble servante, en faisant d'elle une reine ! Il faut dire qu'on a fait pareil avec son fils, le Crucifié, qu'on a fait Christ-roi… Bien sûr, c'est le sens du Magnificat : « Dieu élève les humbles et renverse les puissants de leur trône ». C'est vrai, Dieu a élevé Marie en en faisant la première des croyants, mais n'en faisons pas une déesse : cela doit la faire rougir.

Marie, la mère de Jésus :

Marie, c'est aussi la mère de Jésus, celle qui a mis au monde le Fils de Dieu. Et comme nous sommes tous fils et filles de Dieu par notre baptême et par le don de l'Esprit Saint, elle est un peu notre mère à tous.

Marie, la mère de Jésus, qu'on retrouve au pied de la croix : « Femme, voici ton fils », dit Jésus à Marie. « Fils, voici ta mère », dit Jésus au disciple qu'il aimait, c'est-à-dire à nous tous. C'est bien Jésus lui-même qui nous donne sa mère comme Marie nous a donné Jésus. On fait partie de la famille.

Marie est comme toutes les mères : elle est là, présente, agissante, discrète. Entre l'Ascension et la Pentecôte, elle est avec les disciples, parce qu'elle est disciple elle-même, toute Mère de Dieu qu'elle est. Elle est fidèle à la prière avec la première communauté. Elle est avec. Et le peuple chrétien a pris l'habitude de tout lui confier, parce qu'on peut tout dire à une mère.

Mais gardons-nous d'oublier que cette mère là est totalement tournée vers son Fils qui n'est pas seulement son fils mais le Fils de Dieu.

Marie, symbole de l'Eglise :

Le Concile Vatican II termine la grande constitution sur l'Eglise en affirmant que Marie est le symbole de l'Eglise Peuple de Dieu.

- Elle est symbole de l'Eglise parce que c'est elle qui met au monde le Fils de Dieu en se laissant travailler par l'Esprit-Saint. Comme Marie, l'Eglise a pour mission de mettre au monde le Fils de Dieu, de donner au monde d'aujourd'hui le Sauveur dont il a besoin, mais l'Eglise ne peut vivre cette mission qu'en se laissant travailler par l'Esprit de Dieu.
- Marie est le symbole de l'Eglise aussi parce qu'elle est la mère des croyants. « Notre sainte mère l'Eglise »… C'est vrai que je préfère dire de l'Eglise qu'elle est ma famille, mais elle est aussi, symboliquement, notre mère dans la mesure où c'est l'Eglise peuple de Dieu qui nous a enfantés à la foi au Christ, c'est elle qui nous a donné la vie de Dieu au baptême et c'est elle qui a nous a formés, éduqués, comme croyants.
- Enfin, Marie est symbole de l'Eglise justement parce qu'elle est la servante du Seigneur : elle symbolise une Eglise servante et pauvre qui ne prend pas la place du Seigneur qu'elle annonce. Elle montre le Christ comme l'Eglise devrait toujours le montrer. Elle renvoie toujours vers son Fils comme l'Eglise doit toujours renvoyer vers le Christ.

Rendons grâce à Dieu pour Marie qui nous montre le chemin du disciple de Jésus en étant la servante du Seigneur, la mère du Sauveur et le symbole de l'Eglise.

Fête de l'Assomption – 15 août 2008

2. LE « OUI » DE JOSEPH

Mt 1, 18-25

Il y avait l'annonce faite à Marie, il y a aussi l'annonce faite à Joseph.

Il y avait le « oui » de Marie, il y a aussi le « oui » de Joseph.

J'aime beaucoup la délicatesse de Dieu vis-à-vis de Joseph. Dieu veut le mettre dans le coup. Dieu veut avoir besoin de son oui. Si vous me pardonnez l'expression, Dieu ne veut pas lui faire un enfant dans le dos ! Dieu respecte Joseph et il fait tout pour qu'il soit reconnu comme le père de cet enfant.

D'abord, il est reconnu comme Joseph fils de David, de la descendance du roi David. C'est d'ailleurs pour cela que Joseph et Marie iront se faire recenser à Bethléem, la ville de David. Et c'est pour cela que saint Paul, dans l'épitre que nous venons d'entendre, nous dit à propos de Jésus : « selon la chair, il est né de la race de David ». C'est donc bien grâce à Joseph que Jésus pourra être appelé lui aussi « fils de David ».

Mais surtout, le messager de Dieu demande à Joseph de remplir son rôle de père en faisant ce que font tous les pères dans le pays de Jésus, donner un nom au nouveau-né : « tu lui donneras le nom de Jésus, c'est-à-dire *le Seigneur sauve* ». Ainsi, Joseph ne perd pas la face et il peut prendre chez lui son épouse. Et nous, nous pouvons, depuis quelques mois, à la demande de Rome, invoquer à la messe, dans la prière eucharistique, non seulement la vierge Marie, mais aussi « saint Joseph son époux ».

Il y avait le « oui » de Marie, il y a donc aussi le oui de Joseph, mais il y faut aussi notre « oui » à nous aujourd'hui.

Comment ajouter notre « oui » aux « oui » de Marie et de Joseph ? Il me semble que notre « oui » doit s'inspirer des deux noms qui sont donnés à cet enfant qui va naître et dont nous fêtons la naissance à Noël : **Jésus** qui signifie « Le-Seigneur-sauve » et **Emmanuel** qui signifie « Dieu-avec-nous ». Le premier nom nous dit ce que Jésus fait pour nous : il nous sauve. Le second nous dit qui est Jésus : il est Dieu en tant qu'il est Dieu-avec-nous. Dire notre oui, renouveler notre adhésion au Christ aujourd'hui, c'est à la fois le laisser nous sauver et être avec lui.

Dire notre oui, c'est dire oui à Jésus qui nous sauve, c'est donc le laisser nous sauver, le laisser nous transformer, puisqu'il est venu pour ça. Nous laisser sauver aujourd'hui, puisqu'il vient aujourd'hui pour nous sauver. De quoi ? De notre suffisance, de notre égocentrisme, de notre volonté de domination, ou de notre révolte, de notre activisme, de notre sécheresse ? Bref, de notre péché. Lui seul peut nous en sauver. Et d'abord en nous disant qu'il nous aime, en nous pardonnant, et en nous refaisant confiance. Laissons-nous sauver par l'amour de Dieu manifesté en Jésus.

Mais dire notre oui, c'est aussi dire oui à l'Emmanuel, à « Dieu-avec-nous » en étant avec lui. Pas forcément en passant notre vie en prière, mais en vivant notre vie avec lui. Dieu est toujours avec nous parce qu'il nous aime, il est avec nous parce qu'il vient en nous faire sa demeure. Mais nous ? Soyons avec lui quand nous travaillons, quand nous aimons, quand nous faisons la fête !

Quand le prêtre nous dit : *le Seigneur soit avec vous*, en réalité, puisque le Seigneur est vraiment avec nous, il nous souhaite d'être toujours avec le Seigneur en vivant notre vie avec lui. Comme Joseph qui prit chez lui son épouse, enceinte de Jésus, nous sommes invités à prendre Dieu chez nous puisqu'en Jésus, il est Dieu-avec-nous. Amen !

4° dimanche de l'Avent – 22 décembre 2013

3. JEAN BAPTISTE, figure du prêtre

Jn 1, 6-8 + 19-28

Dans une semaine, l'Eglise qui vit dans cette ville célèbrera les 50 ans de ministère de prêtre de son pasteur, Joseph, sous la présidence de notre évêque. Après la consécration religieuse de sœur Sophie, cet événement est une grâce pour une communauté chrétienne, un beau cadeau, mais qui peut aussi nous interpeler.

Puisque c'est le deuxième dimanche où l'Evangile nous parle de Jean Baptiste, je voudrais vous partager comment, pour moi, le Baptiste est une très belle figure de ce qu'est le prêtre. Je le ferai en pensant à Joseph, mais aussi en pensant à moi, et en pensant à vous, puisque nous formons un « peuple de prêtres », tous consacrés par notre baptême et envoyés en mission comme témoins par notre confirmation. Toute responsabilité dans l'Eglise est une responsabilité de toute l'Eglise. Et ce qu'on dit du prêtre peut être dit, pour une part, de toute l'Eglise.

Le prêtre est celui qui montre un autre :

C'est « un homme envoyé par Dieu » pour « rendre témoignage à la lumière », mais cet homme n'est pas la lumière. Le prêtre n'est qu'un homme et il ne doit pas se prendre pour Dieu, ni pour le messie. L'humilité du baptiste est un repère pour le prêtre. Vous connaissez l'humilité de Joseph, qui pourtant est un grand savant. Contrairement à ce que dit une théologie contestable, le prêtre n'est pas « un autre Christ » : il est son représentant, pas son remplaçant. De la même manière, l'Eglise (que nous formons) ne doit pas se prendre pour Dieu, elle ne doit pas prendre la place de son Seigneur. Elle doit le montrer ! « Je ne suis pas le messie... voici l'Agneau de Dieu... »

J'aime beaucoup ce proverbe chinois : « quand le sage montre la lune, l'imbécile regarde le doigt ». Le prêtre, comme Jean Baptiste, n'est que le doigt, il ne doit pas se prendre pour la lune.

Le prêtre est au service de la présence d'un autre :

« Au milieu de vous se tient celui que vous ne connaissez pas. » Le prêtre n'est pas celui qui apporte le Christ à ceux qui ne l'auraient pas : il est là, au milieu d'eux. Il est là partout où des hommes souffrent, partout où des gens s'aiment.

C'est le sens des croix que nous portons autour du cou ou qui sont dans nos églises ou au carrefour des chemins : la croix, c'est la souffrance et l'amour. « Ce que vous avez fait aux plus plus petits... » Le prêtre n'est pas celui qui va dire : il est là, il n'est pas là..., il n'est pas un poteau indicateur, mais il est celui qui va révéler une présence : il y a au milieu de vous quelqu'un, vous ne le connaissez pas, mais vous le cherchez, et nous pouvons le chercher ensemble, non pas dans les nuages, mais au cœur de nos vies, car « c'est au cœur de nos vie que Dieu est au-delà »... comme le dit le pasteur Dietrich Bonhoeffer. Et nous tous, si nous sommes témoins du Christ, à notre manière, nous pouvons inviter nos compagnons d'humanité à chercher cette présence de Dieu au milieu des hommes. Son nom est Yahvé : je suis celui qui est là, le présent... le cadeau... Celui qui se donne...

Le prêtre est celui qui diminue pour que l'autre grandisse :

C'est une parole du Baptiste qui est inspirante pour tout prêtre. Elle fut lumière pour mon ministère avec les jeunes de la JOC et je suis sûr qu'elle a inspiré le ministère de Joseph dans les séminaires où il était non seulement enseignant mais formateur de prêtres. Comme elle est lumière pour tous ceux qui sont parents ou éducateurs. Etre au service de la croissance des enfants, des jeunes, des séminaristes, c'est leur apprendre à voler de leurs propres ailes, à se passer de nous. C'est disparaître pour que l'autre grandisse. Comme Jésus lui-même a pris le risque de disparaître : « il est bon pour vous que je m'en aille »…

Mais pour le prêtre, pour les parents et éducateurs chrétiens, ce n'est pas seulement l'autre qui doit grandir, c'est le Christ qui doit grandir en l'autre. C'est le rôle du serviteur qui doit s'effacer, et non pas se mettre en avant, pour que le Christ grandisse chez les autres. Pour Jean Baptiste, cela a été jusqu'au martyr, puisqu'on a fini par lui couper la tête. En grec, « témoin » se dit « marturia », martyr.

Et le premier martyr, c'est le Christ lui-même qui, sur la croix, nous révèle l'amour du Père et qui prend le risque de disparaître pour laisser au Père le soin de le relever, de le re-susciter, de l'élever à sa droite pour qu'il soit le Seigneur. Nous en sommes tous les témoins, à la manière de Jean Baptiste, et singulièrement les prêtres au milieu de nous, comme le Père Joseph. Amen.

3°dimanche de l'Avent B – 11 décembre 2011

4. PIERRE ET LE RESSUSCITE

Jn 21, 1-19

Cette page d'Evangile nous dévoile la figure de Pierre comme figure du pasteur. Elle nous fait comprendre l'audace du Ressuscité qui confie son peuple à quelques-uns qu'il appelle comme pasteur de son peuple.

Tout d'abord, Pierre n'est pas seul. Il est avec d'autres disciples : Thomas, Nathanaël, Jacques et Jean, les fils de Zébédée et deux autres... On n'est pas prêtre tout seul. On est prêtre en équipe. J'ai eu la chance de toujours avoir eu une équipe de prêtres. C'est essentiel pour partager, réfléchir ensemble, se faire confirmer, s'interpeler les uns les autres ou tout simplement pour être soutenu. La première équipe pastorale, ce fut les Douze.

« Je m'en vais à la pêche ». C'est une belle image de la mission : on va à la pêche, on ne sait pas si on va prendre quelque chose, mais on y va ! Cela veut dire aller vers les autres, aller à la rencontre des gens. Mais on n'y va pas tout seul. Les autres lui répondent : « nous allons avec toi ». Alors, on a moins peur d'avancer en eau profonde ou de passer sur l'autre rive... Mais parfois, on ne prend rien. La mission est parfois très rude. Tenez, dimanche dernier... temps fort jeunes adultes sur le secteur... Personne n'est venu... Malgré les réunions de préparation, les invitations, les annonces, les tracts, les mails... « Ils passèrent la nuit sans rien prendre »...

Sur le rivage, un inconnu. Comme dans les autres rencontres du ressuscité, « les disciples ne savaient pas que c'était lui »... Alors Jésus leur donne un signe pour qu'ils puissent le reconnaître : le poisson en abondance ! Mais ce n'est pas Pierre qui va le reconnaître le premier, c'est « le disciple que Jésus aimait ». Cela aussi est important : le pasteur, qu'il soit pape ou prêtre, a besoin de la foi des autres. Tous, nous avons besoin de la foi des autres, les prêtres aussi ! C'est quand Pierre entend l'autre disciple dire « c'est le Seigneur ! » que ses yeux s'ouvrent.

Et que fait Pierre ? Il passe un vêtement et « il se jette à l'eau ! » Se jeter à l'eau, c'est s'engager totalement, c'est se mouiller jusqu'au cou, c'est se donner tout entier, en risquant sa vie... pour rejoindre son Seigneur.

Venons-en au dialogue entre Pierre et le Ressuscité, après qu'ils aient déjeuné tous ensemble. Trois fois, Jésus va interroger Pierre. C'est une allusion discrète aux trois fois du reniement de Pierre pendant la passion. Jésus va confier ses brebis à un Pierre qui n'est pas parfait, un Pierre qui l'a renié trois fois... Il ne lui confie pas ses brebis parce qu'il est le meilleur. Sa vocation de pasteur repose sur un lien d'amitié très fort avec le Christ. Sans cette relation profonde, intime, familière, aucun prêtre ne peut être le berger du troupeau. Voilà pourquoi il n'y a pas de vocation sans amour et voilà pourquoi, être prêtre, c'est une manière d'aimer.

Puis il lui dit encore « suis-moi ! » Suivre Jésus, cela veut dire être son disciple. Au moment où il l'institue comme pasteur de ses brebis, c'est-à-dire de ses disciples, Jésus demande à Pierre de le suivre, c'est-à-dire d'être son disciple. Cela veut dire que les prêtres, les pasteurs, sont d'abord des disciples comme vous, ils sont chrétiens avec vous et prêtres pour vous, car le seul vrai pasteur, c'est Jésus ressuscité et nous sommes tous ses disciples.

Priez pour vos prêtres, afin qu'ils ne soient jamais seuls, afin qu'ils ne se découragent pas quand personne ne vient, afin qu'ils s'appuient sur la foi des autres et sur un lien profond avec le Christ, afin qu'ils aient l'humilité de se reconnaître pécheurs comme les autres hommes et disciples comme les autres chrétiens. Merci pour eux.

3° dimanche de Pâques C – 18 avril 2010

5. LA CONVERSION DE PAUL

Act 9, 1-22

« Jésus ressuscité dit aux onze Apôtres : <Allez dans le monde entier. Proclamez la Bonne Nouvelle à toute la création. > » Paul est quelqu'un qui a pris au pied de la lettre l'envoi en mission que Jésus, au-delà des onze, adresse à toute l'Eglise. Il va effectivement aller dans le monde entier pour y proclamer la Bonne Nouvelle.

Le récit de la conversion de Paul nous annonce trois bonnes nouvelles :

➢ **1° bonne nouvelle** : on peut toujours changer, grâce à Jésus !
- Qui était Saul de Tarse ? Un persécuteur. Qu'est-il devenu ? un autre homme !
- Nous aussi, on peut changer... mais avec Jésus.
- Les autres aussi, ils peuvent changer, grâce à Jésus.
- L'énergie qu'on met à faire le mal, on peut la mettre à faire le bien.

➢ **2° bonne nouvelle** : ceux qui n'ont pas connu Jésus « selon la chair » peuvent le rencontrer et devenir son ami.
- Paul ne connaissait pas Jésus, mais il l'a vraiment rencontré.
- Ce fut une rencontre foudroyante : c'est souvent quand on est par terre, aveuglé, perdu, que Jésus vient à notre rencontre.
- « Je suis Jésus que tu persécutes » : quand on persécute les chrétiens, on persécute Jésus ; quand on rencontre des chrétiens, on rencontre Jésus !
- Nous aussi, Jésus nous parle, nous appelle, nous envoie... par les chrétiens.

➢ **3° bonne nouvelle** : nous ne sommes pas seuls pour découvrir Jésus : nous avons besoin de nos « aînés dans la foi » :
- Paul ne devient pas chrétien tout seul : on ne peut pas découvrir Jésus tout seul, on ne peut pas se baptiser tout seul, on ne peut pas s'envoyer tout seul !

- Jésus nous envoie, à nous aussi, des Ananie qui vont nous prendre par la main, nous ouvrir les yeux, nous imposer les mains...
- Qui sont nos aînés dans la foi, les Ananie, que Jésus nous a envoyés ?

Après sa rencontre avec Jésus, Paul s'est mis à « proclamer Jésus ». Et nous ? A qui parlons-nous de notre ami Jésus ? Bien sûr, on ne peut pas en parler n'importe où, à n'importe qui... mais on peut parler de Jésus à nos meilleurs amis...

Aujourd'hui, nous vivons une rencontre avec Jésus le Christ. Quand on rencontre Jésus, ça nous change. On peut prendre un temps de silence pour demander à Jésus : qui es-tu ? que veux-tu que je fasse ? que veux-tu que je change pour être davantage ton ami, ton disciple ? à qui tu m'envoies pour faire comme Ananie ?

Fête de la conversion de Paul - Dimanche 25 janvier 2009

6. SŒUR EMMANUELLE : TU AIMERAS !

Mt 22, 34-40

Connaissez-vous Madeleine Cinquin ? Réfléchissez : je suis sûr que vous la connaissez. Elle est née à Bruxelles il y a cent ans dans une famille aisée qui avait fait fortune dans la lingerie fine... Elle n'a pas 6 ans quand elle voit son père se noyer devant elle... Première expérience terrible de la précarité de la vie humaine. Elle dira : « Dans l'inconscient, ma vocation date de là : j'ai cherché l'absolu, pas l'éphémère. »

En 1929, elle change de vie une première fois et du coup elle change de nom : elle devient Mère Emmanuelle chez les Religieuses de Notre-Dame de Sion. Elle consacre alors 40 ans de sa vie à l'éducation des jeunes filles des milieux aisés du Moyen Orient : elle enseigne à Istanbul, Tunis, Alexandrie.

Et voilà qu'à 62 ans, après sa retraite, elle change une nouvelle fois de vie, mais cette fois-ci, le changement est encore plus radical : elle s'installe dans une cabane où il n'y a ni eau ni électricité, au milieu des chiffonniers du Caire. Elle devient Sœur Emmanuelle, la sainte du Caire.

Pendant vingt-deux ans, à l'heure où tous les autres goûtent une retraite bien méritée, elle plonge dans l'extrême pauvreté et elle manifeste ce que c'est qu'aimer à la manière de Dieu : c'est vivre avec !

C'est comme ça que Dieu nous aime : il est venu vivre avec nous, habiter parmi nous. Jésus est l'Emmanuel = Dieu avec nous ! C'est comme ça que s'aiment les amoureux : ils veulent vivre ensemble !

Elle dira : ce sont les plus beaux jours de ma vie. Parce que c'est là qu'elle a le plus aimé. De même, elle dira aussi cette chose extraordinaire : « le jour de ma mort sera le plus beau jour de ma vie ! » Parce que, toute sa vie, elle était tendue vers son grand amour qui est Dieu et qu'elle n'avait qu'une soif : vivre avec lui !

L'amour des pauvres et l'amour de Dieu, ça va ensemble. C'est le même amour, il a la même source. C'est ce que veut dire Jésus quand il dit qu'ils sont inséparables. Et pour autant, ils ne se confondent pas. Les pauvres sont aimés pour eux-mêmes. Dieu aussi est aimé pour lui-même.

Je retiens trois points de la vie de Sr Emmanuelle éclairée par la Parole de Dieu :

L'Evangile de l'amour de Dieu ne s'annonce pas par des beaux discours, mais par des vies. Regardez sœur Emmanuelle, regardez l'abbé Pierre : bien sûr, tous les deux, ils avaient une manière de parler très forte, un franc parler, mais leur parole n'était forte que parce qu'elle s'appuyait sur une vie totalement donnée à Dieu et aux pauvres. C'est pareil pour Paul et pour les Thessaloniciens : « vous savez comment nous nous sommes comportés chez vous... » C'est surtout vrai pour Jésus : c'est en donnant sa vie qu'il révèle l'amour du Père. C'est par notre vie que nous sommes missionnaires.

L'amour de Dieu et l'amour des pauvres sont une réponse à un amour qui nous a devancés, qui nous précède : c'est parce que nous sommes aimés, infiniment, que nous sommes appelés à répondre à cet amour premier en donnant notre vie à Dieu et aux autres. Le « tu aimeras » est toujours de l'ordre d'une réponse à un « tu es aimé ».

Cet amour de Dieu et des pauvres n'est pas de l'ordre du sentiment, il est de l'ordre du choix de vie. C'est pour cela que ça peut être un commandement : un sentiment, ça ne se commande pas ! Mais un choix de vie, oui. Le « tu aimeras » est un appel : « aimez-vous comme je vous ai aimés », c'est-à-dire en vous donnant.

Sœur Emmanuelle nous a révélé que l'amour de Dieu qui est en nous peut nous appeler à tout donner, par amour, et que tout donner, c'est vivre avec. Comme Jésus qui vient vivre avec nous à chaque eucharistie. Parce qu'il nous aime et qu'il veut être avec nous, chaque jour, jusqu'à la fin du monde.

30° dimanche A - 26 octobre 2008

7. L'ABBE PIERRE, un prophète

Jr 1,4-5+17-19 ; 1 Co 12,31-13,13 ; Lc 4, 21-30

Quel rapport y a-t-il entre Jérémie, Paul, Jésus et... l'abbé Pierre, ce prophète d'aujourd'hui qui vient de nous quitter ? Eh bien ce sont tous des prophètes !

Qu'est-ce qu'un prophète ? Je crois que l'abbé Pierre peut nous aider, à la lumière de la Parole de Dieu d'aujourd'hui, à comprendre non seulement ce qu'est un prophète, mais aussi comment nous pouvons devenir un peuple de prophètes !

Un prophète, c'est d'abord un porte-parole de Dieu.

C'est un homme de la Parole, comme l'abbé Pierre au micro de Radio Luxembourg durant l'hiver 1954. Aujourd'hui encore, à l'occasion de sa mort, nous recueillons son message à travers des paroles fortes comme : « La vie, c'est apprendre à aimer » ou encore « quand tu souffres, aime plus fort ! » Il avait le don de la parole qui réveille. Le Seigneur lui avait adressé la parole, comme à Jérémie, mais cette parole n'était pas pour lui : elle le brûlait pour qu'il la proclame. Le prophète est un proclamateur. Mais sa parole n'est pas la sienne : c'est la Parole de Dieu qui le brûle. Jésus, lui, était plus qu'un porte-parole de Dieu : il était la Parole de Dieu faite homme, il incarnait la Parole de Dieu dans toute sa vie, pas seulement dans ce qu'il disait. Mais c'est aussi le propre du prophète que de vivre comme il parle, et c'est ce que nous aimions chez l'abbé Pierre.

Un prophète, c'est aussi quelqu'un qui dénonce.

C'est quelqu'un qui bouscule, qui interpelle. « Lève-toi, tu prononceras contre eux tout ce que je t'ordonnerai ». Le prophète exprime la colère de Dieu contre les injustices, contre le mal, et Dieu sait si l'abbé Pierre a été l'interprète des colères de Dieu contre la misère et contre l'indifférence. Le prophète est un combattant, un militant, contre le mal qui écrase les hommes. Ce combat contre le mal peut aboutir au rejet et même à la mort du prophète : Jérémie aura beaucoup à souffrir de son métier de prophète, d'où ses « jérémiades », mais toujours Dieu lui répétera : « je suis avec toi pour te délivrer ». Il y a une tradition des prophètes persécutés, et même des prophètes assassinés. Je me souviens de ce chant des Poppys : « Gandhi, Luther King et Jésus-Christ ». Jésus a connu l'hostilité dès sa naissance (avec le massacre des saints innocents), puis au début de sa vie publique, dans le récit que nous avons entendu aujourd'hui où on veut le précipiter en bas de la colline, et bien sûr à la fin de sa vie quand il sera crucifié. L'abbé Pierre a beaucoup souffert lui aussi, mais il n'a pas été rejeté. Il était au contraire aimé et admiré. J'y vois un progrès de l'humanité travaillé par l'Evangile depuis vingt siècles : il réveillait un peuple qui s'est donné comme devise « liberté, égalité, fraternité » ; il exprimait le meilleur de nous-mêmes, croyants ou non, ce que nous aimerions être les uns pour les autres.

Un prophète, enfin, c'est un homme de l'espérance

Il nous tourne vers l'avenir – l'avenir que Dieu nous promet. Dans son combat pour la dignité des pauvres et pour le droit au logement pour tous, l'abbé Pierre disait sa foi en un autre avenir, en un avenir meilleur où chacun a sa place. Mais cet avenir ne peut se construire que sur l'amour en donnant la première place aux plus petits, aux plus souffrants. C'est eux qui ont la première place dans le Royaume de Dieu, notre avenir, parce qu'ils ont la première place dans le cœur de Dieu.

Un prophète n'est prophète que parce qu'il se laisse remplir de l'Esprit Saint, l'Esprit de Dieu, l'Esprit d'Amour. Jésus, mort et ressuscité par amour pour nous, nous communique son Esprit Saint, son Esprit d'amour, à travers les sacrements, pour que nous devenions avec lui un peuple de prophètes, les prophètes de l'amour, capables de construire avec lui ce que Jean-Paul II appelait une « civilisation de l'amour ».

4° dimanche C – 28 janvier 2007

-X-

LE MYSTERE DE DIEU

1. Dieu n'est pas ce que nous croyons.
2. En quel Dieu croyons-nous ?
3. La main de Dieu.
4. Dieu ou l'excès de l'amour.
5. Dieu dans la parabole des talents.

1. DIEU N'EST PAS CE QUE NOUS CROYONS

Mt 14, 22-23

(1 R 19, 9-13)

L'histoire du prophète Elie sur la montagne et celle des apôtres sur la mer ont un point commun : toutes les deux nous disent que Dieu n'est pas ce que nous croyons... et Jésus non plus. Il nous faut méditer la conversion d'Elie et la conversion des apôtres pour comprendre ce que le Seigneur attend de nous, à quelle conversion il nous appelle nous aussi.

D'abord la conversion d'Elie...

Un prophète « brûlant comme une torche ». La femme du Roi Achab, Jézabel, une païenne, avait introduit le culte des idoles. Les prêtres de Baal, le dieu de la fertilité, de la pluie, de la foudre et du vent, régnaient à la cour du roi. Elie les met au défi, gagne la bataille pour son Dieu, le Dieu d'Israël, et... il massacre les prêtres de Baal ! Fureur de la reine qui veut la peau de notre prophète qui est obligé de s'enfuir dans le désert où il finit par demander à Dieu de mourir. C'est à ce moment que Dieu l'envoie à la montagne de l'Horeb. Et là, Elie va faire une expérience de Dieu bouleversante, il va découvrir que Dieu n'était pas où il croyait, que Dieu n'était pas ce qu'il croyait, que Dieu n'était pas celui qu'il imaginait... à son image. Dieu n'est pas dans l'ouragan, ni dans le tremblement de terre, ni dans le feu, mais dans « le murmure d'une brise légère »... Mot à mot, en hébreu : dans « le son d'une poussière de silence » ! Elie va reprendre son service de prophète, non plus au service d'un Dieu de puissance, mais au service d'un Dieu qui est tendresse et pitié, lent à la colère et plein d'amour.

Ensuite la conversion des apôtres :

Jésus les « oblige » à monter dans la barque et à passer sur « l'autre rive ». Pourquoi les oblige-t-il ? L'évangile de Jean répond : « parce que, après la multiplication des pains, la foule voulait le faire roi ». Jésus ne veut pas qu'on le fasse roi : depuis qu'il a affronté le tentateur au désert, il sait que ce n'est pas sa mission, ce n'est pas pour ça qu'il est venu, et ce n'est pas au service de ça qu'il doit utiliser la force de l'amour de Dieu qui est en lui. Alors, il se retire « dans la montagne », comme Elie, et retrouve dans son cœur à cœur avec son Père, le sens de sa mission et de son identité : il n'est pas un messie de puissance mais le serviteur de Dieu.

Ses disciples, eux, n'ont rien compris et Jésus veut les faire passer « sur l'autre rive », à l'écart de l'enthousiasme de la foule. Ce passage sur l'autre rive est une conversion pour eux. Pour le comprendre, il faut se rappeler que la mer, dans la Bible, est le symbole de la mort. Et il faut aussi se rappeler que les évangiles ont été écrits pour nous faire découvrir la foi des apôtres après la Résurrection de Jésus. Mais pas par des catéchèses et des discours ennuyeux... Au moment où les apôtres doivent commencer à abandonner leur rêve de voir Jésus devenir le roi d'Israël qui va chasser l'occupant romain, les évangiles nous montrent Jésus marchant sur la mer, c'est-à-dire dominant les forces de la mort.

S'il est le Fils de Dieu, ce n'est pas parce qu'il va chasser les romains, c'est parce qu'il va triompher de la mort. Et au moment où les premiers chrétiens affrontent les persécutions, ils peuvent se dire : nous pouvons affronter les forces de la mort, car l'amour de Jésus a été plus fort que la mort puisqu'il est ressuscité ! Jésus n'est pas un fantôme, il est vivant même si nous ne le voyons pas et il nous nous appelle : « Confiance, c'est moi, n'ayez pas peur ! »

Nous sommes comme Pierre : quand arrive la persécution, ou le drame, ou l'échec, ou la mort, nous perdons pied... Si c'est arrivé à Pierre, c'est bien normal que ça nous arrive ! Faisons comme lui, appelons le Christ à notre secours : « Seigneur, sauve-moi ! » Il nous tendra la main pour nous relever, tout en nous disant avec beaucoup de tendresse : « homme ou femme de peu de foi, pourquoi as-tu douté de moi ? ». La conversion à laquelle nous sommes appelés, c'est de **passer de la peur à la confiance**, parce que la puissance de Dieu se révèle dans le murmure d'une brise légère et chaque fois que notre faiblesse nous fait douter. Dieu n'est pas Zorro qui va régler tous nos problèmes, mais il est Celui qui est toujours avec nous pour les affronter avec la force de son amour.

19° dimanche A – 7 août 2011

2. EN QUEL DIEU CROYONS-NOUS ?

Jn 3, 16-18

(Ex 34, 4-6+8-9 ; 2 Co 13, 11-13)

Puisque c'est aujourd'hui la fête de la Trinité, je voudrais vous parler de la profession de foi la plus simple des chrétiens : **le signe de la croix**. Qu'avons-nous fait sur nous-mêmes en entrant dans l'église avec l'eau du bénitier qui rappelle notre baptême ? Un signe de croix. Que faisons-nous au début de toutes les messes ? Le signe de la croix. Et que faisons-nous à la fin de la messe pendant que le prêtre nous bénit ? Un signe de croix. Le signe de croix, c'est le signe des chrétiens, mais c'est surtout une manière de dire en quel Dieu nous croyons. C'est une profession de foi !

Quand nous faisons le signe de croix, nous disons « au nom du Père et du Fils et du Saint-Esprit ». Nous avons tous été baptisés « au nom du Père et du Fils et du Saint Esprit », c'est-à-dire au nom de notre Dieu, du Dieu auquel nous croyons, du Dieu que Jésus nous a révélé... sur la Croix, justement !

Car le signe de croix, c'est le signe de l'Amour de Dieu et c'est sur la Croix que Jésus nous a manifesté le mieux combien Dieu nous aime puisque, sur la Croix, Dieu se donne totalement. Sur la Croix, Dieu se donne en nous donnant son Fils. Sur la Croix, Jésus se donne en donnant sa vie pour nous tous. Il nous révèle qu'aimer, c'est se donner.

Mais le geste aussi est parlant et exprime en quel Dieu nous croyons. Nous partons du haut en évoquant le Père de tous les hommes, notre Père : il est **Dieu au-dessus de nous,** mais un Dieu plein de tendresse et de pardon.

Ensuite, notre main descend : le Père nous envoie son Fils qui descend vers nous, qui nous rejoint pour faire route avec nous : Jésus le Fils, c'est **Dieu avec nous,** Dieu au-milieu de nous.

Mais l'amour qui unit le Père et le Fils, c'est un amour débordant, un amour qu'ils ne veulent pas garder pour eux, un amour qu'ils nous communiquent pour que nous en vivions et pour que nous devenions enfants de Dieu : c'est l'Esprit-Saint, Esprit d'amour, qui nous unit les uns aux autres et qui nous donne la force d'aimer. Notre main va d'une épaule à l'autre, à l'horizontale, pour exprimer ce lien d'amour qui nous unit les uns aux autres, pour embrasser tous nos frères humains. L'Esprit-Saint, c'est **Dieu entre nous.**

La Trinité, c'est Dieu **au-dessus de nous**, qui nous envoie son Fils pour être **Dieu avec nous** et qui nous donne son Esprit pour être **Dieu entre nous,** Dieu en nous.

Comme le dit saint Paul : « **L'amour de Dieu a été répandu dans nos cœurs par l'Esprit-Saint qui nous a été donné** ». C'est pour que cela que la Trinité est fêtée juste après la Pentecôte. L'Esprit-Saint, il nous a été donné le jour de notre baptême et à notre confirmation comme il a été donné aux Apôtres le jour de la Pentecôte. Pour que nous soyons les témoins du Christ et de son Evangile, les témoins de l'Amour de Dieu pour le monde qu'il n'est pas venu juger, mais sauver.

Mais le signe de croix n'est pas seulement le signe de l'Amour de Dieu pour nous et pour tous les hommes. Il est aussi le signe de l'Amour qui est en Dieu.

Car Dieu est amour, il est famille, il est communion : il est Père, Fils et Esprit, et ces trois là s'aiment tellement qu'ils ne font qu'un dans les relations qui les unissent. Cet amour n'est pas fermé sur lui-même, il s'ouvre à nous, il s'offre à nous, il se donne à nous. Pour que nous sachions à notre tour nous ouvrir, nous offrir, nous donner.

On parle de la Profession de foi que les jeunes font en 6° pour renouveler celle de leur Baptême, mais la profession de foi de notre baptême, nous la renouvelons chaque fois que nous faisons le signe de croix, parce qu'à chaque fois que nous faisons le signe de croix, nous disons en quel Dieu nous croyons, un Dieu qui est Amour, qui nous aime et qui nous appelle à aimer. Amen.

Fête de la Trinité A – Dimanche 19 juin 2011

3. LA MAIN DE DIEU

Lc 1, 57-66.80

« Que sera donc cet enfant ? » N'est-ce pas la question que nous nous posons tous, à chaque naissance ? Quand on voit un petit bébé, on est devant une page blanche, il est unique, on ne sait rien de l'histoire qui sera la sienne.

Saint Luc commence son Evangile en faisant un parallèle entre Jésus et Jean. Si le chapitre premier se termine par la naissance et la circoncision de Jean, le chapitre deux nous raconte la naissance et la circoncision de Jésus. Chacun recevra le nom que l'ange Gabriel lui avait donné. Nous sommes six mois juste avant Noël et nous fêtons la naissance de Jean.

Jean et Jésus, les deux cousins, sont mis en parallèle, pourquoi ? Parce que le premier prépare le chemin du second. Parce que le premier est le dernier prophète de la première Alliance avec Israël, la charnière entre l'ancien et le nouveau Testament. Mais qu'est-ce que cela veut dire pour nous, aujourd'hui ?

Chaque naissance est un événement considérable. La nôtre le fut aussi. On s'est bousculé pour nous regarder, on a discuté du nom que nos parents nous ont donné, on a prétendu qu'on ressemblait plus à notre père ou à notre mère, quand ce n'est pas au grand père... *« Que sera donc cet enfant ? »* Personne ne pouvait le dire, mais l'Evangile affirme : *« la main du Seigneur était avec lui »*. N'est-ce pas l'acte de foi, de confiance, que nous sommes appelés à faire devant toute naissance, y compris la nôtre ? Devant chaque nouveau-né, devant chaque enfant qu'on baptise, nous pouvons dire : *la main du Seigneur est avec lui*. C'est même justement pour cela qu'on le baptise !

La « main du Seigneur », on la rencontre souvent dans la Bible : elle est là qui protège, qui purifie, qui consacre, qui guide. Elle est tendre comme la main d'une mère et sûre comme la main d'un père. Mais c'est la main de Dieu.

J'ai eu la chance d'aller à Jérusalem, une ville unique au monde. J'étais devant le « mur des lamentations », le mur qui est la seule chose qui reste du temple de Jérusalem après sa destruction par les romains en 70. C'est le grand lieu de prière de nos frères juifs. J'étais là, à prier moi aussi, et voilà que j'entends un papa qui parlait à son fils en français. Le gamin lui demandait : pourquoi nous avons une kippa sur la tête. Et le papa lui répondit : *« pour nous rappeler que la main du Seigneur est sur nous ».* Je n'ai jamais oublié cet acte de foi, de confiance en Dieu : la main du Seigneur est sur nous comme elle était sur Jean Baptiste.

Et comme lui, nous pouvons dire avec le prophète Isaïe : *« Oui, j'ai du prix aux yeux du Seigneur, c'est mon Dieu qui est ma force. »* Si la main du Seigneur est sur nous, de quoi aurions-nous peur ?

Bien sûr, nous ne sommes pas des Jean Baptiste, mais nous sommes des baptisés ! Et c'est quoi, être des baptisés, sinon croire qu'on est aimé de Dieu, que la main de Dieu est sur nous, avec nous, tous les jours de notre vie ?

Mais si la main de Dieu était sur Jean Baptiste, c'est parce que le Seigneur lui avait confié une mission particulière, celle de préparer le chemin du Seigneur. Eh bien nous aussi, à notre manière, si Dieu nous a consacré par le baptême et par l'onction, c'est pour nous confier la mission d'annoncer au monde d'aujourd'hui la bonne nouvelle de l'amour de Dieu pour chacun et chacune, un amour qui nous précède dès avant notre naissance parce que « la main du Seigneur est sur nous ».

12° dimanche ordinaire B – Nativité de Jean Baptiste - 24 juin 2012

4. DIEU ou L'EXCES DE L'AMOUR

Mt 5, 38-48

(1 Co 3,16-23)

Il me semble que pour accueillir la parole que Dieu nous adresse aujourd'hui, il nous faut évoquer une expérience que nous avons sans doute faite les uns et les autres... Je veux parler de l'expérience de l'excès... L'excès, a priori, n'est pas quelque chose de très bien vu. Etre excessif, c'est plutôt un défaut... La modération est davantage appréciée... L'excès a à voir avec la folie... Quand quelqu'un est amoureux, il y a un moment où il est capable de tout, je veux dire : capable de faire des folies ! J'entends cette réplique de film : « tu es complètement malade, ou alors t'es amoureux ! » Ce qui revient peut-être un peu au même. Mais il n'y a pas que les amoureux. Nous savons bien qu'il y a certaines fêtes où on fait des folies, on ne compte pas... et on se met dans le rouge !

Pourtant, Paul nous le dit : « la sagesse de ce monde est folie devant Dieu ». Pourquoi dit-il cela ? Il y a pourtant un livre de la Sagesse qui est Parole de Dieu. Certes, mais la sagesse de Dieu n'est pas celle de ce monde. Le Dieu de la Bible et de Jésus n'est pas sage, il n'est pas un modéré ! Paul dira : « Nous proclamons, nous, un Christ crucifié, scandale pour les juifs et folie pour les païens ! »

La folie de la croix, c'est la folie de l'amour de Dieu, c'est l'excès de l'amour de Dieu. Il faut être fou pour aimer comme ça ! Ca n'est pas raisonnable !

Mais Dieu va encore plus loin : il nous appelle à aimer comme lui, de façon déraisonnable, il nous appelle à lui ressembler : « Soyez saints, car moi, le Seigneur votre Dieu, je suis saint ! » Mais justement, Seigneur, toi, tu es saint, trois fois saint, mais pas nous, tu le sais bien ! Pourtant, Dieu nous aime au point de faire de nous ses enfants, au point de nous partager sa vie, et donc son amour. Voilà pourquoi Dieu nous tire toujours vers le haut : nous sommes faits à son image, au départ, et nous sommes faits pour vivre avec lui, à l'arrivée... donc, nous sommes de sa famille, nous sommes invités à vivre non seulement avec lui, mais comme lui. C'est pourquoi c'est une folie de croire !

Dans son exhortation, « la Joie de l'Evangile », le pape François a ce mot : « Nous parvenons à être pleinement humains quand nous sommes plus qu'humains, quand nous permettons à Dieu de nous conduire au-delà de nous-mêmes » (n° 6) Oui, Dieu nous appelle sans cesse à nous dépasser pour lui ressembler. Le Fils de Dieu s'est fait homme pour que nous devenions fils de Dieu. Mais c'est en devenir, c'est en espérance, c'est en chemin...

Il y a donc de l'excès dans l'amour de Dieu, qui va jusqu'à la folie de la croix et qui nous appelle à le suivre sur ce chemin. C'est pour cela qu'il y a aussi un excès dans la vie chrétienne, dans la vie de disciple, dans la vie évangélique. Ne gommons pas ces excès. C'est peut-être parce que l'Evangile est excessif qu'il attire tant... C'est excessif de tout plaquer pour suivre Jésus, c'est excessif de répondre oui comme Marie et Joseph, c'est excessif de se marier pour la vie, c'est excessif de se faire religieuse ou moine... Et diacre, quand on est déjà marié, père de famille, qu'on a un boulot et des engagements, n'est-ce pas excessif ? Mais je suis sûr que vous aussi, vous avez déjà fait quelques folies à cause de Jésus et de l'Evangile...

Aimer son prochain comme soi-même, si on regarde bien, c'est déjà contre nature, parce que la nature, c'est tout pour moi ! Alors, aimer ses ennemis... c'est trop ! Notez bien que Jésus ne nous dit pas : « n'ayez pas d'ennemis ». Il sait que nous en avons, des ennemis, il est plus réaliste qu'on ne croit, il sait de quoi il parle quand il parle d'ennemi... Mais il nous appelle à les aimer, comme lui, comme le Père. C'est ça, l'excès de l'amour de Dieu.

Alors, tendre l'autre joue, ce n'est qu'une image de cet excès de l'amour qui révèle l'amour de Dieu. Un Dieu qui nous donne tout : le monde, la vie, le présent, l'avenir... et qui nous appelle à tout donner, nous aussi. « La mesure de l'amour, c'est d'aimer sans mesure » (St Augustin).

7° dimanche A – 23 février 2014

5. DIEU DANS LA PARABOLE DES TALENTS

Mt 25, 14-30

La parabole des trois serviteurs, plus connue sous le nom de parabole des talents, vous a peut-être pris comme moi à rebrousse-poil : elle semble faire l'éloge des vainqueurs, du capitalisme et de la course au rendement. De plus, on y trouve une image de Dieu pour le moins curieuse : « un homme dur, qui moissonne où il n'a pas semé » et qui règle ses comptes avec ses serviteurs…

Justement, au-delà du dicton moral qu'on a tiré de cette parabole – « chacun doit faire fructifier les talents qu'il a reçus », je voudrais m'arrêter avec vous sur le visage de Dieu qui nous est révélé par cette parabole.

Jésus parle du Royaume. Il le compare à l'histoire d'un homme qui va partir en voyage… Il y a donc le moment du départ, il y a le temps de l'absence et il y a le moment du retour. Chacun de ces trois moments nous révèle un visage du Dieu de Jésus.

Le moment du départ nous révèle un Dieu qui fait confiance : il appelle ses serviteurs (ses esclaves, c'est le sens du mot grec) et leur confie tous ses biens … à chacun selon ses capacités. C'est déjà original, à l'époque, de confier ses biens à ses esclaves. Mais en plus, il les croit tous capables de s'occuper de ses biens.

Le Dieu de Jésus est un Dieu qui fait confiance aux hommes, un Dieu qui nous fait confiance. Nous croyons en un Dieu qui croit en nous. Il nous croit tous capables de nous occuper de ses biens et il nous les a confiés. Tous, même les plus petits, même les moins formés. Tous reçoivent quelque chose. Est-ce que nous faisons confiance aux plus petits (aux enfants) et aux plus démunis ? Le Secours Catholique a fait le choix de croire dans ceux qu'il accueille en les appelant à être à leur tour des accueillants.

Après le moment du départ, **c'est le temps de l'absence** – un « long temps » nous dit l'Evangile. C'est le temps des serviteurs, c'est le temps de l'Eglise, c'est aussi le temps de l'Esprit Saint, car le Seigneur ne nous a pas abandonnés. « Il est bon pour vous que je m'en aille », dit-il à ses apôtres :

c'est bon pour vous, car vous allez recevoir l'Esprit, le Souffle qui m'anime ; c'est bon pour vous, car c'est à vous de jouer, maintenant, vous êtes majeurs.

Ce temps de l'absence nous révèle **un Dieu discret** qui ne veut pas s'imposer, un Dieu qui se retire pour que nous prenions toute notre place. Il n'est pas sur notre dos, il ne nous téléguide pas, il ne nous surveille pas. Il nous confie ses biens, il nous donne son Esprit... et il s'efface.

Enfin, c'est le moment du retour. Ce n'est pas le moment où Dieu règle ses comptes, c'est le moment où il nous demande de rendre compte. Quel visage de Dieu se révèle alors à nous ?

- **Un Dieu qui nous prend au sérieux**, un Dieu qui nous considère comme responsables : responsables de notre terre, de notre vie, de notre famille, de notre Eglise... mais aussi responsables de nos frères, et en particulier de tous ceux qui restent sur le bord de la route et qui vont souffrir le plus de la crise que connaît notre monde : « qu'as-tu fait de ton frère ? »

  Responsable, cela vient du latin « respondere » qui a donné « répondre » : être responsable, c'est répondre de, c'est rendre compte de, mais on répond forcément à quelqu'un, on rend des compte à quelqu'un. A qui, sinon à celui qui nous a tout donné ? A qui, sinon à celui qui nous a tout confié ?

- **Un Dieu pour qui ce n'est pas la quantité qui compte** – que ce soit deux ou cinq, pour lui c'est la même chose -, mais un Dieu de la vie qui veut que la vie grandisse : derrière l'image de l'argent sans valeur qui rapporte, il y a l'image de la multiplication du pain partagé. L'amour, ça multiplie ! Le contraire de la vie, c'est l'enterrement : le troisième serviteur a enterré le bien de son maître, il l'a étouffé, il l'a empêché de se multiplier. Par peur, il a enterré l'amour ! Il a refusé la vie. Il n'a pas cru en l'amour de Dieu qui donne tout et qui fait confiance car il s'est trompé de Dieu : il l'a pris pour un homme dur...

A travers cette parabole, Jésus nous dit aujourd'hui : n'ayez pas peur ! Ne vous trompez pas de Dieu !

N'ayez pas peur de Dieu ! Rendez grâce à Dieu, mon Père et votre Père, qui vous a tout donné, qui compte sur vous et qui vous fait confiance pour partager ce qu'il vous a donné et pour rendre ce monde meilleur. Amen.

33° dimanche A – 16 novembre 2014

Table des textes d'évangiles commentés

Mt 1, 12-15	Convertissez-vous	160
Mt 1, 18-25	Le oui de Joseph	202
Mt 2, 1-12	Epiphanie : ne pas se tromper de roi	10
Mt 5, 1-12	Heureux les pauvres de cœur	139
Mt 5, 38-48	Aimez vos ennemis	145
Mt 9, 9-13	L'appel de Matthieu	68
Mt 11, 25-30	Prenez sur vous mon joug	141
Mt 13, 24-30	L'ivraie et le bon grain	128
Mt 13, 44-52	Le Royaume est un trésor caché	120
Mt 14, 13-21	La multiplication des pains	94, 196
Mt 15, 21-28	La Cananéenne	70
Mt 17, 1-9	La transfiguration de Jésus	55
Mt 18, 15-20	Si ton frère a péché, va lui parler	134
Mt 18, 21-35	Pardonner	170
Mt 20, 1-16	Les ouvriers de la onzième heure	124
Mt 22, 1-14	Heureux les invités au repas du Seigneur	196
Mt 22, 34-40	Tu aimeras	210
Mt 22, 15-21	Rendez à César ce qui est à César	150
Mt 24, 37-44	Tenez-vous prêts	155
Mt 25, 1-13	Les dix jeunes filles	122

Mt 25, 31-46	Le jugement dernier (le Christ roi)	59
Mt 25, 14-30	La parabole des talents	224
Mc 1, 21-28	Jésus plus fort que le mal	47
Mc 1, 29-39	Où donc est Jésus ?	44
Mc 1, 29-39	La belle-mère de Simon	90
Mc 1, 40-45	La guérison du lépreux	92
Mc 2, 1-12	Le paralysé de Capharnaüm	101
Mc 4, 26-34	La semence et la graine de moutarde	110
Mc 4, 35-41	La tempête apaisée	96
Mc 6, 1-6	Nul n'est prophète dans son pays	132
Mc 7, 1-23	Pratiquer	172
Mc 7, 31-37	La guérison d'un sourd-muet	103
Mc 8, 27-35	Passe derrière moi, Satan !	152
Mc 9, 18-24	Pour vous, qui suis-je ?	42
Mc 9, 30-37	De quoi discutiez-vous en chemin ?	137
Mc 9, 38-41	Celui qui n'est pas contre nous est pour nous	153
Mc 10, 17-30	Le jeune homme riche	74
Mc 10, 35-45	Le Fils de l'homme est venu pour servir	182
Mc 10, 46-52	L'aveugle Bartimée	98
Mc 12, 41-44	L'obole de la veuve	78
Mc 14, 12-26	Le sang du Christ	194
Mc 16, 1-7	Pâques : bonne résurrection !	18

Mc 16, 4-20	Ascension : premier de cordée	19
Lc 1, 26-38	Salutation de l'ange à Marie	180
Lc 1, 39-56	La visitation et l'assomption	25
Lc 1, 57-66.80	La naissance de Jean le Baptiste	220
Lc 2, 1-20	Noël, Dieu se fait petit	8
Lc 2, 41-52	Jésus à 12 ans : nos trois familles	34
Lc 3, 21-22	Le baptême de Jésus	38
Lc 4, 1-13	Les tentations de Jésus	39
Lc 4, 21-30	Nul n'est prophète dans son pays	132
Lc 6, 27-35	Aimez vos ennemis	145
Lc 7, 36 – 8, 3	La pécheresse au parfum	80
Lc 9, 11-17	Multiplication des pains	94
Lc 10, 25-37	Le bon samaritain	112
Lc 10, 38-42	Marthe et Marie	84
Lc 12, 13-21	Le riche insensé	126
Lc 15, 1-3.11-32	Le père et les deux fils	118
Lc 16, 1-13	Le gérant habile	114
Lc 16, 1-13	Vous ne pouvez servir Dieu et l'argent	140
Lc 16, 19-31	Lazare et le riche	116
Lc 17, 11-19	Reconnaissance	176
Lc 18, 1-8	La prière	174
Lc 19, 1-10	Zachée	82

Lc 21, 15-19	L'occasion de rendre témoignage	184
Lc 23, 35-43	Aujourd'hui, avec moi, tu seras dans le paradis	157
Lc 24, 13-35	Emmaüs	63
Jn 1, 19-28	Au milieu de vous, il y a quelqu'un…	36
Jn 1, 6-8.19-28	Jean le baptiste	204
Jn 1, 35-39	Les premiers disciples	66
Jn 2, 1-11	Les noces de Cana	88
Jn 3, 16-18	En quel Dieu croyons-nous ?	218
Jn 4, 5-42	La Samaritaine	76
Jn 6, 51-58	Le Christ notre nourriture	57
Jn 6, 51-58	Celui qui mange ma chair	148
Jn 8, 1-11	La femme adultère	72
Jn 9, 1-41	Je suis la lumière du monde	49
Jn 9, 1-41	L'aveugle de naissance	105
Jn 11, 1-45	Je suis la résurrection et la vie	53
Jn 11, 1-45	La résurrection de Lazare	107
Jn 13, 1-15	Le lavement des pieds	13, 61
Jn 13, 34-35	L'amour que vous aurez les uns pour les autres	143
Jn 14, 1-12	Je suis le chemin	51
Jn 14, 1-16	Je pars vous préparer une place	167
Jn 14, 23-29	La paix du Christ	192
Jn 15, 1-8	La vigne : demeurez	163

Jn 20, 19-31	Résurrection	178
Jn 20, 19-31	Le premier jour de la semaine	188
Jn 21, 1-14	Croire	161
Jn 21, 1-19	Pierre et le Ressuscité	207
Ac 2, 1-11	La Pentecôte : le souffle de Dieu	21
Ac 9, 1-22	La conversion de Paul	209

Table des matières

Introduction : Du texte qu'on lit à la parole qu'on écoute. 3

I. **JOURS DE FÊTE :** 7
   1. Noël : Dieu se fait petit. 8
   2. L'Epiphanie : Ne pas se tromper de roi ! 10
   3. Les Rameaux. 12
   4. Jeudi-saint : Un geste qui évangélise. 13
   5. Vendredi-saint 16
   6. Pâques : Bonne résurrection ! 18
   7. L'Ascension : Premier de cordée. 19
   8. La Pentecôte : Le souffle de Dieu. 21
   9. La Trinité et la fête des mères. 23
   10. L'Assomption de Marie. 25
   11. La Toussaint : La communion des saints. 28
   12. La première communion : La première fois. 30

II. **LA PERSONNE DE JESUS :** 33
   1. Jésus au temple : Nos trois familles. 34
   2. Au milieu de vous il y a quelqu'un… 36
   3. Le baptême : Vivre en fils. 38
   4. Les tentations de Jésus. 39
   5. Pour vous, qui suis-je ? 42
   6. Où est Jésus ? 44
   7. Jésus plus fort que le mal. 47
   8. Je suis la lumière du monde. 49
   9. Je suis le chemin. 51
   10. Je suis la résurrection et la vie. 53
   11. La transfiguration de Jésus 55
   12. Le Christ, notre nourriture. 57
   13. Le Christ Roi. 59
   14. Le Christ serviteur. 61
   15. Le compagnon d'Emmaüs. 63

III.	**LES RENCONTRES DE JESUS :**		65
	1. Les premiers disciples : Chercher Jésus.		66
	2. Matthieu : changer son regard.		68
	3. La Cananéenne : une « conversion » de Jésus.		70
	4. La femme adultère : retrouver l'espérance.		72
	5. Le jeune homme riche.		74
	6. La samaritaine et le don de Dieu.		76
	7. L'obole de la veuve, une belle révision de vie.		78
	8. La pécheresse au parfum		80
	9. Zachée.		82
	10. Marthe et Marie.		84
IV.	**LES MIRACLES DE JESUS :**		87
	1. Les noces de Cana.		88
	2. La belle-mère de Simon.		90
	3. La guérison du lépreux.		92
	4. La multiplication des pains.		94
	5. La tempête apaisée.		96
	6. Bartimée : cris des hommes et appels de Dieu.		98
	7. Le paralysé de Capharnaüm.		101
	8. Un sourd-muet : Ouvre-toi !		103
	9. L'aveugle de naissance et la piscine de Siloë.		105
	10. La résurrection de Lazare.		107
V.	**LES PARABOLES DE JESUS :**		109
	1. La semence et la graine de moutarde.		110
	2. Le bon samaritain : Dieu notre prochain.		112
	3. Le gérant habile.		114
	4. Lazare et le riche.		116
	5. Le père et les deux fils.		118
	6. Le Royaume, un trésor caché.		120
	7. Les dix jeunes filles.		122
	8. Les ouvriers de la onzième heure.		124
	9. Le riche insensé et le bonheur durable		126
	10. L'ivraie et le bon grain.		128

VI.	**LES PAROLES DE JESUS :**		131
	1. Nul n'est prophète en son pays.		132
	2. Si ton frère a péché, va lui parler		134
	3. De quoi discutiez-vous en chemin ?		137
	4. Heureux les pauvres de cœur		139
	5 Vous ne pouvez servir Dieu et l'argent.		140
	6 Prenez sur vous mon joug..		141
	7 L'amour que vous aurez les uns pour les autres.		143
	8 Aimez vos ennemis.		145
	9 Celui qui mange ma chair …		148
	10 Rendez à César ce qui est à César et à Dieu…		150
	11 Passe derrière moi, Satan !		152
	12 Celui qui n'est pas contre nous est pour nous.		153
	13 Tenez-vous prêts.		155
	14 Aujourd'hui, avec moi, tu seras dans le paradis.		157

VII. MOTS CLES   159
     1. Conversion.   160
     2. Croire   161
     3. Demeurer   163
     4. Miséricorde   165
     5. Mort   167
     6. Pardonner   170
     7. Pratiquant   172
     8. Prière   174
     9. Reconnaissance   176
     10. Résurrection   178
     11. Salutation   180
     12. Servir   182
     13. Témoignage   184

VIII. LE REPAS DU SEIGNEUR :   187
     1. Le premier jour de la semaine   188
     2. Heureux les invités au repas du Seigneur   189
     3. La paix du Christ   192
     4. Le sang du Christ   194

	5. L'Eucharistie est partage	196
IX.	**SAINTS ET SAINTES DE DIEU :**	199
	1. Marie	200
	2. Le *oui* de Joseph	202
	3. Jean le Baptiste, figure du prêtre.	204
	4. Pierre et le Ressuscité	207
	5. La conversion de Paul	209
	6. Sœur Emmanuelle : tu aimeras.	210
	7. L'abbé Pierre, un prophète.	212
X.	**LE MYSTERE DE DIEU :**	215
	1. Dieu n'est pas ce que nous croyons	216
	2. En quel Dieu croyons-nous ?	218
	3. La main de Dieu	220
	4. L'excès de l'amour	222
	5. Dieu dans la parabole des talents	224

Table des évangiles commentés	227
Table des matières	232

Oui, je veux morebooks!

I want morebooks!

Buy your books fast and straightforward online - at one of the world's fastest growing online book stores! Environmentally sound due to Print-on-Demand technologies.

Buy your books online at
www.get-morebooks.com

Achetez vos livres en ligne, vite et bien, sur l'une des librairies en ligne les plus performantes au monde!
En protégeant nos ressources et notre environnement grâce à l'impression à la demande.

La librairie en ligne pour acheter plus vite
www.morebooks.fr

OmniScriptum Marketing DEU GmbH
Heinrich-Böcking-Str. 6-8
D - 66121 Saarbrücken
Telefax: +49 681 93 81 567-9

info@omniscriptum.com
www.omniscriptum.com

www.ingramcontent.com/pod-product-compliance
Lightning Source LLC
Chambersburg PA
CBHW021839220426
43663CB00005B/317